Theologie und Wirklichkeit

D1674909

Wolfgang Trillhaas

Theologie und Wirklichkeit

Festschrift für Wolfgang Trillhaas

zum 70. Geburtstag

Herausgegeben von

Hans Walter Schütte und Friedrich Wintzer

Vandenhoeck & Ruprecht in Göttingen

ISBN 3-525-56137-7

Gedruckt mit Unterstützung norddeutscher Landeskirchen, der Ev.-Luth.
Kirche in Bayern und der VELKD. — © Vandenhoeck & Ruprecht,
Göttingen 1974 — Printed in Germany. Ohne ausdrückliche Genehmigung
des Verlages ist es nicht gestattet, das Buch oder Teile daraus auf foto-
oder akustomechanischem Wege zu vervielfältigen. — Gesamtherstellung:
Hubert & Co., Göttingen

Vorwort

Der Titel dieser Festgabe, die Wolfgang Trillhaas zum 70. Geburtstag gewidmet ist, faßt mit einer Formel zusammen, was sich als
bestimmendes Motiv in der wissenschaftlichen Arbeit von W. Trillhaas
eindrucksvoll darstellt. „Theologie und Wirklichkeit" bezeichnet den
Grundsachverhalt, der in Dogmatik und Praktischer Theologie, in
Ethik und Religionsphilosophie zur Entfaltung gelangt.

Die Theologie hat es mit vielen Themen zu tun. Aber auch der
Umgang mit den entlegenen Gegenständen ihrer Überlieferung ist
von der Absicht bestimmt, die Wirklichkeit zu erschließen. Sie wird
in den Formen ihrer Beschreibung freilich immer nur fragmentarisch
sichtbar. Aus dieser Einsicht bezieht die theologische Wissenschaft
zentrale Impulse.

Die kirchliche Praxis ist ihr deshalb nicht nur Erprobungsstätte
theologischer Theorie und Gegenstand der Kritik, sondern der Aus-
druck von Wirklichkeit, derer die Theologie bedarf, um sich ihrer
Inhalte zu vergewissern. Als ein im Glauben begründetes Wissen von
Wirklichkeit ist die Theologie allerdings mit keiner der konkreten
Gestalten von Wirklichkeitsbeschreibung vollkommen identisch.

Die Fülle der Gesichtspunkte, die sich aus dieser Erkenntnis ergeben,
spiegeln sich in den Beiträgen dieser Festgabe, mit denen Kollegen,
Freunde und Schüler bekunden, was sie mit Wolfgang Trillhaas verbindet. Sie machen gerade in der Herkunft aus verschiedenen Disziplinen geltend, daß „Theologie und Wirklichkeit" ein übergreifendes
Motiv der theologischen Wissenschaft — auch über ihre verschiedenen
Positionen hinaus — darstellt.

Hans-Walter Schütte   Friedrich Wintzer

Göttingen, am 31. Oktober 1973

Der Beitrag von Hans-Joachim Birkner „Theologie und Philosophie. Einführung
in Probleme der Schleiermacher-Interpretation" ist als Heft Nr. 178 innerhalb der
Reihe „Theologische Existenz heute" erschienen (München 1974).

Inhalt

Zur Logik religionsgeschichtlicher und historisch-theologischer Erkenntnis

Von Carsten Colpe

1. Die Problematik und ihre Übereinstimmung in den Disziplinen „Religionsgeschichte" und „historische Theologie". —
2. Die Gefährdung der Lösung durch „Ideologie" und Möglichkeiten zu ihrer Überwindung. —
3. Die Unentbehrlichkeit des „Materialismus"-Begriffs als Kategorie für Methoden- wie Sachkritik. —
4. Zweifel an der Fundamentalität des Unterschiedes zwischen „idealistischer" Symbol- und „materialistischer" Abbildtheorie. —
5. Paradoxe Verwechslungen zwischen Dinglich-Faktischem und Nichtikonisch-Zeichenhaftem beim historischen Erkennen. —
6. Trennung zwischen Wertfreiheit wissenschaftlicher Erkenntnis und Wertsetzungspostulaten als Funktionen des kritischen Symbols.

1.

„Als eben dieses (sc. Bewußtsein) spricht die Aufklärung den Glauben richtig aus, indem sie von ihm sagt, daß das, was ihm das absolute Wesen ist, ein Sein seines eignen Bewußtseins, sein eigner Gedanke, ein vom Bewußtsein Hervorgebrachtes sei ... Sie, die den Glauben die neue Weisheit lehren will, sagt ihm damit nichts Neues; denn sein Gegenstand ist ihm auch gerade dieses, nämlich reines Wesen seines eignen Bewußtseins, so daß dieses darin sich nicht verloren und negiert setzt, sondern ihm vielmehr vertraut, d.h. eben in ihm sich als dieses Bewußtsein oder als Selbstbewußtsein findet. Wem ich vertraue, dessen Gewißheit seiner selbst ist mir die Gewißheit meiner selbst ..." „Die Aufklärung, die sich für das Reine ausgibt, macht hier das, was dem Geiste ewiges Leben und heiliger Geist ist, zu einem wirklich vergänglichen Dinge und besudelt es mit der an sich nichtigen Ansicht der sinnlichen Gewißheit ..." „Dieser Grund (sc. des Glaubens) wird für die Aufklärung eben so zu einem zufälligen Wissen von zufälligen

Begebenheiten. Der Grund des Wissens aber ist das wissende Allgemeine ... Die reine Einsicht setzt dies wissende Allgemeine, den einfachen sich selbst wissenden Geist, ebenso als Negatives des Selbstbewußtseins ... In ihrer Verwirklichung also begriffen, entwickelt sie dies ihr wesentliches Moment; aber es erscheint ihr als dem Glauben angehörend, und in seiner Bestimmtheit, ein ihr Äußeres zu sein, als ein zufälliges Wissen eben solcher gemein wirklicher Geschichten. Sie dichtet also hier dem religiösen Glauben an, daß seine Gewißheit sich auf einige einzelne historische Zeugnisse gründe, welche als historische Zeugnisse betrachtet, freilich nicht den Grad von Gewißheit über ihren Inhalt gewähren würden, den uns Zeitungsnachrichten über irgendeine Begebenheit geben; daß seine Gewißheit ferner auf dem Zufall der Aufbewahrung dieser Zeugnisse beruhe, der Aufbewahrung durch Papier einerseits, und andererseits durch die Geschicklichkeit und Ehrlichkeit der Übertragung von einem Papier auf ein anderes, und endlich auf der richtigen Auffassung des Sinnes toter Worte und Buchstaben. In der Tat aber fällt es dem Glauben nicht ein, an solche Zeugnisse und Zufälligkeiten seine Gewißheit zu knüpfen; er ist in seiner Gewißheit unbefangenes Verhältnis zu seinem absoluten Gegenstande, ein reines Wissen desselben, welches nicht Buchstaben, Papier und Abschreiber in sein Bewußtsein des absoluten Wesens einmischt und nicht durch solcherlei Dinge sich damit vermittelt." [1]

Von den mindestens zwei Problemketten, die Hegel in dieser seiner Charakteristik des Kampfes der Aufklärung mit dem Aberglauben ineinanderschlingt — der bloße Glaube, zu dem die Religion darin geworden ist, wird dabei zugleich daraufhin geprüft, ob er sich entfremdeter Geist sei —, ist bisher — vornehmlich von W. Herrmann und seinen Schülern K. Barth und R. Bultmann, von K. Heim und jüngst von W. Trillhaas — diejenige abgewickelt worden, an welcher die Probleme der Begründung der Religion und der Gewißheit des Glaubens, des Verhältnisses von zufälligen Geschichts- zu ewigen Vernunftwahrheiten, des Bedarfs des Glaubens an geschichtlichen Tatsachen aufgereiht sind. An der anderen, von Feuerbach, Marx, Engels und Lenin weitergeschmiedeten Kette [2] zerren bis auf weiteres über-

---

[1] G. W. F. Hegel, Phänomenologie des Geistes, hrsg. v. J. Hoffmeister (Philos. Bibliothek Bd. 114), Hamburg ⁶1952, S. 390, 393, 394 f.

[2] Übersicht im Anschluß an den zitierten Hegelschen Gedankengang bei N. Lobkowicz, Entfremdung, Widerspiegelung, in: SDG 2, Sp. 151 ff.; 6, Sp. 943—948. — Ein Verzeichnis der Abkürzungen findet sich am Ende dieses Aufsatzes.

wiegend nur diejenigen, denen nicht die Kritik der Religion, sondern die Religionskritik der genannten und ihnen verwandter Autoren ausschließlicher Gegenstand ihrer in sich kreisenden Beschäftigung ist. Da diese neuen Scholastiker mit der — zugegebenermaßen theoretisch zu wenig durchreflektierten — Religionsforschung des zwanzigsten Jahrhunderts bei weitem nicht so gut Schritt gehalten haben wie ihre Heroen mit der des neunzehnten, ist ihr Religionsbegriff so leer geworden, daß ihre Anschauung von der Religion, bekämen sie einmal eine zu Gesicht, fast blind sein würde. Soll das enorme erkenntnistheoretische Potential, das in dem bis zur Studentenrevolution aus der westdeutschen und übrigens auch aus der ostdeutschen Wissenschaft weggeblendeten Teil der Tradition des neunzehnten Jahrhunderts bereitliegt, nicht verschleudert werden, wird also der historische Religionsforscher selbst versuchen müssen, es zu nutzen, auch wenn er nicht davon hergekommen ist.

Zweierlei hat die begriffsleere und anschauungsblinde Diskussion immerhin geleistet: sie ist der innertheologischen Diskussion um die Wiederanwendbarkeit des Religionsbegriffs auf das Christentum[3] mit Einsichten zu Hilfe gekommen, in denen die Hegels weiterleben, für die das eingangs gebrachte Zitat nur ein Illustrationsbeispiel ist. Und sie hat durch Neuerarbeitung des Ideologiebegriffes zu einer genaueren Bestimmung von Glauben und Religion gezwungen[4].

Man wird deshalb, zunächst, in der erkenntnistheoretischen Problematik nichtchristliche und christliche Religion gleich behandeln dürfen und von „Religionsgeschichte" und „historischer Theologie" nur deshalb nebeneinander sprechen, weil damit praktische Trennungen im Lehr- und Forschungsbetrieb bezeichnet werden. Für „beide" Disziplinen gilt, daß sie es methodologisch unter anderen mit Problemen zu tun haben, die auf zwei verschiedenen Ebenen liegen. Eine besondere Schwierigkeit besteht darin, daß diese Probleme im Vollzug ein- und derselben wissenschaftlichen Arbeit bewältigt werden müssen. Diese Schwierigkeit steht überdies unter dem Vorzeichen der er-

---

[3] Zusammenfassung zuletzt bei W. Trillhaas, Religionsphilosophie, Berlin-New York 1972, S. 19—41. Speziell zur Problematisierung durch die dialektische Theologie: K. Nürnberger, Glaube und Religion bei Karl Barth, Diss. Marburg 1967.
[4] Instruktive Bibliographien: G. Sauter, Religion und Religionskritik, in: H. Breit und K.-D. Nörenberg, Religionskritik als theologische Herausforderung (Theologische Existenz heute 170), München 1972, S. 133—140; und am Schluß des Sammelartikels von J. G. Caffarena, M. Eliade, I. Fetscher, V. Maconi, St. Virgulin, Religion, in: SDG 5, Sp. 584—633.

kenntnistheoretischen Aporie, daß Resultate historisch-kritischer Arbeit
in Theologie und Religionsgeschichte nicht nur vom Maß der Korrekt-
heit der Anwendung der dieser Arbeit immanenten hermeneutischen
Prinzipien abhängig sind, sondern auch von Vorentscheidungen, denen
der Exeget oder Historiker oftmals unterliegt, gerade wenn diese ohne
ihn gefallen sind oder außerhalb seines Bewußtseins liegen. Da dieses
nicht nur bei der direkten, aufs Detail konzentrierten exegetischen oder
historischen Arbeit, sondern besser noch anhand einer Prüfung bestimmter Richtungen der biblischen und historischen Wissenschaften
aufgewiesen werden kann, kommt dem kritischen Überblick über die
Forschung neben der Textarbeit eigenes inhaltliches Gewicht zu. Man
kann dabei ebensogut von „Methodologie" wie von „(Beiträgen zu
einer) Logik der (at.lichen, nt.lichen, religionswissenschaftlichen,
kirchengeschichtlichen) Forschung" sprechen[5].

In der Forschungsgeschichte sind die beiden genannten Problem-
Ebenen auch dann zu erkennen, wenn sie von den Forschern selbst
nicht deutlich unterschieden werden. Es handelt sich einmal um die
Ebene historisch-kritischer Forschung im allgemeinen. Entstehung und
Anwendungsgebiete dieser Forschung sind bekannt. Die Identifizierung des Anwendungsgebietes „Religion" wird auf dieser Ebene meist
einfach vorausgesetzt. Tatsächlich jedoch ergibt sie sich auf dieser Ebene
nicht von selbst, sondern sie muß auf einer anderen geschehen. Ist die
Identifizierung gelungen — auf Grund welcher theologischer oder
philosophischer Voraussetzungen, kann hier außer Betracht bleiben —,
so wird für die Entstehung der Religion eine kausal-genetische Erklärung gefordert, die abermals von anderer Art ist als die historisch-
genetische Erklärung[6] und dennoch als Teil der hier interessierenden
Forschungsgeschichte gelten muß. Neben den Theoretikern und

---

[5] Dieser über den Begriff der dialektischen wie der formalen Logik hinaus-
gehende, weitere Begriff liegt nicht nur verschiedenen neueren Wissenschaftslogiken
zugrunde, schon Ernst Troeltsch verwendete ihn, wenn er seinem Werk „Der Historismus und seine Probleme" (Tübingen 1922) den Untertitel „Das logische Problem
der Geschichtsphilosophie" gab.
[6] Gedacht ist hier vor allem an das sogenannte Hempel-Oppenheimsche Modell,
das für religionsgeschichtliche Erkenntnis noch gar nicht richtig angewandt worden
ist. Vgl. C. G. Hempel, The Function of General Laws in History, in: H. Feigl-
W. R. Sellars, Readings in Philosophical Analysis, New York 1949, S. 459—471;
ders., Aspects of Scientific Explanation, New York-London 1965; W. Dray, Laws
and Explanation in History, Oxford 1957 (= 1970). Der marxistischen Theorie
steht die Auseinandersetzung damit innerhalb ihres Streites mit dem Positivismus
(vgl. W. F. Boeselager, SDG 5, Sp. 207—221) noch bevor.

Anwendern der letzteren Erklärungsart, also den Vertretern von Geschichtsphilosophie, Methodologie und Geschichtsschreibung, sind also auch diejenigen Denker, die sich um das „geistige Sein" im Verhältnis zum materiellen, um den „Überbau" im Verhältnis zur „Basis" bemüht haben, für eine Theorie religionswissenschaftlicher Erkenntnis und Begriffsbildung relevant, und zwar auch in deren historischer Dimensionierung: von Aristoteles über die Ontologen der Scholastik zu Leibniz und Hegel, von da zu Saint-Simon, Comte und Marx, schließlich bis zu N. Hartmann, Parsons und den Neo-Marxisten. Nur die letzteren haben die Erkenntnistheorie fast ganz in die Ontologie zurückgenommen[7]; versucht man sie dennoch zu entwickeln, kann man nicht sicher sein, ob sie als marxistisch anerkannt werden würde — worauf es aber ja auch nicht ankommt.

2.

Es war noch von einer anderen Leistung der Diskussion die Rede: der genaueren Fassung des Ideologiebegriffs. Hier wiederum ist von den Neo-Marxisten zu lernen — sind sie es doch, welche mit diesem Instrument die eingangs genannte erkenntnistheoretische Aporie am genauesten erkannt haben. Sie pflegen Wissenschaften, die unter Verkennung dieser Aporie arbeiten, als „Ideologie" zu kritisieren. Dieser Sprachgebrauch kann übernommen, das Problem darf nicht übergangen werden, wenn die eigentliche Aufgabe gelingen soll: die theoretische Aufhellung der Grundstrukturen historischer und kausaler

---

[7] Bei E. F. O'Doherty und C. D. Kernig, Erkenntnis, in: SDG 2, Sp. 220—245 wird dieser Sachverhalt nicht behandelt. Unzureichend ist z. B. noch A. Schmidt, Der Begriff der Natur in der Lehre von Karl Marx, 2. Aufl. Frankfurt 1971 (S. 107—113: Zum Begriff der Erkenntnistheorie bei Marx); Emanzipatorische Sinnlichkeit. Ludwig Feuerbachs anthropologischer Materialismus, München 1973 (S. 81—91: Elemente einer materialistischen Erkenntnistheorie). Erkenntnistheoretisch weiter hingegen führt A. Schaff, Geschichte und Wahrheit, Wien 1970, der die erwiesene Unmöglichkeit des Ranke'schen Objektivitätsideals wie die gleichfalls erwiesene Unzulänglichkeit von Quellenkritik als Objektivitätsgarantie durch eine interessante Abweichung von der Geschichtsphilosophie des jungen Marx unschädlich machen will: nämlich durch den Verzicht auf einen Totalitätsanspruch der Erkenntnis, die auf den Kommunismus als neue Qualität geschichtlichen Lebens zielt. Dieser Totalitätsanspruch bleibt nur mehr als Regulativ des Fortschritts der Erkenntnis stehen, der seinerseits in bloßer Akkumulation, Erweiterung, Einengung, Überwindung, Neugewinnung jeweils historisch erreichter Teilwahrheiten besteht. Daß diese Position eine Kritik sowohl an sensualistischen Widerspiegelungstheorien als auch an einer altkantianischen Konzeption von Erkenntnis als Produkt des transzendentalen Bewußtseins beinhaltet, ist nur konsequent.

Erklärung im Vollzug religionswissenschaftlicher Forschung. Man kann bei der Benutzung dieses Begriffes nicht mehr hinter seine negative Färbung zurück, die Napoleon ihm gegeben hatte, als er die „Ideologen" des ausgehenden 18. Jahrhunderts eines nur durch Ideen bestimmten, also falschen Verhältnisses zur Wirklichkeit bezichtigte, und die Marx ausmalte, indem er ein solch falsches Verhältnis als ein gewolltes nachwies[8] — wobei hier dahingestellt bleiben kann, ob immer nur Klasseninteresse an der Aufrechterhaltung von Herrschaft durch Inbesitzbehalten von Produktionsmitteln der Grund dafür sein kann. Es ist jedenfalls nicht zu leugnen, daß aus erkenntnistheoretischen Gründen nicht nur geklärt werden muß, ob die Religionen, sondern auch, ob Theologie und Religionswissenschaft ein richtiges oder ein falsches Verhältnis zur Wirklichkeit haben.

Die Berechtigung dazu kann sich freilich nicht darin erweisen, daß die Wissenschaftslogik, in diesem Falle die Logik der Theologie und der Religionswissenschaft, nur in diesen Wissenschaften selbst begründet und nur von ihnen gefordert sein müßte. Denn auch in anderen Disziplinen, z.B. der Philosophie oder den Sozialwissenschaften, wird deren Logik nicht, etwa als Axiomensystem oder als dialektisches Prinzip, von außen herangebracht; sie stellt vielmehr auch hier ein durch innere Aporien hervorgebrachtes oder mindestens veranlaßtes Organon zur adäquateren Durchführung dieser Wissenschaften dar.

Wohl aber sind als etwaige Resultate einer Selbstreflexion der Theologie[9] von vornherein Kriterien zu erwarten, welche die Nachprüfung qualifizierterer Ansprüche gestatten, als sie mit der bloß formalen Verifizierbarkeit oder Falsifizierbarkeit wissenschaftlicher Sätze gegeben sind — eben solcher Ansprüche, wie die Theologie als Theologie sie stellen muß. Zu ihrer Erfüllung gehört vor allem, daß die Theologie sich streng diesseits des Fehltrittes bewegen muß, durch den ihre Aussagen, die zunächst als aus historisch-kritischer Methode gewonnen positiv erkennbar sind, in ein System von Aussagen umschlagen können, das nicht einmal mehr an christlicher Glaubenserfahrung, geschweige denn an anderen Wirklichkeiten verifiziert werden kann.

---

[8] Näheres bei H.-J. Lieber und H. Bütow, Ideologie, in: SDG 3, Sp. 2—25, bes. Sp. 6 und 9—12.

[9] Wie es im Grunde nur die Selbstreflexion nomologischer und hermeneutischer Wissenschaften ist, und nicht mehr z. B. die Voraussetzung der Kantischen Vernunftkritik, von denen die Wissenschaftslogik heute ausgeht, zeigt J. Habermas, Zur Logik der Sozialwissenschaften, Frankfurt 1970, S. 77—91.

Kommt ein solcher Umschlag zustande, dann nimmt es nicht wunder, daß Theologie als Ideologie empfunden wird [10], und zwar in des Wortes heute vorherrschender, pejorativer Bedeutung.

Dies betrifft in unserer Zeit nicht mehr Aussagen, wie sie noch im 19. Jahrhundert als falsche Naturwissenschaft der profanen, empirischen, richtigen gegenübergestellt werden konnten, sondern es betrifft die Fixierung gesellschaftlicher und weltanschaulicher Sachverhalte, die der Theologie leicht als wirklichkeitsfremd, ja als wirklichkeitsfeindlich und insofern als ideologisch unterstellt werden kann. Sachverhalte dieser Art sind z. B. die zu natürlicher Qualität gerinnende Erwähltheit bestimmter Menschen vor anderen (Nicht-„Semiten" vor „Semiten", Weißer vor Farbigen, Besitzender vor Armen); die Hypostasierung des Wortes unter Absehen von seinen pragmatischen Bezügen (des Gotteswortes ohne Berücksichtigung der Motivationen seiner biblischen Sprecher, des kirchlichen Bekenntnisses ohne Verbindung zu den Wechselfällen auf dem Wege zum Konsens oder Kompromiß); die Rechtfertigung eines status quo bis hin zu seiner evidenten Inhumanität durch Verweis auf die Schöpfungsordnung statt Infragestellung dieses Status durch Bedenken der Unverfügbarkeit von Gottes Zukunft. In diesen Zusammenhang gehört auch der Umschlag des Historismus als einer der „größten geistigen Revolutionen, die das abendländische Denken erlebt hat" [11], in eine restaurationsfördernde Weltsicht, welche sich beim Aufspüren neuer Tendenzen auf solche in der Vergangenheit beschränkte, die den Zusammenhang zu jeweils folgenden andersartigen Epochen sicherzustellen vermochten; es stehen dafür u. a. diejenigen Vertreter der historischen Theologie, die sich noch bis in die Mitte der sechziger Jahre darin gefielen, als Ausbünde traditionskritischer Haltung die Gemeinden zu erschrecken und den Studenten zu imponieren, die aber in dem Maße ins konservative bis reaktionäre Lager hinüberwechseln, wie Gemeinden und Studenten von Individualität und Relativität weniger halten.

Solche und andere Fixierungen gesellschaftlicher und weltanschaulicher Sachverhalte sind nur zu oft mit dem Eintreten einer Grundgefahr sogar des christlichen Glaubens einhergegangen, nämlich selbst

---

[10] Zur Ideologiewerdung von Wissenschaften — nicht der Theologie — vgl. auch J. Habermas, Technik und Wissenschaft als „Ideologie", in dem gleichbetitelten Buch edition suhrkamp 287, Frankfurt 1968, S. 48—103. Beispiele aus der Theologie siehe bei W. Elert (Anm. 12).

[11] F. Meinecke, Die Entstehung des Historismus, München 1959, S. 1.

hier mit Ideologisierung[12]. Diese Ideologisierung hätte sich aber so fundiert, wie es gelegentlich geschah und geschieht, ohne die theologische Wissenschaft als ihren Träger nicht manifestieren können. Die Qualität der Theologie als Theologie muß sich deshalb daran erweisen, inwieweit sie in der Lage ist, ihre eigene Ideologisierung da wieder aufzuheben, wo sie eingetreten ist. Ideologiekritik der theologischen Wissenschaft wäre zwar theoretisch auch im Interesse einer sich als religionsfrei und damit überhaupt als frei verstehenden Klasse denkbar, die damit eine die Religion für sich nutzende und dafür eine Theologie entwickelnde Klasse — am ehesten die, welche auch den Historismus trug, nämlich das Bürgertum — bekämpft. Wenn man jedoch eher von einer solchen Kritik an der Theologie sachdienliche Resultate erwartet, wird das Objekt des Ideologieverdachtes nur ausgetauscht: es ist nun die religionsfreie und theologiekritische Klasse selbst, die nicht widerlegen kann, ideologisiert zu sein, weil sie nämlich ihrerseits wesentliche Merkmale der Ideologie an sich hat: den Anspruch, keine zu sein; die Einheit ihres Weltbildes; den Anspruch auf das Wahrheitsmonopol; den Abweis der Nachprüfung, ob die Theorie der Wirklichkeit gemäß ist, durch Verweis auf die Möglichkeit, daß diese Gemäßheit durch Praxis jederzeit herzustellen sei.

So hat Ideologiekritik die meiste Aussicht, ihr Ziel zu erreichen, wenn sie sich als Selbstkritik der theologischen Wissenschaft vollzieht. Diese Erwartung setzt die Überzeugung voraus, daß ein für das Wesen der Theologie konstitutives Merkmal dieses ist, daß nur sie als „nomothetische" Wissenschaft[13] — hier im Sinne von Theologia thetica — die Möglichkeit auszubilden vermag, als Theologia critica sowohl ihre eigene Substanz als auch ihr Instrumentarium zur Erhebung dieser

---

[12] Es ist dasselbe Phänomen, das man auch mit „Verweltanschaulichung" bezeichnet hat. Der historisch notwendige — und wie wir heute hinzufügen müssen: gleichwohl nicht mehr verbindliche — Übergang von christlich-geschöpflicher Raum- und Zeiterfahrung in ein Weltbild wird beschrieben und belegt z.B. bei W. Elert, Morphologie des Luthertums, Bd. 1, München 1931 (= 1965), S. 355—456.

[13] Die neukantianische Unterscheidung zwischen nomothetischen und ideographischen Wissenschaften — vgl. zur neueren Verhandlung dieser Problematik G. C. Iggers und W. Schulz, Geschichtswissenschaft, in: SDG 2, Sp. 914—959 — darf hier insofern assoziiert werden, als es nunmehr auch in historischer Theologie und Religionsgeschichte, die danach natürlich zu den letzteren gehören würden, um eine Aufhebung dieser Unterscheidung gehen muß. Die Gesetzmäßigkeiten, deren Aufweis das die Stelle von Hermeneutik und Verstehen einnehmende Erklären (im Sinne von Anm. 6) wenigstens anstreben sollte, sind zwar nicht den Sätzen der klassischen Theologia thetica analog, wohl aber theologischen Behauptungen, wie sie im Bannkreis des angelsächsischen Empirismus an real erfahrenen Situationen verifiziert werden müssen.

Substanz in den Blick zu nehmen. Dies kann durch ständige Mit-
anwendung derselben Theorien geschehen, die sowohl die historische
Erkenntnis als auch die Identifikation und Entstehungserklärung von
Religion richtiger vollziehen helfen sollen. Man kann sie, wie bisher,
Symbol- und Abbild-Theorien nennen; damit ist freilich nur eine
grobe Unterscheidung getroffen, da sowohl der Symbol- als auch der
Abbildbegriff sehr verschieden, ja bis zur gegenseitigen Überschnei-
dung, interpretiert werden können.

3.

Um nicht falschen Alternativen zu verfallen, ist es jedoch geraten,
zunächst unter Absehen vom Symbol- wie vom Abbildbegriff eine
Methode zu erproben, welche geistesgeschichtlich und wissenschafts-
politisch aufs peinlichste hintangesetzt worden ist, seit Platon den
Demokrit mit seinem Haß verfolgte, und seit die christliche Kirche
von dem gewaltigen Werk des Demokrit- und Platon-Editors Thrasyllos nur das Corpus Platonicum bestehen ließ [14]. Man kann diese
wieder zur Geltung zu bringende Methode „materialistisch" nennen.
Folgt man ihr, müssen die für die Theologie aus der Geschichte er-
hobenen Inhalte notwendig einen anderen Aspekt zeigen als sonst.
Das durch Methodenkritik herausgestellte neue Instrumentarium tritt
jedoch zu diesen Inhalten in kein ebenso andersartiges Verhältnis.
Dieses Verhältnis stellt vielmehr ein genaues Analogon zu jenem dar,
in welchem die Geschichtlichkeit des Glaubens und der Theologie zu
jener Geschichte zu begreifen ist, die als Dimension vornehmlich durch
den biblischen Gottesglauben eröffnet wurde [15]. Das Verhältnis, das es

---

[14] Vgl. W. Gundel, Thrasyllos 7, in: Pauly — Wissowa 2. Reihe Bd. 16, Stuttgart
1937, Sp. 581—584. Die dort verschwiegene Verwerfung der Werke Demokrits
durch die christliche Kirche wird — hier ohne Namensnennung des Thrasyllos —
hervorgehoben von F. Pfister, Religion und Wissenschaft. Ihr Verhältnis von den
Anfängen bis zur Gegenwart (Sammlung Dalp 104), Bern und München 1972,
S. 60.

[15] Auf die Variationen, die das Thema „Glaube und Geschichte" etwa seit dem
so betitelten Buch von Reinhold Niebuhr (München 1951) in der evangelischen
Theologie erfahren hat, ist hier nicht einzugehen. Die Bewertungen der Geschichtlichkeit, gerade auch im Hinblick auf ihre Entstehung durch christliches Denken,
bei Gadamer, Bultmann, Gogarten und Kamlah verzeichnet G. Bauer, „Geschichtlichkeit". Wege und Irrwege eines Begriffs, Berlin 1963, S. 154—166. Ergänzend
dazu kann man auf eine entsprechende Qualifizierung auch der theologischen
Wissenschaft durch Vertreter der dialektischen Theologie hinweisen. Weitgehend zu
unterschreiben sind die Beurteilungen von W. Schröder, Geschichtliches Denken
(mit H. Kortum), Historismus, in: Philos. Wb. S. 404—415 und 478 f.

herzustellen gilt, ist als solches dem eben umschriebenen zwar analog, doch die Pole, zwischen denen es statthat, sind andere: es handelt sich um ein Wechselverhältnis zwischen dem materialistischen Charakter der Ideologiekritik an bestimmten theologischen Positionen und der materialistischen Sicht der Umstände, unter denen „religiöse" Dokumente — einschließlich der biblischen, der christlich-kirchlichen und der jüdischen — entstanden sind. Dieses Wechselverhältnis ist bisher noch nicht geklärt worden, auch nicht von einer Wissenschaft, die sich — mit welcher Variante und Parteilichkeit auch immer — als „materialistisch" versteht. Hier liegt eine Aufgabe.

Zunächst ist festzuhalten, daß materialistische Interpretation sowohl im Hinblick auf ihren Gegenstand als auch im Hinblick auf ihren methodischen Vollzug theologisch nicht weniger legitim ist als jede andere Interpretationsart. Denn es dürfte keine theologische Position aufweisbar sein, von welcher aus dargetan werden könnte, daß Interpretation sich ausschließlich auf der syntaktischen Ebene abzuspielen hat, d. h. in einer Untersuchung der Beziehungen zwischen den Begriffen und Aussagen in den Texten einerseits, zwischen diesen insgesamt und dem wissenschaftlichen Begriffsapparat und den theologischen Aussagen des Exegeten oder Historikers andererseits bestehen muß. Es kann die Theologie als Wissenschaft zur Wahrheitsfindung nur tauglicher machen, wenn auch der pragmatische Bezug zwischen ihr und ihren Vertretern einerseits, zwischen den Aussagen bzw. Begriffen der Quellen und deren Sprechern bzw. Benutzern andererseits untersucht wird.

„Materialismus" [16] bedeutet im Rahmen dieser beiden pragmatischen Bezüge nichts anderes, als daß auf seiten der Exegeten oder Historiker

---

[16] Dieser Ausdruck wird hier — dem heutigen Gebrauch wohl nicht mehr entsprechend — mit der reservatio mentalis verwandt, ohne die es seit M. Adler, Lehrbuch der materialistischen Geschichtsauffassung (Soziologie des Marxismus Bd. 1 Allgemeine Grundlegung), Berlin 1930, nicht mehr geht. Nach Kap. 4 haben Marxismus und Materialismus sachlich ganz und gar nichts miteinander zu tun, sie unterscheiden sich wie Wissenschaft und Metaphysik (S. 74). Nach Kap. 6 macht für Kautsky nur der Glaube an die Realität der Außenwelt das Wesen des Materialismus aus; materialistische Geschichtsauffassung sei nicht an eine materialistische Philosophie gebunden; wichtig sei nur die dialektisch-materialistische Methode, nicht die materialistische Weltanschauung (S. 111 f.) Kap. 7 und 8 sind Auseinandersetzungen mit Lenins Buch „Materialismus und Empirokritizismus". Adler stimmt mit Lenin in der Ablehnung des mechanistischen Materialismus überein, unterscheidet sich aber von ihm darin, daß er den erkenntniskritischen Idealismus nicht für Agnostizismus, Subjektivismus oder Solipsismus hält. Moderiert wird die Auffassung von M. Adler jetzt wieder bei A. v. Weiss, Historischer Materialismus, in: SDG 2, Sp. 1247—1272 vertreten.

die Bedingtheit ihrer Resultate auch durch ihre Gebundenheit an ihre gesellschaftliche, noch für ihre materielle Existenz als Wissenschaftler zuständige Umwelt untersucht wird, auf seiten der exegesierten Texte aber die Mitbedingtheit ihres Wortlautes durch die sozialen Umstände, in denen ihre Verfasser lebten, besonders durch ihre Arbeitswelt.

Man mag einwenden, daß damit der Materie-Begriff ja schon *Symbol*-Charakter gewonnen hat und deshalb besser vermieden würde. Da Marx's Geschichtsinterpretation keine Aussagen über das Verhältnis von Geist und Materie macht, sondern die Geschichte von Ideen, Rechtsverhältnissen, Religionen durch die Geschichte der Produktion und der sich aus ihr ergebenden Eigentumsregelungen erklären will, die man ja nicht unbedingt „materiell" nennen muß, haben selbst Marxisten die — von Engels[17] eingeführten — Ausdrücke „materialistische Auffassung der Geschichte" und „historischer Materialismus" als irreführend angesehen und dafür z.B. die Ausdrücke „realistische" oder „empiristische" Geschichtsauffassung empfohlen.

Den darin beschlossenen Einwänden kann voll stattgegeben werden, sobald es gelingt, bessere Begriffe einzuführen, die nicht gleichzeitig von zu vielen anderen Richtungen reklamiert werden, wie dies bei „realistischer" oder „empiristischer" Geschichtsauffassung der Fall ist. Vorläufig muß es genügen zu sagen, daß dieser Materialismus-Begriff ein anderer als derjenige ist, nach welchem der Geist das Produkt

---

[17] Z.B. in seiner Rezension von Marx' „Zur Kritik der politischen Ökonomie", MEW 13, S.469; Einleitung zum „Anti-Dühring", MEW 20, S.25. Zu den Kritikern dieser Ausdrücke gehörte neben E. Bernstein und K. Vorländer vor allem M. Adler, der sein grundlegendes Werk dennoch „Lehrbuch der materialistischen Geschichtsauffassung" nannte. Die dem obigen Abschnitt 3 zugrundeliegenden vier Kapitel, die in Anm.16 kurz referiert werden, sind in der Neuausgabe von St. Wirlandner und K. Blecha, „Grundlegung der materialistischen Geschichtsauffassung" (Wien 1964) leider weggelassen worden (vgl. dort S.93 Anm.62). Immerhin sind dort (S.92—95, 101—103, 118, 128, u.ö.) die Stellen erhalten geblieben, in denen die ökonomischen Verhältnisse, die Produktion im Sinne von Lebensäußerung, ja das nicht im Sinne des Materialismus (siehe Anm.16) verstandene „Materielle" und das gesellschaftliche Sein als etwas „Geistiges" bezeichnet werden. Das ist innerhalb des von Adler vertretenen Kritizismus (1. Aufl. S.134 ff.: materialistische Erkenntnistheorie, d.h. Abbildtheorie, ist unbegründbar und widersinnig) ein sachgemäßer, wenn auch im Ausdruck verunglückter Versuch, Umstände, Vorgänge, Auseinandersetzungen, Verwertungen, die mit der Materie zu tun haben, von dieser selbst zu unterscheiden (die übrigens ihrerseits, angesichts der modernen physikalischen elektrodynamischen Auffassung des Atoms, bei Lenin als metaphysischer Begriff zu disqualifizieren sei, 1. Aufl. S.144—147). Was Lenin für den Materialismus in Anspruch nimmt, müsse man auch dem erkenntniskritischen Idealismus zugute kommen lassen, den Kant selbst noch nicht konsequent genug entwickelt habe.

der Materie ist, der Materie zeitliche Priorität vor der Idee zukommt, o. ä. Daraus folgt auch, daß religiöse Aussagen und die Religion überhaupt zwar als von gesellschaftlichen Gegebenheiten im weitesten Sinne beeinflußt, aber nicht als von diesen erzeugt gelten werden. Dieser Materialismus-Begriff ist auch ein anderer als der für ein vulgäres Basis-Überbau-Schema konstitutive, d.h. es handelt sich nicht um kausale Beziehungen einer Summe materieller ökonomischer Bedingungen einschließlich bestimmter Produktions- und Klassenordnungen zu einem mit ihr variierenden System ethischer, politischer, religiöser, philosophischer Anschauungen einschließlich der jeweils dazugehörigen Begriffsbildungen. Es ist zu beachten, daß am locus classicus für die Aufstellung wie für die Vulgarisierung des Problems irreführend von einer „Bestimmung" des Bewußtseins die Rede ist[18], wo es, wie im Satz vorher, „Bedingung" heißen müßte[19]. Eine genaue Fassung des „Bedingungs"- wie übrigens auch des „Entsprechungs"-Verhältnisses zwischen den Produktionskräften und -ordnungen einerseits, juristischem, politischem und religiösem Überbau andererseits wahrt den dialektischen Charakter dieses Verhältnisses.

4.

Die Unterscheidung von einem undialektischen Materialismusbegriff wirft die Frage auf, ob man beim Rückgang von bestimmten Begriffen und Vorstellungen aus über die geeignete Erkenntnistheorie verfügt, mit der man sowohl bei den Bedingungen für die Entstehung jener Begriffe und Vorstellungen als auch bei den Bedingungen für deren sachgerechte Interpretation ansetzen kann. Während der eben angesprochene Symbolcharakter des Materie-Begriffes den Versuch nahelegen könnte, sich einer entwickelten Symboltheorie zu bedienen, stehen auf „realistischer" bzw. „materialistischer" Seite die adaequationes intellectus et rei bis hin zu naiven Abbildtheorien bereit, die die einschlägigen Probleme bereits gelöst zu haben vorgeben bzw. deren Existenz überhaupt leugnen. Es dürfte aber möglich sein, Sym-

---

[18] K. Marx, Vorwort „Zur Kritik der politischen Ökonomie" (1859), MEW 13, S. 9. Zur Diskussion um die Notwendigkeit vgl. H. Fleischer, Kausalität (mit M. Fisk), Kontingenz (mit J. Ladrière), in: SDG 3, Sp. 573—596 und 877—889.
[19] Darauf machte G. Müller in einer Rezension von F. Tomberg, Basis und Überbau (1969), in: Zeitschrift für philosophische Forschung 1973, S. 325, aufmerksam

boltheorien und Abbildtheorien mindestens in einem gemeinsamen Problembewußtsein auszurichten, wenn man beide primär als Erkenntnistheorien benutzt, die sie ja meist ohnehin mit sein wollen, und als die sie zunächst entwickelt wurden. Man kann dies tun, indem man an eine ältere Differenz in der Naturauffassung anknüpft, die so genau vom gleichen theoretischen Punkt ausgeht, daß man fingieren könnte, die beiden Kontrahenten E. Cassirer und W. I. Lenin hätten persönlich miteinander diskutiert.

„Heinrich Hertz ist derjenige moderne Forscher, der in seinen ‚Prinzipien der Mechanik' (1894) die Wendung von der ‚Abbildtheorie' der physikalischen Erkenntnis zu einer reinen ‚Symboltheorie' am frühesten und am entschiedensten vollzogen hat. Die Grundbegriffe der Naturwissenschaft erscheinen jetzt nicht mehr als Kopien und Nachbilder eines unmittelbar dinglich Gegebenen; sondern sie werden als konstruktive Entwürfe des physikalischen Denkens eingeführt — als Entwürfe, deren theoretische Geltung und Bedeutsamkeit an keine andere Bedingung geknüpft ist, als daran, daß ihre denknotwendigen Folgen stets wieder mit dem in der Erfahrung Beobachtbaren übereinstimmen" [20]. „In Wirklichkeit zeigt die philosophische Einleitung H. Hertz' zu seiner ‚Mechanik' den üblichen Standpunkt des Naturforschers, der durch das Professorengeheul gegen die ‚Metaphysik' des Materialismus eingeschüchtert ist, aber dennoch die naturwüchsige Überzeugung von der Realität der Außenwelt nicht überwinden kann." [21] Die Frage ist, ob eine Symboltheorie, wie sie im An-

---

[20] E. Cassirer, Philosophie der symbolischen Formen Bd. 3, Darmstadt 1954 (= 1964), S. 25.

[21] W. I. Lenin, Materialismus und Empiriokritizismus, Moskau 1947, S. 302 f. Symbol- und Abbildtheorie werden hier vor allen S. 112, 288 und 305 f. einander gegenübergestellt. Verwechslungen von Empfindungskombinationen mit dem „Ding an sich": S. 14 f., 18, 29 f., 271, 278, 315, 373, 380. Kernsatz S. 197: „Die Herrschaft über die Natur, die sich in der Praxis der Menschheit äußert, ist das Resultat der objektiv richtigen Widerspiegelung der Erscheinungen und Vorgänge der Natur im Kopfe des Menschen, ist der Beweis dafür, daß diese Widerspiegelung (in den Grenzen dessen, was uns die Praxis zeigt) objektive, absolute, ewige Wahrheit ist". Was Lenin unter einer „Abbildtheorie in der Geschichte" versteht, zeigt eigentlich nur sein mehrfach strapaziertes Beispiel vom Feststehen des Datums, an dem Napoleon starb. Auseinandersetzung mit dem Symbolismus: S. 244—251. Parteilichkeit in der Erkenntnistheorie: S. 369, 376. Lenin bekämpft hier immer nur den erkenntnistheoretischen Skeptizismus, nie den kantischen Kritizismus. Ein Korrektiv zum 1908 beendeten, 1909 in erster Auflage erschienen Empiriokritizismus-Buch ist im 1914—1916 angelegten „Konspekt zu Hegels ‚Wissenschaft der Logik'" zu erblicken. Im übersetzten Text weichen sehr häufig voneinander ab die Ausgaben W. I. Lenin, Philosophische Hefte (Werke Bd. 38), Berlin 1958 (= 1971), S. 77—229, und W. I.

schluß u. a. an Hertz am weitesten von E. Cassirer ausgebildet worden ist, nicht noch mehr leistet, wenn man die Erkenntnis, für deren Zustandekommen ein Symbol vonnöten ist, „materialistisch" vollzieht und damit auch den Charakter des Symbols ändert, und ob eine Abbildtheorie, wie sie von Lenin u. a. gegen Hertz am konsequentesten ausgebildet worden ist, nicht am ehesten dann zu voller Leistungsfähigkeit speziell als Erkenntnistheorie gebracht werden kann, wenn man erkenntniskritisch applizierbare Symbole in sie einführt. Man steht damit, ohne es beabsichtigt zu haben, bei der Position des Austromarxismus. Diese Richtung war es auch, welche die skizzierten Fragen nicht nur in der natur- bzw. materiebezogenen Begriffsbildungsproblematik [22], sondern auch bei Phänomenen der geschichtlichen Welt verhandelt hat [23]. Ehe man fragt, ob und wie ihre Kategorien zu einer theoretischen Verbesserung von historischer Theologie und Religionswissenschaft taugen, ist wenigstens kurz an einigen Beispielen zu zeigen, wo dort das Problem liegt.

5.

Nimmt man dementsprechend geschehene Geschichte als Gegenstand nicht nur historischer Forschung, sondern auch einer erkenntnistheoretischen Einstellung, welche sowohl die Voraussetzungen des Zustande-

---

Lenin, Hefte zu Hegels Dialektik, München 1969. In der letzteren Ausgabe ist S. 9—71 die Einleitung von Thomas Meyer wichtig, in welcher gezeigt wird, daß Lenins erkenntnistheoretische Äußerungen schon zu ihrer Zeit nicht auf der Höhe der relevanten Diskussion waren (S. 46, 48, 50, 65 [z. T. doch Übereinstimmung der Hefte mit dem Empiriokritizismus-Buch], 66 f., 71). Abweichungen vom Empiriokritizismus-Buch z. B. S. 172 = 173 („[Die] Erkenntnis ist die Widerspiegelung der Natur durch den Menschen. Aber das ist keine einfache, keine unmittelbare, keine totale Widerspiegelung, sondern der Prozeß einer Reihe von Abstraktionen . . ."), S. 198 unterer Kasten = S. 201 oberer Kasten („Die logischen Begriffe . . ."; an Engels' „Dialektik der Natur" erinnernd), S. 204 f. unten und oben rechts = S. 207 unten rechts („Außenwelt die Realität in Form äußerlicher Wirklichkeit"). Vgl. auch „Zur Frage der Dialektik": Werke Bd. 38, S. 344 = Ausgabe Th. Meyer, S. 249: „Gradlinigkeit und Einseitigkeit, Hölzernheit und Verknöcherung, Subjektivismus und subjektive Blindheit, voilà die erkenntnistheoretischen Wurzeln des Idealismus".

[22] Vgl. Max Adler, Natur und Gesellschaft, Neuausgabe Wien 1964 (ursprünglich Berlin 1932 als erster Teil des zweiten Bandes des in Anm. 16 genannten Werkes mit dem Untertitel „Die statischen Grundbegriffe" erschienen).

[23] Max Adler, Die solidarische Gesellschaft, Wien 1964 (Fortsetzung, d. h. zweiter Teil des in Anm. 22 genannten Werkes, bis dahin unveröffentlicht).

kommens historischer Resultate als auch die — nicht transzendental, sondern sozialpsychologisch zu kategorisierenden — Aprioris des Exegeten und Historikers klären will, so macht man eine paradoxe Entdeckung: Gerade solche historisch arbeitenden Theologen und Religionswissenschaftler, bei welchen das Aufsuchen des „Sitzes" der von ihnen untersuchten Objektivationen „im Leben" der Geschichts-, Gesellschafts-, Staats-, Arbeitswelt bloßes Postulat geblieben ist oder bei allersimpelsten Unterscheidungen haltmacht[24], welche also in Wirklichkeit lediglich die Syntaktik des Überbaus traktieren und es deshalb begrüßen müßten, wenn das von ihnen Ermittelte als eine wie auch immer zustande gekommene Symbolisierung von und damit als das Wesentliche an Ausschnitten aus der Realgeschichte nachgewiesen würde, bestehen darauf, daß dies Ermittelte vielmehr die Sache selbst abbilde. Deshalb wird Kombinierbares zum Zusammengehörigen — manch eine Evangelisten- oder Gemeindetheologie, manch ein Totemismus oder Fetischismus hat auf diese Weise das Licht der Wissenschaft erblickt —, Benachbartes oder zeitlich Folgendes zu etwas historisch Induziertem oder Anhängigem — so wurde die jüdische Apokalyptik iranisch, die christliche Gnosis jüdisch, der Weltherrschaftsgedanke christlich —, Begriffliches zu Gegenständlichem.

Auf der anderen Seite sind sich Sozialhistoriker, sogar „materialistisch" arbeitende, die doch nach allgemeiner Meinung dann am zufriedensten sein sollten, wenn sie das Ruhekissen der Basis aufgesucht haben, durchaus darüber klar, wie schwer die methodische Grundforderung, daß nicht die „Bestimmung" des Seins durchs Bewußtsein, sondern die des Bewußtseins durchs Sein nachzuweisen sei, am historischen Material zu verifizieren ist. Sie sprechen richtig von „Vermittlungen" zwischen dem Sein und den Bewußtseinsprodukten, und nur ihr „Fideismus"- bzw. „Idealismus"-Komplex hindert sie daran, diese Vermittlungen als das zu begreifen, was sie sind, nämlich Transformationen, an denen ein symbolisierendes Seinserkennen und -bewältigen

---

[24] Beispiele aus der historischen Theologie: „Fest — Alltag", „jesuanisch — Gemeindebildung", „vorösterlich — nachösterlich", „judaisierend — gesetzesfrei", „eschatologisch eingestellt — frühkatholisch", „häretisch — großkirchlich", „pneumatisch — amtsgebunden". Auch die nur formal scharfsinnigen, semantisch aber oft nichtssagenden oder mindestens noch nicht gedeuteten christologischen Unterscheidungen, die von der Wissenschaft aus der Dogmengeschichte einfach übernommen werden, gehören hierher. Beispiele aus der Religionsgeschichte: „primitiv — hoch", „Geister — Götter", „animistisch — animatistisch" und viele Unterscheidungen, welche die Religionsphänomenologie sonst macht.

ebenso beteiligt war, wie zu deren historisch- wie kausal-genetischer
Erklärung ein symbolkundiges Denken nötig bleiben wird[25].

Das gilt wahrscheinlich sogar noch für die Vermittlungen, wie sie
nach Marx in der Religion[26] und nach Stalin in der Sprache[27] geschehen. Mit ihnen steht man nicht mehr im Gefüge Hegel-Marxscher
Geschichtstheorie, das im Historismus des 19. Jahrhunderts ohnehin
auseinandergenommen wurde. Es gehört deshalb auch der große Kritiker der historischen Vernunft hierher, der daran vor allem beteiligt
war, und zwar mit Ansätzen zu einer erkenntniskritischen Symboltheorie in Interpretation — Schleiermachers! Es ist die Vernunft, die,
indem sie die sittliche Welt hervorbringt, „in dem Vorgang der Eini-
gung mit der Natur sich zuerst Organe bildet, wobei erst das Organisierte zum Symbol werden kann. Wie denn auch das Ende dieses Vorgangs bilden würde, daß nichts mehr Organ wäre und alles Symbol".
„Wir verstehen unter Symbol jede Darstellung der Vernunft an und
in der Natur, in welcher diese zur Erkennbarkeit gelangt. Diese Erhebung der Vernunft in der zeitlich-räumlichen Entwicklung der Erde
zur Bewußtheit, zur Anerkennung, zur Erkenntnis ist selber ein Gut.
Dies ist ein wahrer und großer Gedanke. Er liegt als Voraussetzung
der ganzen Lehre von der Entwicklung der Vernunft in den Stufen des

---

[25] Obwohl sich alle diese Ausdrücke bei J. G. Droysen, Historik, hrsg. von
R. Hübner, 5. Aufl. München 1967, nicht finden, meine ich doch, mich hier in un-
gefährer Übereinstimmung mit dem zu befinden, was Droysen über „Totalität
dessen, was wir so haben..., unsere Empfindung dieses unseres Inhalts", aus der
sich uns eine neue Vorstellung des Ganzen erzeugt S. 332 = Methodik § 19), über
divinatorisches Suchen und Entdecken historischen Materials und Kombination, die
durch richtige Einreihung zu historischem Material macht, was solches nicht zu sein
scheint (S. 335 = Methodik § 26), und anderes sagt. Daß A. Schmidt, Geschichte und
Struktur. Fragen einer marxistischen Historik, München 1971, S. 16—20 sich sehr
positiv mit Droysen auseinandersetzt und sogar feststellen kann, daß Droysens
Geschichtskonzeption ein materialistisches Element impliziert, sei nur am Rande
erwähnt.

[26] Vgl. J. Kadenbach, Das Religionsverständnis von Karl Marx, München-
Paderborn-Wien 1970; gut auch W. P. Eichhorn, Basis und Überbau, in: Philos. Wb.
S. 170 f.

[27] Es ist bemerkenswert, daß die so ungefähr einzige Einsicht Stalins, die es in
der innermarxistischen Diskussion sachlich verdient hätte, festgehalten zu werden,
nämlich daß die Sprache weder zum Überbau noch zur Basis zu rechnen sei und ein
klassenunabhängiges soziales Phänomen darstelle (J. W. Stalin, der Marxismus und
die Fragen der Sprachwissenschaft, Berlin 1951) — was bereits zwischen Marxisten
und Nichtmarxisten einen breiten Konsensus in der Anwendung philologischer und
linguistischer Methoden ermöglicht hat —, seit der Entstalinisierung dort nicht mehr
auftaucht. Man vergleiche das aufschlußreiche Schweigen bei A. Kosing u. W. Segeth,
Art. Sprache, in: Philos. Wb. S. 1033 f.

Lebens der Erde und der Geschichte des Menschengeschlechts auf ihr zugrunde. Er war implizit in Goethes Weltansicht enthalten; in Schelling, Schleiermacher, Hegel war er zur spekulativen Entfaltung gelangt."[28]

6.

Die „Kritik der historischen Vernunft" hat in Form einer „Logik der Sozialwissenschaften" auch eine Verstehenslehre hervorgebracht, für die Max Webers großer Aufsatz „Die ,Objektivität' sozialwissenschaftlicher Erkenntnis" das beste Beispiel ist[29]. „Wer auf dem Standpunkt steht, daß die Erkenntnis der historischen Wirklichkeit ,voraussetzungslose' Abbildung ,objektiver' Tatsachen sein solle oder könne, wird ihnen jeden Wert absprechen. Und selbst wer erkannt hat, daß es eine ,Voraussetzungslosigkeit' im logischen Sinn auf dem Boden der Wirklichkeit nicht gibt und auch das einfachste Aktenexzerpt oder Urkundenregest nur durch Bezugnahme auf ,Bedeutungen', und damit auf Wertideen als letzte Instanz, irgend welchen wissenschaftlichen Sinn haben kann, wird doch die Konstruktion irgend welcher historischer ,Utopien' als ein für die Unbefangenheit der historischen Arbeit gefährliches Veranschaulichungsmittel, überwiegend aber einfach als Spielerei ansehen." „Jede aufmerksame Beobachtung der begrifflichen Elemente historischer Darstellung zeigt nun aber, daß der Historiker, sobald er den Versuch unternimmt, über das bloße Konstatieren konkreter Zusammenhänge hinaus die Kulturbedeutung eines noch so einfachen individuellen Vorgangs festzustellen, ihn zu ,charakterisieren', mit Begriffen arbeitet und arbeiten muß, welche regelmäßig nur in Idealtypen scharf und eindeutig bestimmbar sind." Was Weber dann an Begriffen wie „Individualismus", „Feudalismus" usw. zeigt, nämlich, daß sie abstrahierende Zusammenfassungen, Idealtypen, darstellen, ist auf die religionswissenschaftliche Begriffs-

---

[28] W. Dilthey, Leben Schleiermachers Bd. 2, 1: Schleiermachers System als Philosophie, hrsg. von M. Redeker (Gesammelte Schriften XIV 1), Göttingen 1966, S. 290, 292. Zum Beleg vgl. die S. 355 ausgelegten Zitate aus Schleiermachers Ethik § 126 und 129; zum Symbolisieren als Spezifikation erkennender Tätigkeit vgl. S. 283—286, 298—301, 557 f., 694 f.

[29] Zuerst in: Archiv für Sozialwissenschaft und Sozialpolitik 19, 1904, S. 22—87, dann in: Gesammelte Aufsätze zur Wissenschaftslehre, 2. und 3. Aufl. München 1951 und 1968, S. 148—214, dann in: Soziologie — Weltgeschichtliche Analysen — Politik, hrsg. von J. Winckelmann, Stuttgart 1968, S. 186—262; daraus S. 237 f. zitiert.

bildung direkt anwendbar. Webers Idealtypus ist ein erkenntniskritisches Symbol. Die geschichtsphilosophische Fragestellung, welcher
er die Arbeit mit ihm entgegensetzt, ist genau wie für die angelsäch-
sische „Logik der Sozialwissenschaften" und die französische „Methodologie der Humanwissenschaften" die des vulgären Marxismus[30].
Hätte er die Synthese von Neukantianismus und Marxismus im
Austromarxismus besser gekannt, hätte er sicher der Feststellung Max
Adlers zugestimmt: „Das Problem des Verständnisses ist seit Max
Webers Arbeiten immer mehr in den Mittelpunkt der soziologischen
Arbeit gerückt worden, und da darf ich wohl darauf verweisen, daß
ich bereits in meiner Erstlingsschrift ‚Kausalität oder Teleologie'
(1904) dieses Problem als Grundproblem der Soziologie erörtert und
gezeigt habe, wie es nur aus der Weiterführung der transzendentalen
Kritik Kants zu lösen ist."[31] Genau das ist der Punkt. In ihm treffen
sich Ernst Cassirer, Max Adler und Max Weber, wenn sie ihre Kritik
der Abbildtheorie in die Symboltheorie einbringen. Im großen Stil
wollte der Austromarxismus zeigen, wie Symbol- und Abbildtheorien
in Wirklichkeit zusammengehören oder mindestens in der erkenntnistheoretischen Grundproblematik konvergieren sollten[32]. Und auch
ein entschiedener Bestreiter neukantianischer Tendenzen im Marxismus wie G. V. Plechanow hatte für eine Symboltheorie aus der Naturwissenschaft — nicht die von H. Hertz, aber die von H. v. Helmholtz —
etwas übrig[33]. Das austromarxistische erkenntnistheoretische Instru-

---

[30] Zur Übereinstimmung im anthropologischen Ansatz (nicht in der „materialistischen" Geschichtsauffassung) vgl. jedoch K. Löwith, Max Weber und Karl
Marx, in: Gesammelte Abhandlungen, 2. Aufl. Stuttgart 1960, S. 1—67; zum
Marxismus-Bild Webers und der Unterscheidung der vulgärmarxistischen Religionskritik (K. Kautsky) von der des jungen Marx vgl. H. Bosse, Marx-Weber-Troeltsch,
München 1970, S. 90—99.
[31] M. Adler, Die Beziehungen des Marxismus zur klassischen deutschen Philosophie, in: Kant und der Marxismus, Berlin 1925, S. 135—190, abgedruckt in
Austromarxismus S. 155—190, daraus S. 170 zitiert. Weber, 1920 gestorben, konnte
zwar gerade diesen 1922 geschriebenen Aufsatz nicht kennen, doch finden sich
ähnliche Gedanken nicht nur in Adlers Erstlingsschrift, sondern auch in seinem
Aufsatz „Marx und die Dialektik", in: Der Kampf 1, 1908, S. 95—104 (jetzt in
Austromarxismus S. 120—139).
[32] Vgl. vor allem — ohne Bezug auf den anderen Zweig der neukantianischen
Tradition etwa durch Übernahme des Symbolbegriffs von Cassirers seit 1923
erscheinender „Philosophie der symbolischen Formen" — M. Adler, Das Soziologische
in Kants Erkenntniskritik, Wien 1924. Zusammenfassend: P. Heintel, Neukantianismus, in: SDG 4, Sp. 768—781.
[33] Materialismus oder Kantianismus?, in: Neue Zeit 17, 1898/99, S. 589—596,
626—632; Grundprobleme des Marxismus, Berlin 1958. Zur Rückverwandlung des

mentarium ist deshalb, weil es auch die materiellen Bezüge des religiösen Ausdrucks zu erfassen gestattet, besser geeignet als das des zu geistesgeschichtlichen Ernst Cassirer oder das Tillichs, das erst noch einmal wieder durch Kant hindurchgeführt werden müßte[34], und es verspricht in der heutigen Problematik für eine tiefgreifende religionsgeschichtliche und historisch-theologische Erkenntnis die besten Resultate.

Nur kurz kann hier angedeutet werden, wie weiterzugehen wäre. Eine Unterscheidung zwischen Idealtypus bzw. erkenntniskritischem Symbol einerseits und Sache, die man abbildhaft zu haben meint, andererseits wäre paradoxerweise die erste Konsequenz eines Versuches, der zwischen Symbol- und Abbildtheorie in erkenntniskritischer Absicht vermitteln will. Denn es handelt sich ja zunächst noch nicht um die Erfassung des Faktischen einschließlich der Einsicht, inwiefern man hier mit dem Symbolcharakter von Anschauung und Begriff wird rechnen müssen, sondern um Kritik an der religionsgeschichtlichen und historisch-theologischen Wissenschaft, in welcher häufig noch nicht erkannt worden ist, daß der Eindruck des Objekts und das Objekt selbst auseinanderzutreten haben, daß an die Stelle der Identität das Verhältnis der Repräsentation treten muß[35]. Es treten bei dieser Kritik zwei Typen von gegenseitiger Verschränkung hervor, welche entweder zwischen nichtikonischen Zeichen für das materielle Objekt, also Basissymbolen, und erkenntniskritisch abstrahierenden Begriffen, also Überbausymbolen, oder zwischen beiden ins-

---

sowjetischen dialektischen Materialismus in eine „vorkritische Ontologie" (J. Habermas) vgl. M. Fisk und C. N. Koblernicz, Naturphilosophie, in: SDG 4, Sp. 740—758.

[34] Noch nicht, wie es erscheint in: Die sozialistische Entscheidung (1932), Nachdruck Offenbach 1948 (davon Raubdrucke); dort S. 26—28 zur Herrschaft des Raumes, S. 58, 60, 67 zum Symbol. Material zum späteren Platonismus Tillichs, das genau wie Cassirers „Essay on Man" (siehe nächste Anm.) den Idealismusverdacht von Materialisten gegenüber Symboltheorien immerhin rechtfertigt — wenn hier auch der Fehler nicht in der Theorie liegt, sondern in der Unfähigkeit ihrer Verfechter, sie konsequent durchzuhalten —, bei Peter Schwanz, Plotin und Tillich, in: Kairos 14, 1972, S. 137—141.

[35] E. Cassirer, Substanzbegriff und Funktionsbegriff, Berlin 1910 (= Darmstadt 1969), S. 402. Das sechste Kaptiel „Der Begriff der Wirklichkeit", auf das hiermit Bezug genommen wird, ist aus diesem Werk für die obige Fragestellung am wichtigsten. Später sind es, außer der ganzen „Philosophie der symbolischen Formen" (1923—1929), Teile aus „Zur Einstein'schen Relativitätstheorie" (1921) und aus „Determinismus und Indeterminismus in der modernen Physik" (1937), aber nicht mehr „An Essay on Man" (New Haven 1944, deutsch: Was ist der Mensch?, Stuttgart 1960), wo die ganze Erkenntnistheorie in eine Anthropologie des Menschen als animal symbolicum abgeglitten ist.

gesamt und deren wissenschaftlicher Deutung statthaben[36]. Das erstere
ist der Fall, wo z.B. die materielle Natur Bestandteil von Mytho-
logien, Schöpfungsaussagen und Metaphysiken ist[37]; wo ein bestimmter Raumbegriff für mythisches und ein anderer für unmythisches
Denken konstitutiv ist[38]; wo auf Zahlen ein theologischer Pythago-
reismus gründet[39]; und wo das Verständnis von Zeit als absoluter
oder relativer genaue Alternativen zwischen materialen und symbolischen Zukunftsinhalten zeitigt. — Eine Verschränkung zwischen
historisch gegebenen Symbolen und solchen, die Bestandteil der auf
sie gerichteten Deutung sind, hat z.B. in der romantischen Religionswissenschaft stattgefunden (die ja nicht auf das Zeitalter der Romantik
beschränkt ist) — man denke an deren produktive Mythenerklärung
bzw. sich historisch legitimierende Mythenerzeugung. Auf eine kurze
Formel gebracht, kann man sagen: es liegt eine Verschränkung zwischen Sache und Begriff überall da vor, wo das Symbol des Theologen
oder Religionshistorikers nicht als erkenntniskritisches durchgehalten
wird, sondern zu historischen Faktenkonstruktionen führt, die dann
für die Sache selbst gehalten werden.

Erst nachdem klar ist, daß nur eine solche Religionswissenschaft
gegen pragmatische Befragung ihres historischen Gegenstandes gefeit
und damit imstande ist, einen kritischen Beitrag zu den Auseinandersetzungen unserer Zeit zu leisten, welche mit der Auflösung solcher
Verschränkungen gerade nicht die Sache zu einem nichtikonischen
Bestandteil des Begriffes macht, sondern sie in der Faktizität und

---

[36] In einer ganz anderen Terminologie hat dies schon als Logik der historischen
Begriffsbildung untersucht H. Rickert, Die Grenzen der naturwissenschaftlichen
Begriffsbildung. Eine logische Einleitung in die historischen Wissenschaften, Tübingen 1896 (2. Aufl. 1913, 5. Aufl. 1929). Aufschlußreich ist ein Vergleich zwischen
den Artikeln von A. Koring, M. Buhr, G. Klaus: Abbildtheorie, Erkenntnis, Erkenntnistheorie im Philos. Wb. und den gleichbetitelten von J. Nieraad, H. Krings,
M. Baumgartner, W. Prinz, A. Diemer, C. F. Gethmann im Hist. Wb. Philos.
[37] Näheres bei M. Jammer, Der Begriff der Masse in der Physik, Darmstadt
1964, S. 7—89. Auch die Geschichte der Alchemie gibt hier etwas her. Zum Wandel
des Materie-Begriffes seit Marx's Schriften aus den Jahren 1844/45 bis zur sowjetischen Tradition vgl. G. A. Wetter, Dialektischer Materialismus, in: SDG 1,
Sp. 1212—1233.
[38] M. Jammer, Das Problem des Raumes, Darmstadt 1960, S. 5—137 stellt die
für das erstere, M. Čapek und D. D. Comey, Raum und Zeit, in: SDG 5, Sp. 463—
484 stellen die für das letzte wichtigen Positionen dar.
[39] Vgl. G. Sauter, Die Zahl als Schlüssel zur Welt. Johann Albrecht Bengels
„prophetische Zeitrechnung" im Zusammenhang seiner Theologie, in: Evangelische
Theologie 26, 1966, S. 1—36.

Unbegreiflichkeit des Dinges an sich[40] beläßt, kann die Funktion der Synthesis im erkenntniskritischen Symbol, im Idealtypus in ihr Recht treten. Solange bewußt bleibt, daß und inwiefern es sich hier wirklich um eine Synthesis handelt, kann einerseits nicht vergessen werden, daß die wirklich geschehene Geschichte das Reservoir der „materiellen" Bestandteile eines jeden solchen Symboles ist, und wird doch andererseits die Gefahr gebannt, in der Unbegreiflichkeit dieser Geschichte ein Alibi für den konservativen oder gar reaktionären Verzicht auf Revision ihrer Resultate zu finden. Es ist gerade der bewußt und a priori synthetische Charakter des kritischen Symbols als eines Instrumentes für religionsgeschichtliche und historisch-theologische Erkenntnis, der unabhängig von Sinn und etwaigen werthaften Bedeutungen der vergangenen materiellen Geschichte auch ethische Postulate aufzunehmen gestattet[41], welche allein angesichts der Revisionsbedürftigkeit der Zustände aufgestellt werden müssen, zu denen die Geschichte der Religionen und des Christentums geführt hat[42].

Abkürzungen: Austromarxismus = H. J. Sandkühler und R. de la Vega (Hrsg.), Austromarxismus. Texte zu „Ideologie und Klassenkampf" von O. Bauer, M. Adler, K. Renner, S. Kunfi, B. Fogarasi und J. Lengyel, Frankfurt-Wien 1970; Hist. Wb. Philos. = Joachim Ritter u. a. (Hrsg.), Historisches Wörterbuch der Philosophie, bisher Bd. 1 und 2 (A-F), Basel-Stuttgart 1971 und 1972; MEW = Institut für Marxismus-Leninismus beim ZK der SED (Hrsg.), Karl Marx — Friedrich Engels, Werke, Bd. 1 ff., Berlin 1956 ff.; MuE = R. de la Vega und H. J. Sandkühler, Marxismus und Ethik. Texte zum neukantianischen Sozialismus, Frankfurt 1970; Philos. Wb. = G. Klaus und M. Buhr (Hrsg.), Philosophisches Wörterbuch, 2 Bde., 8. Aufl. Berlin 1971; SDG = C. D. Kernig u. a. (Hrsg.), Sowjetsystem und demokratische Gesellschaft, 6 Bde., Freiburg-Basel-Wien 1966—1972.

[40] Im Sinne der Definition von M. Adler, Lehrbuch ... (oben Anm. 16) S. 125: „Das Ding an sich ist ... für die heutige kritische Bewußtseinslehre überhaupt kein Ding mehr ..., sondern bedeutet im Gegenteil die Ablehnung jedes metaphysischen Restes der Erfahrung." Ganz verständnislos sind hier die Artikel von M. Buhr, Agnostizismus, Ding an sich, in: Philos. Wb. S. 47 f. und 253.

[41] Hiermit kann die praktische Vernunft, welche dank der Begreifbarkeit der Erkenntnis als transzendentaler a priori der Deduktion von Zwecksetzungen aus der Gesellschaftsgeschichte enthoben und zu jedem nur möglichen Entwurf befreit worden war, der Materialisierung zugeführt werden, vgl. J. Ritter und R. Romberg, Ethik V und VII 8, in: Hist. Wb. Philos. 2, Sp. 778—784 und 802—804. Wichtig sind O. Bauer, Marxismus und Ethik, in: Die Neue Zeit 24, 1905/06, S. 485—499 (= Austromarxismus S. 55—78); K. Vorländer, Kant und Marx, Tübingen 1911, 2. Aufl. 1926 (Auszüge in MuE S. 262—350); F. Staudinger, Sozialismus und Ethik, und: Kant und der Sozialismus, in: Sozialistische Monatshefte 5, 1901, S. 433—438; 8, 1904, S. 103—114 (= MuE S. 125—156). In den der Widerspiegelungstheorie gewidmeten Heften der Berliner Zeitschrift „Das Argument", seit Heft 77 (Dezember 1972), werden diese Probleme bisher nur am Rande behandelt.

[42] Der Jubilar stellt sich je häufiger desto offener in Diskussionszusammenhänge,

in denen weder die Meinungen bestimmter Schulen noch die bestimmter Alters-
stufen aufgehen. Er sei hier als Gesprächspartner dankbar inmitten einer Reihe
anderer genannt, mit deren Hilfe ich eine gegenüber meinem Beitrag zur Trillhaas-
Festschrift 1968 weiterentwickelte Position zu erreichen versuchte: U. Berner,
M. Eliade, A. Eschen, A.-L. Jenzen, J. M. Kitagawa, H.-J. Klimkeit, S. Krohn,
R. v. Lampe, M. Mirschel, M. Moll, P. Pranckel, H. Pross, J. Rüsen, H. W. Schütte,
J. Z. Smith, J. Taubes, W. Trillhaas, R. Wäfler, G. Wiessner.

Prophetie und Propheten in Spinozas Theologisch-politischem Traktat

Von Herbert Donner

„Es ist keine Offenbarung als Ausgangspunkt der Theologie denkbar, die nur auf Grund von Autorität geltend gemacht wird. Und es ist kein Glaube denkbar, der ohne Appell an die Einsicht, d. h. an die Vernunft, nur als blinder Gehorsam gegen ein autoritäres Wort gefordert würde."[1] Gestalt, Geschichte und Wirkung des neuzeitlichen Wahrheitsbewußtseins, dem sich diese Sätze verdanken, sind Gegenstand der Systematischen Theologie. Der Alttestamentler kann dazu keinen nennenswerten Beitrag leisten; er gleicht einem Manne, der in einem Hause wohnt, das er nicht gebaut hat und das er nicht unterhält. Die wissenschaftliche Leistung Baruch Spinozas freilich, der als einer der großen Repräsentanten skeptischer Religionsphilosophie des 17. Jahrhunderts[2] am Anfang des Prozesses der Herausbildung des neuzeitlichen Wahrheitsbewußtseins steht, gehört zugleich auch in die Geschichte der alttestamentlichen Wissenschaft als einer Disziplin der Theologie; genauer: in ihre Vorgeschichte, da die Etablierung der alttestamentlichen Wissenschaft im Sinne einer selbständigen Disziplin erst im 19. Jahrhundert erfolgt ist. Diese gewissermaßen doppelte Bedeutung Spinozas beruht auf dem Theologisch-politischen Traktat von 1670, der einzigen Schrift des Philosophen, die zu seinen Lebzeiten — anonym, mit erfundenem Verlegernamen und fingiertem Verlagsort — im Druck erschienen ist[3]. Die Bezugnahme der Alttestamentler

---

[1] W. Trillhaas, Dogmatik, 1967², S. 68.

[2] Vgl. W. Trillhaas, Religionsphilosophie, 1972, S. 53.

[3] Tractatus theologico — politicus, 1670 Hamburgi, apud Henricum Künraht (richtig: Amsterdam, bei Jan Rieuwertsz). Textausgabe: Spinoza Opera, im Auftrage der Heidelberger Akademie d. Wiss. hg. v. C. Gebhardt, Bd. III, 1925. Der Text wird im folgenden nach der Übertragung von C. Gebhardt, Philosoph. Bibliothek 93, 1955⁵, zitiert; darauf beziehen sich die Seitenzahlen in den Anmerkungen. Zum besseren Verständnis und zur Verdeutlichung des Begriffshorizontes habe ich das Latein des Originals — wo nötig — in runden Klammern beigegeben.

auf den Traktat vollzieht sich zumeist auf der Ebene der Deklamation, wogegen etwas Ernsthaftes nicht einzuwenden ist. Es ist gut, die Namen der Väter beschwörend zu nennen. Gut ist es aber auch, sich von Zeit zu Zeit die Hauptgesichtspunkte zu vergegenwärtigen und Einzelfragen nachzugehen — auf die Gefahr hin, daß dadurch nicht viel mehr geleistet wird als Bekanntes ins Gedächtnis zurückzurufen.

Der Theologisch-politische Traktat ist eine staatsphilosophische Schrift. Sein Ziel ist die Bestimmung des Sinnes und des Verhältnisses von Freiheit und Gebundenheit in einem neuzeitlichen Staatswesen. Entsprechend den allgemeinen Bedingungen des 17. Jahrhunderts und der besonderen Lage der oranischen Niederlande[4] war dieses Thema im Kontext der Religion abzuhandeln[5]. Deshalb lautet der Untertitel des Traktats: „Einige Abhandlungen (dissertationes), in denen gezeigt wird, daß die Freiheit zum Philosophieren (libertas philosophandi) nicht nur ohne Schaden für die Frömmigkeit (pietas) und den Frieden im Staate (reipublicae pax) zugestanden werden kann, sondern daß sie nur zugleich mit dem Frieden im Staate und mit der Frömmigkeit selbst aufgehoben werden kann." Diese Absichtserklärung lag zweifellos auf der Linie des Gönners Spinozas, des Ratpensionärs Johan de Witt[6], der Hollands Staatsgeschäfte führte und der ein beachtliches Maß an Freiheit in diesem Staatswesen tatsächlich realisiert hatte. Man sagt, er habe Spinozas Schrift veranlaßt[7]. Wie dem auch sei, dem Philosophen stellte sich das Problem der Freiheit im Staate zunächst als Erfordernis einer gründlichen theoretischen Trennung von Philosophie und Religion dar; genauer: der Trennung von Philosophie und Theologie, insofern die letztere Religionslehre war. Beide haben — so lautet die Formel — „keinerlei Gemeinschaft oder Verwandtschaft" miteinander[8]. Daß in der Durchführung des Traktates der

---

[4] Vgl. J. Huizinga, Holländische Kultur des XVII. Jahrhunderts; ihre sozialen Grundlagen und nationale Eigenart, 1933; M. Weber, Die protestantische Ethik und der Geist des Kapitalismus, 1922[2]; R. W. Valentiner, Rembrandt and Spinoza. A Study of the Spiritual Conflicts in the 17th Century Holland, 1957.

[5] Vgl. G. Bohrmann, Spinozas Stellung zur Religion, 1914; L. Strauss, Die Religionskritik Spinozas, 1930; E. E. Powell, Spinoza and Religion, 1941; C. W. Mönnich, De verhouding van theologie en wijsbegeerte in het Tractatus Theologico — Politicus, 1958; A. Malet, La Traité théologico — politique de Spinoza et la pensée biblique, 1966.

[6] Vgl. N. Japikse, Johan de Witt, Hüter des freien Meeres, 1917; ders., Die Oranier. Statthalter und Könige in den Niederlanden, 1939.

[7] AaO. S. VIII ff.

[8] Ebd. S. 258 (Kap. XIV). Im Original: „Superest enim, ut tandem ostendam, inter fidem sive theologiam nullum esse commercium nullamve affinitatem ...

theologische den politischen Teil zwar nicht an Bedeutung, wohl aber an Umfang und Nachwirkung weit überragt, hat Gründe, die nicht schon mit dem Anlaß der Schrift selbst gegeben sind. Denn Spinoza hat im theologischen Teile das Licht der Vernunft, das er im politischen Zusammenleben der Menschen zur Geltung gebracht sehen wollte, auf das Fundament von Religion und Theologie gerichtet: auf die Hl. Schrift, und zwar in erster Linie die des Alten Testaments. Das entsprach nicht nur der ganz außerordentlichen Bedeutung des Alten Testamentes in den calvinistischen Niederlanden, sondern auch Spinozas besonderer Herkunft: Der erste Teil des Traktats ist zwar keineswegs ausschließlich, aber *auch* Spinozas Apologie seiner Emanzipation vom sephardischen Judentum[9]. Diese Seite der Sache hat damals kaum jemand beachtet; Spinoza war ja schon 1656 mit dem Großen Bann belegt und aus der Synagoge ausgestoßen worden. Vielmehr rief der Traktat eine Flut christlicher Gegenschriften hervor und beschäftigte die Kirchenbehörden. Die Synode von Südholland z. B. erklärte das Buch für „so schlecht und gotteslästerlich, wie es nur jemals die Welt gesehen hat und über welches sich die Synode aufs höchste betrüben muß"[10]. 1674 schließlich wurde der Traktat zusammen mit anderen ketzerischen Büchern auch von seiten des holländischen Hofes verboten, „da wir nach Prüfung des Inhalts derselben befinden, nicht allein, daß sie die Lehre der wahren, christlichen, reformierten Religion umstürzen, sondern auch überfließen von allen Lästerungen gegen Gott, seine Eigenschaften und seine anbetungswürdige Dreieinigkeit, gegen die Gottheit Jesu Christi und seine wahren Heilstaten, daß sie ferner die grundlegenden Hauptpunkte der genannten wahren, christlichen Religion und in Wirklichkeit die Autorität der Heiligen Schrift, soviel sie können, völlig in Geringschätzung und schwache, nicht wohl gefestigte Gemüter in Zweifel zu stürzen suchen"[11]. Das ist ein klares, verständliches und wenigstens in seinem letzten Teile vom Standpunkt der theologischen Berater des Hofes aus gerechtfertigtes Votum, freilich gegen einen Mann, der mit dem Traktate erklärtermaßen auch die

---

Philosophiae enim scopus nihil est, praeter veritatem; fidei autem, ut abunde ostendimus, nihil praeter obedientiam et pietatem. Deinde philosophiae fundamenta notiones communes sunt, et ipsa ex sola natura peti debet; fidei autem historiae et lingua, et ex sola Scriptura et revelatione petenda ...".

[9] Ebd. S. XIII ff. Vgl. auch C. Roth, A History of the Marranos, 1932; J. H. Zimmels, Die Marranen in der rabbinischen Literatur, 1932.

[10] Ebd. S. XXX.

[11] Ebd. S. XXX.

Absicht verfolgt hatte, sich vom Vorwurf des Atheismus zu befreien[12]. Spinoza hat sich an dem Streit, den seine Schrift entfachte, nicht beteiligt: nicht nur, weil das seinem Temperament nicht entsprochen hätte, sondern gewiß auch deshalb, weil er erkannte, daß die Verschiedenheit der Bewußtseinslagen die Möglichkeit einer Argumentation mit den Gegnern ausschloß.

Soweit die alttestamentliche Wissenschaft in Frage kommt, wird der Theologisch-politische Traktat im Zusammenhang der sog. „Einleitung in das Alte Testament" verhandelt[13] — und in der Tat hat Spinoza für die Analyse der biblischen Bücher, hauptsächlich Genesis bis 2. Könige, für die Bestimmung ihrer Quellen, Entstehungszeit und Verfasserschaft Epochemachendes geleistet. Man kann indes den Eindruck gewinnen, als werde der Traktat in der Einleitungswissenschaft gewissermaßen thesauriert, als bilde Spinoza nicht mehr als ein, wenn auch sehr gewichtiges Glied in der Genealogie der Erzväter unserer bibelkritischen Einsichten. Bei dieser Betrachtungsweise tritt das Entscheidende für gewöhnlich in den Hintergrund oder kommt gar nicht erst vor: die Methode, die eigentümliche Art der Untersuchung, die die Eröffnung der kritischen Phase der Bibelwissenschaft überhaupt bezeichnet[14]. Dazu einen Beitrag zu leisten, ist die Absicht der folgenden Erwägungen. Sie sind — wie sich hoffentlich zeigen wird: mit guten Gründen — hauptsächlich den ersten beiden Kapiteln des Traktates „De prophetia" und „De prophetis" gewidmet.

Das erste Kapitel des Traktates beginnt mit einer Definition: „Prophetie oder Offenbarung (prophetia sive revelatio) ist die von Gott den Menschen geoffenbarte sichere Erkenntnis einer Sache (rei alicuius certa cognitio). Prophet aber ist derjenige, der das von Gott Offenbarte denen verdolmetscht, die eine sichere Erkenntnis der Offenbarungen Gottes nicht haben, die daher die Offenbarungen bloß

---

[12] Ebd. S. XXII. 37 f. u. ö.

[13] Regelmäßig in den wissenschaftsgeschichtlichen Paragraphen der Einleitungen: F. Bleek, 1878[4], S. 2 f.; O. Eißfeldt, 1964[3], S. 211 f.; E. Sellin - G. Fohrer, 1965[10], S. 24; A. Weiser, 1966[6], S. 14; O. Kaiser, 1969, S. 19; J. Hempel, Die althebräische Literatur und ihr hellenistisch-jüdisches Nachleben, 1930; Nachdruck 1968, S. 2 f. usw. Vgl. auch C. Siegfried, Spinoza als Kritiker und Ausleger des Alten Testaments. Ein Beitrag zur Geschichte der alttestamentlichen Kritik und Exegese, 1867. In einen weiteren theologiegeschichtlichen Problemhorizont stellt die Sache K. Scholder, Ursprünge und Probleme der Bibelkritik im 17. Jahrhundert, 1966, S. 165 ff.

[14] Dazu Grundsätzliches bei H.-G. Gadamer, Wahrheit und Methode, 1965[2], S. 169 f.

durch den Glauben (mera fide) annehmen können."[15]. Diese Definition ist nicht nur sehr allgemein, sie ist auch traditionell. In ihr sind Prophetie und Offenbarung einfach identifiziert, und die Erörterung darüber ist an den Anfang einer Anleitung zum besseren Verständnis der Hl. Schrift gesetzt, die für Juden und Christen als das Buch der Offenbarungen Gottes schlechthin zu gelten hat. Die Prophetie ist also keineswegs — wie heute üblich und richtig — als eine Größe sui generis innerhalb der Schrift anzusehen[16]. Sie ist nach der Eingangsdefinition mit Offenbarung überhaupt identisch, d. h. umgekehrt: Das Offenbarungsbuch, die Bibel, ist ein prophetisches Buch; sie ist das, was man „vorkritisch" Schrift gewordene Prophetie nennen könnte.

Dieser durchaus traditionelle Gesichtspunkt, auf den zurückzukommen ist, führt zu einer auf den ersten Blick überraschenden Konsequenz: „Aus der schon gegebenen Definition folgt, daß man die natürliche Erkenntnis (cognitio naturalis) Prophetie nennen kann. Denn was wir durch natürliche Erleuchtung (lumen naturale) erkennen, hängt bloß von der Erkenntnis Gottes (Dei cognitio) und von seinem ewigen Ratschluß (decreta aeterna) ab."[17] Das lumen naturale, das natürliche Licht der menschlichen Vernunft, wird als Instrument verstanden, durch welches Gott den Menschen zur „sicheren Erkenntnis einer Sache" gelangen läßt. Gewiß ist auch dieser Satz theologiegeschichtlich an die Tradition anzuschließen: an konfessionell kontro-

---

[15] AaO. S. 15.

[16] Wird dieser Gesichtspunkt nicht gebührend beachtet, dann kommt es zwangsläufig zu Irrtümern und Verzeichnungen, mindestens aber zu Mißverständlichkeiten. Vgl. K. Scholder, aaO. S. 168: „So macht sich Spinoza an die Kritik der alttestamentlichen Prophetie, die er ihres übernatürlichen Charakters entkleidet und auf ein ‚lebhafteres Vorstellungsvermögen' (vividior imaginatio) zurückführt." Liest man das ohne nähere Erläuterung, dann muß — wahrscheinlich gegen die Intention des Autors — der Eindruck entstehen, es handle sich hier um jene Größe, die *wir* alttestamentliche Prophetie nennen. Gemeint ist jedoch die ganze Schrift. Wie behutsam vorgegangen werden muß, lehrt ein Blick auf K. Scholders Anm. 111 (S. 168): „Tatsächlich ist die ‚Offenbarung' nach Spinozas Überzeugung nur für das ‚gewöhnliche Volk' notwendig. Es besteht durchaus die Möglichkeit, durch ‚natürliche Erleuchtung' (lumen naturale) vollkommen glücklich zu werden." Scholders Hinweis auf Kap. V (S. 104 ff.) läßt erkennen, daß das in den Zusammenhang der Akkommodationstheorie gehört; genauer: die Kenntnis (notitia) und der Glaube (fides) an die in der Schrift enthaltenen Geschichten (historiae) sind nur für den vulgus notwendig, weil dessen „Geist nicht imstande ist, die Dinge klar und deutlich zu erfassen" (S. 105). Es geht also nicht um die Notwendigkeit der Offenbarung überhaupt, sondern um die Problematik ihrer Gestalt als Geschichten und Zeremonialgesetze: mithin das klassische Thema der durch Auslegung zu überwindenden Fremdheit weiter Teile des Alten Testaments.

[17] AaO. S. 16.

verse Tradition freilich, wie sofort sichtbar wird, wenn man die hochmittelalterliche Theologie z. B. des Aquinaten der Theologie der Reformatoren gegenüberhält. Aber der Satz, so ungewöhnlich die Verwendung des Begriffes „Prophetie" in ihm auch sein mag, hat in Spinozas Gedankenfolge nur Übergangsfunktion. Ihm folgt die These, daß es sich bei den als „Propheten" bezeichneten besonderen Personen grundsätzlich und wesentlich nicht anders verhalte als bei allen Menschen. Die besondere prophetische Erkenntnis, der wir in der Bibel begegnen, ist nur dadurch von der allgemeinen prophetischen Erkenntnis unterschieden, daß sie die Grenzen des menschlichen Normalmaßes überschreitet, nicht aber dadurch, daß sie eine andere Quelle hat. Wäre es anders, dann „müßte gerade jemand es so verstehen oder vielmehr so träumen wollen, die Propheten hätten wohl einen menschlichen Körper, aber keinen menschlichen Geist (mens humana) besessen, und darum seien ihr Empfinden (sensationes) und ihr Bewußtsein (conscientia) von völlig andrer Natur gewesen als bei uns"[18]. Das ist nicht deswegen bemerkenswert, weil Geist, Empfinden und Bewußtsein der Propheten als menschlich bezeichnet werden, sondern weil die Menschlichkeit der Propheten als Organ einer nur quantitativ, nicht qualitativ von der natürlichen Erkenntnis unterschiedenen Offenbarungserkenntnis in Anspruch genommen wird. Man kann verstehen, daß sich Spinoza dadurch den Vorwurf der Gotteslästerung zuzog; denn bis dahin waren natürliche Erkenntnis und Offenbarungserkenntnis der Qualität nach selbst dort streng getrennt gehalten worden, wo beide durch die Aufnahme aristotelischer Kategorien genau und beschreibbar aufeinander bezogen waren. Der Zustand des prophetischen Bewußtseins hatte jedenfalls bei der Beschreibung des Offenbarungsvorganges und -inhaltes keine nennenswerte Rolle gespielt. Gott offenbart das Seine unmittelbar, und das Offenbarte kann der Bewußtseinslage des Offenbarungsträgers zwar akkommodiert werden, ist aber von ihr prinzipiell unabhängig, auch dann, wenn der Prophet mehr ist als die causa instrumentalis der orthodoxen Schriftlehre[19].

Die Darlegungen Spinozas zielen sodann auf das Verhältnis von prophetischer Erkenntnis und prophetischer Individualität. Denn es läßt sich nach Auffassung des Philosophen aus der Schrift erweisen, daß zur Prophetie kein im philosophischen Sinne vollkommenerer

---

[18] Ebd. S. 16 f.
[19] Übersicht und Kritik bei W. Trillhaas, Dogmatik, 1967[2], S. 75 ff.

Geist, sondern nur ein lebhafteres Vorstellungsvermögen (vividior imaginatio) gehört[20]. Dieses Vorstellungsvermögen, das sich in den Bildreden, Gleichnissen, Visionen der Propheten kundgibt, ist jedoch natürlicherweise nicht konstant, sondern schwankend: Es kommt und geht und ist graduell verschieden entsprechend der jeweiligen individuellen Gemütslage und den Lebensumständen des Propheten. „Weil endlich das Vorstellungsvermögen unbestimmt und schwankend ist (imaginatio vaga et inconstans), blieb die Prophetie nicht lange (non diu haerebat) bei den Propheten; auch erschien sie nicht häufig, sondern sehr selten, nämlich nur bei äußerst wenigen Menschen und auch bei denen nur selten."[21] Die Prophetie ist mithin keine perennierende, sondern eine intermittierende Quelle göttlicher Offenbarung; sie ist nicht stets vielen und auch den Propheten nicht immer zuhanden. Auf diesen Gesichtspunkt, der die Vorwegnahme von Einsichten späterer Prophetenforschung bedeutet, wird zurückzukommen sein.

Nach alledem kann und darf niemand darüber verwundert sein, daß die „Prophezeiungen" der Propheten nicht immer zusammenstimmen, sondern daß sie in nicht wenigen Fällen beträchtlich voneinander abweichen. Das hatte man auch vor Spinoza, eigentlich schon immer gesehen. Aber es hatte nicht in das Gesamtbild vom göttlichen Ursprung der Prophetie gepaßt, in ein Bild, das von den gültigen Grundanschauungen über den Charakter der Hl. Schrift geprägt war. Wenn Gott als Urheber der Offenbarung anzusehen war und eingeräumt werden mußte, daß er weder irren noch sich widersprechen kann[22], dann führte das zum Begriff der harmonia S. Scripturae — ein Begriff, mit dem theologisch unterschiedlich umgegangen worden ist und der sich in orthodoxen Epochen der Theologiegeschichte zu Spitzensätzen verdichten konnte. So etwa bei Georg Maior, De origine et autoritate verbi Dei, 1550: „Una perpetua doctrina ab initio mundi usque ad haec tempora semper in ecclesia fuit, summus est in doctrina consensus prophetarum et apostolorum, una omnium vox ... Nihil in hac doctrina discrepat, necesse est ergo, ex uno fonte et autore Deo hanc religionem et doctrinam manasse."[23] Innerhalb dieses Systems,

---

[20] AaO. S. 25. Im Original: „ad prophetizandum non esse opus perfectiore mente, sed vividiore imaginatione"; auch „potentia vividius imaginandi" (S. 37).

[21] Ebd. S. 35.

[22] Dieser Gedanke ist in der altprotestantischen Dogmatik unter dem Begriff der constantia Dei verhandelt.

[23] Vgl. zum Consensus — Gedanken in der reformatorischen Epoche schon Melanchthon, Apologie XII: „Profecto consensus prophetarum iudicandus est uni-

auch wenn es nicht so pointiert dargestellt wird, ist kein Platz für
Widersprüche in der Prophetie. Man war also genötigt, sie entweder
exegetisch auszuscheiden oder den Stellenwert des Harmoniebegriffes
herabzumindern. Ohne Rücksicht auf diese Subtilitäten hat Spinoza
die Widersprüche in den verschiedenen Temperamenten und Anschauungen der Propheten begründet gesehen und mit Nachdruck auf die
Unterschiedlichkeit des individuellen Vorstellungsvermögens hingewiesen. Außerdem hat er das Gewißheitsproblem damit verbunden:
Während klare und deutliche Ideen die Gewißheit ihrer selbst in sich
schließen, ist das Vorstellungsvermögen auf etwas Hinzukommendes
angewiesen, das Gewißheit erzeugt, nämlich das vernunftgemäße
Denken. Also hatten die Propheten Gewißheit über die Offenbarung
nicht durch die Offenbarung selbst, sondern durch hinzukommende,
dem Denken zugängliche Zeichen. Die Gewißheit, die solche Zeichen
vermitteln konnten, war freilich nicht mathematischer, sondern mora-
licher Art, und die Überzeugungskraft der Zeichen wiederum nach der
Individualität der Propheten verschieden. So gelangt Spinoza im
zweiten Kapitel des Traktates zu einer Reihe von Sätzen, deren
Bekanntheit zu Unrecht hinter den einleitungswissenschaftlichen
Beobachtungen zurücksteht:

„Da also die Gewißheit (certitudo), die die Propheten in den
Zeichen fanden, keine mathematische war (d. h. keine solche, wie sie
aus der Notwendigkeit der Wahrnehmung eines wahrgenommenen
oder gesehenen Dinges [ex necessitate perceptionis rei perceptae aut
visae] folgt), sondern lediglich eine moralische, und die Zeichen nur
den Zweck hatten, die Propheten zu überzeugen (persuadere), so
waren sie auch den Anschauungen und der Fähigkeit (opiniones et
capacitas) des Propheten angepaßt in der Weise, daß ein Zeichen, das
dem einen Propheten die Gewißheit über seine Prophetie gab, einen
andern, der von ganz andern Anschauungen beherrscht war, durchaus
nicht hätte überzeugen (convincere) können. So waren die Zeichen bei
den einzelnen Propheten verschieden. Ebenso verschieden war auch,
wie gesagt, bei den einzelnen Propheten die Offenbarung selbst (ipsa
revelatio variabat), je nach der Anlage ihres Temperaments (dispositio
temperamenti corporis), ihres Vorstellungsvermögens und hinsichtlich

---

versalis ecclesiae consensus esse. Nec papae nec ecclesiae concedimus potestatem
decernendi contra hunc consensum prophetarum." (J. T. Müller, Die symbol. Bücher
etc., 1890[7], S. 178). Der consensus bezieht sich allerdings nur auf die Stellen, die
die evangelische Lehre von der Buße begründen sollen.

der Anschauungen, in denen sie vorher gelebt hatten. Hinsichtlich des
Temperaments war der Unterschied der: war der Prophet von heiterer
Gemütsart (hilaris), so wurde ihm Sieg, Friede und was die Menschen
sonst zur Freude stimmt, offenbart, denn Menschen von dieser Art
pflegen sich häufiger solchen Vorstellungen hinzugeben; war der Prophet dagegen von trauriger Gemütsart (tristis), so wurden ihm Kriege,
Strafgerichte und alles Unheil offenbart, und in der gleichen Weise,
je nachdem der Prophet mitleidig, freundlich, zornig, streng usw. war,
eignete er sich besser zu diesen als zu jenen Offenbarungen. Nach der
Anlage des Vorstellungsvermögens war der Unterschied dieser: war
der Prophet ein Mann von Geschmack (elegans), so faßte er den Sinn
Gottes (mens Dei) in geschmackvollem Stile auf, unklar aber, wenn
er ein unklarer Kopf (confusus) war. Das gleiche gilt ferner von den
Offenbarungen, die durch Bilder geschahen (per imagines repraesen-
tabantur): war der Prophet ein Bauer, so zeigten sich ihm Ochsen,
Kühe usw., war er Soldat, dann Heerführer und Heerscharen, war er
schließlich Hofmann (aulicus), dann ein Königsthron und ähnliche
Dinge. Endlich war auch die Prophetie verschieden, entsprechend dem
Unterschiede in den Anschauungen der Propheten: die Magier (Mt 2),
die an die astrologischen Possen glaubten, erhielten die Offenbarung
von der Geburt Christi durch das Gesicht (imaginatio) eines im Osten
aufgegangenen Sternes. Den Wahrsagern des Nebukadnezar (Ez 21,
26) offenbarte sich die Zerstörung Jerusalems in den Eingeweiden der
Opfertiere, und der König selbst erkannte sie aus Orakeln und aus
der Richtung der Pfeile, die er aufwärts in die Luft schoß. Den Propheten endlich, die an die Willensfreiheit und Selbstbestimmung des
Menschen glaubten (qui credebant homines ex libera electione et
propria potentia agere), offenbarte sich Gott, als ob er auf das menschliche Handeln keinen Einfluß (indifferens) ausübe und die zukünftigen
Handlungen der Menschen nicht kenne (inscius)."[24]

„Hieraus ergibt sich zur Genüge, was ich mir zu zeigen vorgenommen hatte, daß nämlich Gott seine Offenbarungen der Fassungskraft (captus) und den Anschauungen (opiniones) der Propheten angepaßt hat (accommodavisse), und daß die Propheten von Dingen,
die sich bloß auf die Spekulation, aber nicht auf die Liebe (caritas) und
die Lebensführung (usus vitae) beziehen, nichts zu wissen brauchten
und auch tatsächlich nichts gewußt haben und von entgegengesetzten
Anschauungen beherrscht waren. Kein Gedanke also, daß man bei

---

[24] AaO. S. 41.

ihnen Erkenntnis der natürlichen und geistigen Dinge (cognitio rerum naturalium et spiritualium) suchen darf. Ich schließe also, daß wir den Propheten nur das zu glauben verpflichtet sind, was den Zweck (finis) und den Inhalt (substantia) der Offenbarung ausmacht; in allem übrigen steht es uns frei, zu glauben, was einem jeden beliebt." [25]

Bei alledem darf nicht übersehen werden, daß Spinoza seine Anschauungen von der Prophetie und von den Propheten aus vernünftiger Betrachtung der Schrift, vornehmlich des Alten Testamentes, gewonnen zu haben erklärt und daß er nicht müde wird, jeden seiner Sätze durch Hinweise auf und Zitate aus der Schrift zu beweisen. Das Grundsätzliche darüber steht bereits im 1. Kapitel: „Was aber hierüber zu sagen ist, darf nur aus der Schrift (ex Scriptura sola) geschöpft werden. Denn was vermögen wir von Dingen, die über die Grenzen unseres Verstandes (limites nostri intellectus) hinausgehen, auszusagen, außer eben das, was uns von den Propheten selbst mündlich oder schriftlich (ore vel scripto) mitgeteilt wird? Da wir nun heute, soviel ich weiß, keine Propheten haben, so bleibt uns nichts übrig, als die heiligen Bücher aufzuschlagen, die uns die Propheten hinterlassen haben. Dabei müssen wir uns hüten, in diesen Dingen etwas zu behaupten oder den Propheten selbst zuzuschreiben, was sie nicht selber klar ausgesprochen haben (clare dictaverunt)." [26] Man wird mit der Feststellung nicht in die Irre gehen, daß diese Grundsatzerklärung ein Stück Wirkungsgeschichte des reformatorischen Schriftprinzips ist, auch wenn die Anwendung des Prinzips wohl kaum die Billigung der Reformatoren gefunden haben würde. Darüber kann man sich leicht verständigen. Große Überraschung aber stellt sich ein, wenn man die in den beiden Kapiteln des Traktates ausgebreiteten Schriftbeweise und Schriftzitate genauer betrachtet, und zwar nicht im Blick auf ihren Inhalt oder ihre Beweiskraft, sondern mit Blick auf die prophetischen Personen, die dabei vorkommen. Es erscheinen in bunter Reihe: Aaron, Mose, Samuel, David, Bileam, Joseph, Josua, Jesaja, Gideon, Elisa, Ezechiel, Jeremia, Micha ben Jimla, Amos, Nahum, Sacharja, Daniel, Salomo, Noah, Adam, Kain, Jona, Laban, Abraham u. a. m. [27] — und zwar alle unter dem Vorzeichen „nabi", dessen Bedeutung

---

[25] Ebd. S. 55.
[26] Ebd. S. 18.
[27] Selbst die muliercula Hagar, ancilla Abrahami, war durch das donum propheticum ausgezeichnet (S. 37).

Spinoza ausführlich und bis ins philologische Detail erörtert[28]. Von diesen Gestalten würden wir heute allenfalls einige als „Propheten" bezeichnen; mehr noch: nur einige aus der Reihe stehen innerhalb des von Spinoza ungewöhnlich intensiv benutzten hebräischen Kanons im Mittelteil „Propheten" (nebiim) oder werden außerhalb dieses Mittelteils ausdrücklich „Propheten" genannt. Wie ist das zu verstehen? Es liegt hier offenbar ein Prophetenbegriff vor, der einerseits — wie gezeigt — ganz neue Möglichkeiten kritischer Betrachtung des Phänomens der Prophetie erschließt, der aber andererseits tief in der vorkritischen Tradition verwurzelt ist: ein Prophetenbegriff auf der Schwelle zweier Zeitalter.

Zum Verständnis muß etwas weiter ausgeholt werden. In den Traditionen der drei großen Weltreligionen, die sich auf das Alte Testament berufen — Judentum, Christentum, Islam — hat der Begriff des Propheten einen bemerkenswerten Bedeutungswandel erlebt, d. h. eine zumeist nicht genügend beachtete Veränderung seines ursprünglichen Sinnes erfahren. Um das richtig einschätzen zu können, muß man auf den ursprünglichen Sinn zurückgehen, der sich in wachsender Klarheit freilich erst der historisch-kritischen Wissenschaft seit der Aufklärung erschlossen hat — nicht zuletzt durch Spinoza mitveranlaßt. Was ist ein Prophet? Oder besser: Wie stellt sich Prophetie nach dem Selbstbewußtsein der Propheten und dem Urteil der Zeitgenossen dar? Läßt man die in der alttestamentlichen Wissenschaft nötigen und fälligen Distinktionen beiseite, dann kann auf diese Frage so geantwortet werden: Propheten sind Männer, die durch ihr Wort und ihre Taten Jahwes Willen dem Volke und dem Einzelnen mitteilen sollen. Sie sind von Jahwe Beauftragte, und Inhalt ihres Auftrages ist die Kundgabe des Gotteswillens. Propheten sind mithin Boten, Herolde Jahwes. Nicht so, als seien die Willenskundgebungen Jahwes in jedem Falle neu, einmalig, einzigartig gewesen, aber doch so, daß sie auf jeweils neue, einmalige, einzigartige Situationen bezogen waren. Mit anderen Worten: Jahwe redet durch die Propheten aktuell, Israel und den Völkern zum Gericht oder zum Heil. Nun ist es aber nicht jedermann gegeben, Jahwes Wort und Willen mitzuteilen. Es bedarf dazu des Auftrages und der Fähigkeit, ihn auszuführen. Beides wird den Propheten von Jahwe verliehen: Er gibt zum Auftrag das besondere prophetische Charisma, das die Propheten voller Stolz

---

[28] Vgl. die etymologischen Erwägungen der Anmerkung zu „nabi" S. 15.

oder als Last getragen haben[29]. Dieses Charisma ist den Propheten
freilich nicht stets zuhanden; es konstituiert keinen prophetischen
Dauercharakter[30]. Die Propheten verfügen nicht über einen Offen-
barungsfundus, aus dem sie beständig schöpfen könnten; vielmehr
erteilt ihnen Jahwe fallweise, wann immer er es für richtig hält, den
Auftrag zum Reden und zum Handeln. Die Selbstmitteilung Jahwes
durch die Propheten ist unverfügbar, die Prophetie mithin keine
perennierende, sondern eine intermittierende Quelle göttlicher Offenbarung — ein Tatbestand, den Spinoza mit freilich besonderer Begründung richtig erkannt hatte[31].

Nun ist allerdings hinzuzufügen, daß sich das klassische Prophetenbild im Laufe der Religionsgeschichte Israels gewandelt hat. Es min-
dert sich der Grundsatz der strengen Unverfügbarkeit des prophetischen Charismas; es schwindet mehr und mehr die Situationsbezogen-
heit des prophetischen Wortes. Dafür gewinnt ein Zug zunehmend
an Bedeutung, der bereits im klassischen Zeitalter der Prophetie —
freilich erst ansatzweise — vorhanden war: Die Propheten erscheinen
als Ausleger ihnen vorgegebener, heiliger Tradition, je länger je mehr
einer Tradition, die sich bereits in Texten niedergeschlagen hatte.
Diese Auslegungsarbeit steht unvermindert unter dem Anspruch göttlicher Vollmacht. Die Autorität Jahwes, von Hause aus unmittelbar
im Prophetenwort lokalisiert, verlagert sich mehr und mehr auf die
heilige Tradition. Das Verbindliche, Gültige, Normative steckt in der
Überlieferung, von der die prophetische Autorität abhängig wird, um
nicht zu sagen: aus der sie abgeleitet ist. Dieser Vorgang vollzieht sich
nicht einlinig; es gibt „Rückfälle" in die alte klassische Art prophetischer Beauftragung. Aber die Tendenz ist unverkennbar; und
spätestens im 3.—2. Jahrhundert v. Chr. setzt sich die Überzeugung
durch, die lebendige Prophetie sei erloschen, Jahwe rede nicht mehr
unmittelbar durch die Propheten. Das Judentum hat diese Überzeugung zur Theorie verdichtet; nach ihm ist Maleachi der letzte Pro-
peht[32]. Der Verlust, der durch das Erlöschen der alten Prophetie ein-

---

[29] Vgl. z. B. Mi 3, 5—8; Jer 20, 7—9.

[30] Vgl. z. B. Jes 8, 16—18; Jer 42, 7 u. ö.

[31] S. o. S. 37.

[32] Zum Problem vgl. R. Hanhart, Drei Studien zum Judentum. Theol. Existenz
heute 140, 1967. Die Weiterbildungen in der jüdischen Überlieferung (Apokalyptik,
Sektenwesen) erörtert M. Hengel, Judentum und Hellenismus, 1973², S. 373 ff. u. ö.
Einzelheiten auch bei Hengel, Anonymität, Pseudepigraphie und „literarische Fäl-
schung" in der jüdisch-hellenistischen Literatur. Pseudepigrapha I, Entretiens sur
l'Antiquité Classique XVIII, 1972, S. 231 ff.

trat, war nun freilich zu verschmerzen. Denn die Sprüche der Propheten waren längst gesammelt und aufgeschrieben; die Prophetie hatte
sich im Laufe der Zeit mehr und mehr zur Schriftlichkeit entwickelt.
Der Vermittlungsvorgang göttlicher Offenbarung, zuerst von den
Propheten im lebendigen Umgang mit ihren Zeitgenossen getragen,
verlagert sich auf Texte: Texte enthalten Jahwes Wort und Willen,
Texte werden heilig, in Texten ist das Charisma gewissermaßen
kristallisiert. Es beginnt das Zeitalter der Heiligen Schriften[33] und
ihrer Auslegung; von nun an heißt es: „Forscht in der Schrift Jahwes
und lest!" (Jes 34, 16). Damit aber wandelt sich zugleich auch der
Prophetenbegriff. Denn heilige, von der Autorität Jahwes erfüllte
Texte müssen von heiligen, die Autorität Jahwes vermittelnden
Männern niedergeschrieben worden sein. So wird „Prophet" zu-
nehmend gleichsinnig mit „Offenbarungsempfänger" und — da die
Offenbarung in schriftlicher Gestalt vorliegt — mit „heiliger Schrift-
steller". Da nun aber nicht nur die im engeren Sinne prophetischen
Bücher als heilig gelten, sondern auch andere (Thora, Geschichtsbücher,
Psalmen bis hin zum ganzen kanonischen Alten Testament), werden
deren angenommene Verfasser „Propheten". Dieser neue Sinn des
Begriffes Prophet kündigt sich bereits im chronistischen Geschichtswerk
an, dessen Autor die alte heilige Geschichte der Königsbücher als von
„Propheten" geschrieben ansah[34]. Er wirkt weiter, auch in das Bewußtsein und in den Sprachgebrauch der Christenheit hinein, die alsbald anfängt, das Alte Testament insgesamt als prophetische Schrift
und später Altes und Neues Testament als „prophetische und apostolische Schriften" zu bezeichnen. Schon im Neuen Testament selbst gibt
es Belege für diesen Tatbestand. Wenn es z. B. 2. Petr 1, 19 heißt: „Wir
haben nun um so fester das prophetische Wort, und ihr tut wohl,
darauf zu achten als auf ein Licht, das da scheint an einem dunklen
Ort, bis der Tag anbreche und der Morgenstern aufgehe in euren
Herzen" — dann ist mit dem „prophetischen Wort" keineswegs nur
die Himmelsstimme von Mt 17, 5 samt den alttestamentlichen Vor-
bildern Ps 2, 7 und Jes 42, 1 gemeint, sondern das ganze kanonische

---

[33] Zu den Merkmalen vgl. J. Leipoldt und S. Morenz, Heilige Schriften. Be-
trachtungen zur Religionsgeschichte der antiken Mittelmeerwelt, 1953.
[34] Vgl. dazu Th. Willi, Die Chronik als Auslegung. Untersuchungen zur literarischen Gestaltung der historischen Überlieferung Israels. FRLANT 106, 1972, bes.
S. 215 ff.

Alte Testament[35]. Und das nicht nur deshalb, weil die Christenheit das Schwergewicht innerhalb des Alten Testamentes vom Gesetz auf die weissagende Prophetie verlegt hat, sondern weil die Autoren der kanonischen Schriften des Alten Testamentes allesamt als Propheten galten. Der Gedanke begegnet in Epochen dogmatischer Höchstschätzung der Hl. Schrift in Gestalt von Definitionen des Begriffes „Prophet", z. B. in der altprotestantischen Orthodoxie. Man kann das, was gemeint ist, nicht klarer formulieren als es der Jenenser Johann Wilhelm Baier (1647—1695) getan hat: „Prophetae sunt homines ante Christi incarnationem consignantes Scripturam, cuius nucleus erat Christus venturus."[36] Eben darin besteht der vorkritische Begriff des „Schriftpropheten", dem auch Spinoza noch verpflichtet ist.

In diesem Zusammenhang ist nun aber noch ein weiterer wesentlicher Gesichtspunkt zu bedenken. Wenn die Offenbarung Gottes in schriftlicher Gestalt vorliegt, und wenn diese schriftliche Gestalt in einem begrenzten, nicht erweiterungsfähigen Zeitraum durch Propheten zustande gekommen ist, dann legt sich die Annahme nahe, Gott habe in der Offenbarungszeit für eine ununterbrochene Reihe von Propheten gesorgt, an deren Ende der Kanon des Alten Testamentes fertig vorlag. Für diese Annahme konnte die Schrift selbst als Zeuge angerufen werden, und zwar mit der besonderen Autorität des Mose und der ihm zugeschriebenen Thora. Ausgangspunkt der jetzt zu skizzierenden Entwicklungslinie ist das Prophetengesetz des Deuteronomiums: Dt 18,9—22[37]. Das Deuteronomium, vermutlich im 7. Jahrhundert v. Chr. entstanden, ist der Entwurf einer Volksordnung für Israel, wahrscheinlich aus dem alten, bereits 722/1 v. Chr. zugrunde gegangenen Nordreich stammend[38] und für den Fall konzi-

---

[35] Insofern es für die alte Christenheit insgesamt, nicht nur in seinen im engeren Sinne „prophetischen" Teilen, das Buch von Gottes Offenbarung auf Christus hin gewesen ist. Es ist gewiß nicht zufällig, daß in V. 20 f. der Inspirationsgedanke auf die „Prophetie" angewandt wird. Von daher erscheint die Übersetzung von πᾶσα προφητεία γραφῆς V. 20 mit „(jede) Prophetenrede in der Schrift" bei U. Wilckens, Das Neue Testament, 1970, S. 844 irreführend: Nicht prophetische Einzelstellen, die sich auf Christi Verklärung deuten lassen, sind gemeint, sondern die ganze Schrift als Prophetie.
[36] J. W. Baier, Compendium theologiae positivae, Lipsiae 1686, p. 69.
[37] Eine ausführliche Analyse des Prophetengesetzes kommt hier natürlich nicht in Betracht. An anderer Stelle wird die Begründung dafür nachzuholen sein, daß ich Dt 18,9—22 dem Grundbestande des Deuteronomium zurechne. Zur Forschungsgeschichte vgl. überblicksweise S. Loersch, Das Deuteronomium und seine Deutungen. Stuttgarter Bibelstudien 22, 1967.
[38] Vgl. A. Alt, Die Heimat des Deuteronomiums. Kl. Schriften 2, 1953, S. 250 ff.

piert, daß dieses Reich seine politische Selbständigkeit und Freiheit aus assyrischer Unterdrückung wiedergewinnen werde. Dieser Fall ist nicht eingetreten. Stattdessen gelangte das Deuteronomium auf dunklen Wegen nach dem Südreich Juda, wurde dort durch den Davididen Josia 622 v. Chr. zum Staatsgrundgesetz erhoben und zum Fundament einer großangelegten Kultusreform gemacht. Hauptursache für diesen Aufstieg des Deuteronomiums, der ihm zu nicht leicht absehbarer Nachwirkung verholfen hat, war die mosaische Autorität: Das Deuteronomium ist pseudepigraphisch als Abschiedsrede Mosis an die israelitischen Stämme vor der Landnahme stilisiert und hält diese Fiktion ziemlich konsequent bis zum Ende durch. Das Prophetengesetz hat nun innerhalb dieses Corpus eine eigentümliche und problematische Stellung. Denn das Phänomen der Prophetie in ihrer klassischen Gestalt hat kaum einen sinnvollen Ort in einem Entwurf, dem es erklärtermaßen um feste Ordnungen und Bindungen geht. Der Verfasser hat es so in sein Konzept aufgenommen, daß er es dem kanaanäischen Orakelwesen als Antithese gegenüberstellte, d. h. den privaten Möglichkeiten zur Erlangung besonderen Wissens, wie sie im Bereiche der kanaanäischen Religion, auch außerhalb der Heiligtümer, seit alters geläufig waren und nach der Landnahme gewiß auch von Israeliten in Anspruch genommen wurden. Diese Kommunikationsmöglichkeiten mit der Gottheit sollen nach dem Willen Jahwes abgeschnitten, verboten sei. Stattdessen verspricht Jahwe, „einen Propheten wie Mose" zu erwecken, der Israel Jahwes Wort und Willen mitteilen wird. Der Zusammenhang läßt hinreichend deutlich erkennen, daß es sich dabei nicht um einen einzigen, einmaligen Propheten handeln kann, der dereinst — wenn es Jahwe gefällt — kommen wird. Diese individuelle, gewissermaßen messianische Deutung hat Lukas Acta 3,22 und 7,37 gegeben. Es kommt vielmehr darauf an, daß Israel stets Propheten haben wird, die ihm Jahwes Willen kundtun. Der zentrale Satz V. 15/18 ist also kollektiv aufzufassen, und damit hat der Verfasser des Deuteronomiums der Prophetie eine besondere, gemessen am klassischen Prophetenbild ganz neue Behandlung angedeihen lassen: Er hat die Prophetie aus der für sie charakteristischen Zufälligkeit und Unberechenbarkeit herausgenommen und eine Institution daraus gemacht, deren Träger an der Gestalt des Mose als des exemplarischen Übermittlers des Rechtswillens Jahwes zu messen waren. Mit anderen Worten: Er hat die intermittierende Quelle prophetischer Offenbarung zu einer perennie-

renden gemacht. Unbeschadet möglicher Vorbilder — etwa in der
sog. Kultprophetie, über die freilich wenig bekannt ist — ist diese
Institutionalisierung ein Gewaltstreich des Deuteronomikers. Wessen
er bedurfte, war nicht das plötzliche, unvorhersehbare Auftreten
prophetischer Charismatiker, sondern eine feste Einrichtung, ein Amt.
Fast möchte man sagen, in dieser Konzeption sei der Geist durch das
Amt verdrängt worden. Aber auf die Unterstellung eines solchen
Gegensatzes würde der Deuteronomiker mit Recht geantwortet
haben, Jahwe habe seinen Geist in das Amt hineingegeben und von
einem Gegeneinander beider könne keine Rede sein. Man mag sich in
diesem Zusammenhang an die Geschichte der frühkatholischen Kirche
erinnern, der vor und mit der Ausbildung des monarchischen Episko-
pates ähnliches widerfahren ist und die einen Widerstreit von Geist
und Amt gegen Häretiker nachdrücklich geleugnet hat[39].

Die große Stunde des deuteronomischen Prophetengesetzes ist freilich erst verhältnismäßig spät gekommen, erst im Zeitalter der Heiligen Schriften, als auch das Deuteronomium selbst — wenn man so
sagen darf — die in ihm von Anfang an enthaltenen Anlagen zur
Heiligen Schrift voll ausgebildet und anderen Schriften mitgeteilt
hatte. Denn jetzt, im Zeichen der Theoriebildung über den Kanon,
sein Zustandekommen und seine Heiligkeit, konnte man den gewan-
delten Prophetenbegriff unter Berufung auf diesen Text begründen.
Gott hatte seine Offenbarung durch heilige Schriftsteller aufzeichnen
lassen, über einen langen Zeitraum hinweg, dessen untere Grenze mit
dem angenommenen Abschluß des Kanons zusammenfiel. Während
dieses Offenbarungszeitraumes mußten unaufhörlich Propheten im
Sinne von heiligen Schriftstellern vorhanden gewesen sein. Dafür hatte
Jahwe ja auch gesorgt, wie in der Thora Dt 18 nachgelesen werden
konnte. So bildete sich die Theorie von einer geregelten prophetischen
Amtsnachfolge, einer successio prophetica von Mose bis auf die letzten
Schriftsteller des Alten Testaments. Dieser Gedanke wurde einer der
Stützpfeiler der Kanontheorien überhaupt: Er begründete das gerin-
gere Ansehen der apokryphen Schriften gegenüber den kanonischen
und ermöglichte die Erklärung, der Abschluß der Produktion kanonischer Bücher falle mit dem Ende der prophetischen Sukzessionskette
zusammen. Das liest sich in der ältesten ausgeführten Kanontheorie

---

[39] Vgl. die klassische Darstellung bei A. v. Harnack, Lehrbuch der Dogmengeschichte 1, 1888², S. 328 ff.

bei Flavius Josephus, Contra Apionem I, 8 (§§ 38—42 NIESE) wie folgt:

„Es gibt bei uns keine Zehntausende von Büchern, die nicht zusammenstimmen und gar einander widerstreiten, sondern nur 22 Bücher, die die Aufzeichnung der gesamten Geschichte enthalten und denen mit Recht Glauben entgegengebracht wird. Von diesen stammen fünf von Moses, die die Gesetze und die Überlieferung von der Menschenschöpfung bis zu seinem Tode enthalten; diese Zeit beträgt ungefähr 3000 Jahre! Vom Tode des Moses bis zum Perserkönig Artaxerxes, der nach Xerxes regierte, haben die Propheten nach Moses die Ereignisse jeder für sich in 13 Büchern aufgezeichnet; die übrigen vier enthalten Lobgesänge zu Ehren Gottes und Lebensregeln für die Menschen. Von Artaxerxes bis auf unsere Zeit ist zwar alles aufgeschrieben, aber nicht des gleichen Glaubens wie das Vorhergehende für würdig erachtet worden, weil keine genaue Nachfolge der Propheten vorliegt. Es ist in der Tat ganz klar, wie wir an unsere eigenen Schriften herantreten; denn es hat noch niemand gewagt, der bereits verflossenen Zeitgeschichte etwas hinzuzufügen oder etwas davon wegzunehmen oder umzustellen: Allen Juden ist es seit der ersten Entstehung eingeboren, sie für autoritative Willenskundgebungen Gottes zu halten, darin zu bleiben und für sie, wenn es nötig ist, freudig in den Tod zu gehen."

Die Motive und Merkmale dieser frühen Kanontheorie haben eine außergewöhnlich intensive Wirkungsgeschichte gehabt, nicht nur im Judentum, sondern auch und gerade im Christentum[40]. Auch der Gedanke der successio prophetica ist fortgepflanzt worden. Im frühen Christentum beginnt er alsbald, das kanonische Ansehen der neutestamentlichen Schriften zu begründen (z. B. 2.Petr 3, 2) — und zwar gewissermaßen durch Verlängerung der Linie prophetischer Sukzession auf die Apostel[41]. Und selbst dort, wo von der Offenbarung Gottes ohne Reflexion auf ihre schriftliche Fixierung die Rede ist, kann man

---

[40] Vgl. vorläufig H. Donner, Gesichtspunkte zur Auflösung des klassischen Kanonbegriffes bei J. S. Semler; in: Fides et Communicatio, Festschrift für M. Doerne, 1970, S. 56 ff.

[41] Es ist an der Zeit, den hauptsächlich von F. Overbeck gegen Harnack vertretenen Gedanken wieder zu Ehren zu bringen, daß die apostolische Verfasserschaft (Apostolizität) der neutestamentlichen Schriften eines der Hauptmerkmale, wenn nicht *das* Hauptmerkmal der qualitativen Kanonizität eben dieser Schriften ist. Vgl. F. Overbeck, Zur Geschichte des Kanons, 1880; Nachdruck 1965. In jenem Sinne, in welchem Overbeck von der „apostolischen Herkunft seiner (scil. des neutestamentlichen Kanons) Bestandtheile" spricht, kann man, muß man auch von der

sich der Sukzessionstheorie bedienen: Die Sukzession bezieht sich dann auf Offenbarungs- und Verheißungsträger in weitestem Sinne, auf die Gestalten der heiligen Schriften, denen Gott sich kundgegeben hat. So etwa bei Melanchthon[42]: „Continua successione secuti sunt Adam, Seth, Henoch, Metusalem, Sem, Abraham, Isaac, Jacob, Joseph, Moses, Josua, et post hos alii." Das sind z. T. dieselben Gestalten, an denen Spinoza seine Erläuterungen zum Wesen der Prophetie und der Propheten exemplifiziert hat[43]. Daß er die Sukzessionstheorie dabei als zutreffend angesehen habe, wird man angesichts des Charakters und der Absicht seiner Darlegungen nicht wohl sagen können. Aber sein Prophetenbegriff ist der Tradition tief verpflichtet; man versteht ihn nicht, wenn man sich die Geschichte der Anschauungen über die Prophetie nicht wenigstens in den Hauptlinien vor Augen hält. Die Nachzeichnung dieser Hauptlinien verdeckt natürlich die tatsächliche Vielfalt und relative Differenziertheit auch der vorkritischen Anschauungen. Darauf soll, um Mißverständnisse zu vermeiden, wenigstens hingewiesen werden. Selbstverständlich hat man in allen Epochen der Christentumsgeschichte mehr oder minder deutlich gesehen, daß die Prophetenbücher innerhalb des kanonischen Alten Testamentes, also die Propheten im engeren Sinn, von besonderer Art sind. Es ist nicht verborgen geblieben, daß z. B. Mose bei der Abfassung des Buches Leviticus anders vorgegangen ist als Jesaja bei der Niederschrift seines Buches, und daß umgekehrt Amos eine andere Art heiliger Schriftstellerei repräsentiert als etwa das Deuteronomium. Aus den Prophetenbüchern im engeren Sinn waren Anzeichen dafür zu entnehmen, daß die Propheten eben doch eine Sondergruppe innerhalb der heiligen Autoren des Alten Testamentes bildeten. Auch Frühformen von Kritik, d. h. Betätigung des Unterscheidungsvermögens, waren möglich und sind getrieben worden. Der berühmte, prinzipiell

---

prophetischen Herkunft (Prophetizität) der Bestandteile des alttestamentlichen Kanons reden.

[42] CR XIII, 796.

[43] Am Rande darf darauf hingewiesen werden, daß die alttestamentlichen Offenbarungsträger im Islam so gut wie durchgängig nebī genannt werden: Sie sind Vorläufer Muhammads als des „Siegels der Prophetie", der abschließenden Offenbarung Allahs. Vgl. R. Hartmann, Die Religion des Islam, 1944, S. 46: „Die Zahl der Propheten und Gesandten ist unbekannt. 25 von ihnen aber kennt der Muslim mit Namen: von Adam angefangen über Nūḥ (Noah), Ibrāhīm, Isrāʾīl, Jūsuf (Joseph), Mūsā (Moses), Hārūn (Aaron), Dāūd (David), Sulaimān (Salomo), Jaḥjā (Johannes der Täufer) bis zu ʿĪsā (Jesus) und Muhammed." Im islamischen Volksglauben steigt die Zahl der Propheten ins Unermeßliche.

gewiß richtige Satz F. Overbecks, daß es „im Wesen aller Kanonisation" liege, „ihre Objecte unkenntlich zu machen"[44], gilt also nur mit gewissen Einschränkungen. Die Skizze der Hauptlinien darf nicht den Eindruck erwecken, als habe die Nacht kanonischer Heiligkeit die Sehfähigkeit der Theologen völlig erlöschen lassen. Aber die Bestätigung des Unterscheidungsvermögens vollzog sich grundsätzlich innerhalb der von der vorkritischen Gesamtbetrachtung gesteckten Grenzen, d. h. innerhalb des Geltungsbereiches des vorkritischen, klassischen Kanonbegriffes.

Vor diesem Hintergrunde ist die Leistung Spinozas in den ersten beiden Kapiteln des Theologisch-politischen Traktates abschließend zu würdigen. Offenbarung und Prophetie sind — wie eingangs dargetan — für ihn identisch. Die von der natürlichen Erkenntnis quantitativ, nicht qualitativ unterschiedene besondere prophetische Erkenntnis, der man in der Bibel begegnet, beruht auf dem gesteigerten, das Normalmaß überschreitenden Vorstellungsvermögen der Propheten. Dieses Vorstellungsvermögen wiederum ist bei den einzelnen Propheten individuell verschieden. Beim Bemühen um Verständnis der Prophetie oder Offenbarung ist mithin von der Individualität der Propheten auszugehen. Der Weg führt nicht von der Offenbarung zu den Propheten, sondern von den Propheten zur Offenbarung. Dabei ist der Begriff „Prophet" durchaus noch in vorkritischem Sinne gebraucht, d. h. er bezeichnet Offenbarungsträger, besonders aber heilige Schriftsteller. Die Kritik Spinozas richtet sich also im Grunde gegen den wesentlichen Inhalt der vorkritischen Anschauungen über die Hl. Schrift im ganzen. Daß es sich so verhält, wird gegen Ende des 1. Teiles des Traktates, im 12. bis 15. Kapitel, unter verschiedenen Gesichtspunkten klar und nachdrücklich ausgesprochen:

„Denn die Vernunft selbst (ipsa ratio) ebenso wie die Aussprüche der Propheten und Apostel (prophetarum et apostolorum sententiae) verkünden es offen, daß das ewige Wort und der ewige Bund Gottes und die wahre Religion den Herzen der Menschen, d. h. dem menschlichen Geiste von Gott her eingeschrieben (humanae menti divinitus inscriptam esse) und daß dies die wahre Urschrift Gottes (Dei syngraphus) ist, die er mit seinem Siegel, nämlich mit der Idee seiner als dem Bilde seiner Göttlichkeit (sui idea tanquam imagine suae divinitatis) bezeichnet hat."[45]

---

[44] F. Overbeck, aaO. S. 1.   [45] AaO. S. 229.

„Aus diesem Grunde also ist auch die Schrift nur solange heilig und ihre Reden sind nur solange göttlich, als die Menschen dadurch zur Verehrung (devotio) gegen Gott bestimmt werden."[46]

„Ich habe gezeigt, daß die Schrift nichts Philosophisches (res philosophicae), sondern allein die Frömmigkeit (pietas) lehrt, und daß ihr ganzer Inhalt der Fassungskraft (captus) und den vorgefaßten Meinungen (praeconceptae opiniones) des Volkes angepaßt ist (fuisse accommodata). Wer sie daher der Philosophie anpassen will, der muß natürlich den Propheten vieles andichten (affingere), woran sie auch nicht im Traum gedacht haben, und der muß ihre Meinung falsch auslegen. Wer im Gegenteil die Vernunft (contra rationem) und die Philosophie zur Magd der Theologie macht, der muß die Vorurteile (praeiudiciae) eines alten Volkes als göttliche Dinge (res divinae) gelten lassen und den Geist durch sie einnehmen und verblenden (occupare et obcaecare). Beide wollen Unsinn, die einen ohne die Vernunft, die anderen mit der Vernunft."[47]

Am Anfang der kritischen Epoche der Bibelwissenschaft steht nach alledem die Auflösung des vorkritischen, qualitativen Kanonbegriffes. Bei dieser Auflösung fällt die Prophetie im engeren Sinne, für deren Verständnis Spinoza so viel geleistet hat, als eine Größe für sich heraus. Die Auflösung des klassischen Kanonbegriffes ist mithin auch der Anfang kritischer Prophetenforschung, der Ersatz des vorkritischen Prophetenbegriffes durch den kritischen. Das ist ein Teilaspekt jener sich im 17. Jahrhundert anbahnenden Emanzipation des abendländischen Geistes von seinen Ursprüngen, der Aufklärung genannt wird. Der Vorgang vollzieht sich durch das ganze Zeitalter der europäischen Aufklärung; seine Wirkungen auf die deutsche Theologie erfolgen relativ spät, hauptsächlich in der 2. Hälfte des 18. Jahrhunderts. Spinoza steht, zunächst noch einsam, am Anfang einer Epoche. Bei ihm kann man lernen, was Emanzipatoren gewöhnlich vergessen: daß sich die kritische Auflösung von Theorien nicht ohne, sondern mit der Tradition vollzieht, daß Emanzipation im Zeichen der Vernunft nicht gegen die Tradition, sondern aus der Tradition geschieht. Spinozas gewiß nicht geringes philosophisches Selbstbewußtsein hat ihn nicht gehindert zu schreiben: „daß ich nicht in der Absicht geschrieben habe, Neuerungen einzuführen, sondern das Entstellte zu verbessern (depravata corrigere), und ich hoffe, daß ich es noch einmal verbessert sehen werde."[48]

---

[46] Ebd. S. 233.   [47] Ebd. S. 260 f.   [48] Ebd. S. 259.

Wer vertritt die Kirche?

Zum Problem der kirchlichen Repräsentanz

Von Götz Harbsmeier

I. Die Frage

Die Kirche, die wir sehen, ist nicht kongruent mit der Kirche, die wir glauben. Wer für die empirische Kirche spricht, spricht damit noch nicht ohne weiteres auch für die Kirche, die wir glauben.

Für die Kirche als rechtsfähige Organisation können deren ordentlich gewählte oder berufene Vertreter auch deren Wortführer sein. Das ist in jeder Organisation so. Sie alle haben ihren Bevollmächtigten. Bei allgemeinen demokratischen Verhältnissen haben sie ihr Mandat von denen, durch die sie und für die sie eingesetzt worden sind. Darin liegt eine Begrenzung ihrer Kompetenz. Außerdem sind sie kontrollierbar und in bestimmten Fällen auch absetzbar. Sie sind verantwortlich in ihren Entscheidungen. Sie sind daher auch auf das Vertrauen angewiesen, durch das sie eingesetzt worden sind. Sie müssen sich im Rahmen dessen halten, was durch den Inhalt ihres Mandates fixiert ist. Was sie vertreten und welchen Personenkreis sie vertreten, ist ihnen vorgegeben. Daran haben sie sich ständig zu halten.

Insofern eine Kirche solche Voraussetzungen und Bedingungen erfüllt, ist sie tatsächlich vertretbar. Das gilt mithin nur für die Kirche, die wir sehen. Die Frage ist sodann aber die, ob und inwiefern die Vertreter einer Kirchenorganisation *auch* zugleich für die Kirche sprechen können und sollen, die wir *glauben*. Dergleichen *kann* in ihrem Auftrag liegen. Der kirchliche Gesetzgeber einer verfaßten Kirche *kann* bestimmen, daß ihre leitenden Vertreter *auch* für die Kirche sprechen und handeln sollen, die wir glauben. Es fragt sich dann, ob das in Wahrheit angängig ist.

Für die Kirche sprechen, die wir sehen, ist eine Sache des jeweiligen kirchlichen „Common sense". Es gibt auch in der empirischen Kirche so etwas wie Durchschnitts- oder auch Mehrheitsmeinung, eine konstatierbare Übereinstimmung in der allgemeinen Lebensauffassung, eine durchgehende allgemeine Einstellung der Kirchenglieder zum Leben in der Kirche und in der Welt, auch zu einzelnen, jeweils aktuellen Grundfragen des Lebens in der Welt und zu dem, was Christen für ihren „einigen Trost im Leben und im Sterben" halten. Dem haben zu allen Zeiten und an allen Orten Christen auch immer gültigen Ausdruck zu verleihen gesucht.

Es kann auch daran kein Zweifel bestehen, daß die „Sprecher" der empirischen Kirchen Recht und Pflicht haben, sich in diesem Sinne verantwortlich und verbindlich zu äußern. Auch daran besteht kein Zweifel, daß solchermaßen zustande gekommene Äußerungen ihr Gewicht in der Öffentlichkeit der Kirchen und der Welt haben. Das besagt aber noch nicht, daß die Stimme dieser Sprecher der Kirchen auch die Stimme *der* Kirche Jesu Christi sein *muß*. Es fragt sich in *jedem* Fall erst noch, ob das wirklich der Fall ist und wann und wodurch die Stimme der Gemeinde und ihrer Vertreter auch wirklich die Stimme *der* Kirche ist, die wir glauben.

Ähnlich verhält es sich ja auch bei der Predigt, die bekanntlich Rede im Namen des dreieinigen Gottes sein soll, in dem sie allein ihre Vollmacht haben kann. Wer öffentlich im Namen des Vaters, des Sohnes und des Heiligen Geistes spricht, der befindet sich damit in einer anderen Lage als der, der „für die Kirche" zu sprechen hat. Für die Kirche sprechen ist keineswegs dasselbe wie die Verkündigung des Wortes Gottes. Jedes Wort der empirischen Kirche ist keineswegs in jedem Fall dasselbe wie das Wort Gottes in Menschenmund. Wer das Wort der Kirche zu sagen hat muß zusehen, daß er auch wirklich sagt, was die gängige Meinung in seiner Kirche ist. Wer aber das Wort Gottes zu sagen hat, der muß unter allen Umständen und ganz allein auf das hören, was *Gott* meint und gesagt hat. Und das ist nicht immer dasselbe wie die „Stimme der Gemeinde".

Aber darin sind die Prediger des Evangeliums genauso dran wie die Sprecher der empirischen Kirche: beide haben es nicht in der Hand, daß ihr Wort unanfechtbares Wort der Wahrheit, der Liebe und der Vollmacht ist. Das Problem der Sprecher der Kirche ist es, daß sie auch wirklich sagen, was allgemeine kirchliche Auffassung ist. Das ist zur Zeit kein geringes Problem. Denn es gibt *viele*, zum Teil entgegengesetzte Auffassungen in ein und derselben Kirche, sogar auch in den Grundfragen des christlichen Glaubens. Offenbar wird dieses Problem jedoch von den ordentlich bestellten Vertretern der Kirche häufig übersprungen. Sie beschränken sich nämlich nicht darauf, die communis opinio der von ihnen vertretenen Kirche zu artikulieren und geltend zu machen. Sie erheben vielmehr zugleich den Anspruch, für die Kirche zu sprechen, die wir glauben. Und diesen Anspruch gründen sie auf das ihnen rechtmäßig übertragene Amt. Denn eben dieses Amt verleiht ihnen die Vollmacht dazu, in diesem Sinne für die Kirche zu sprechen, die wir glauben. Wie viele Debatten der jüngsten Zeit zeigen, unterscheiden sie streng ihre „persönliche Meinung" von ihren „amtlichen Erklärungen" als Sprecher *der* Kirche, die wir glauben.

Als kirchliche Amtsträger machen sie sich unbeliebt, wenn sie ihr hohes Amt dazu „mißbrauchen", z. B. ihre „persönliche Meinung" über die Ostverträge öffentlich kundzutun. Unbeliebt machen sie sich dann bei all denen, die in dieser Sache persönlich anders denken. Und deren gab es in diesem Falle in jeder Richtung viele.

In dem anderen, aktuellen Fall der sogenannten „Fristenlösung" bei der Neufassung des § 218 des Strafgesetzbuches ist besonders deutlich geworden, daß die Sprecher der Kirchen nicht nur zur öffentlichen Geltung bringen wollten, was die überwiegende Meinung des Kirchenvolkes ist. Sie haben in der Regel zugleich als „Amtsträger" der Kirche mit Argumenten des *Glaubens* für die Kirche zu sprechen behauptet, die wir glauben. Und damit haben sie zugleich kraft ihres Amtes entgegenstehende Auffassungen kirchenorganisatorisch nicht ins Gewicht fallender Vertreterminderheiten faktisch abgewertet, bzw. verdrängt. Die Frage ist, ob und wieso das eigentlich angängig ist.

Hat die Kirche ein solches „Amt", das dazu ermächtigt, in *einem* die empirische Kirche und die Kirche, die wir glauben, in geistlichen und in weltlichen Dingen zu vertreten? Oder muß gelten, daß weder ein Prediger des Evangeliums noch ein Kirchenvertreter im leitenden Amt, noch ein jeder getaufte Christ als solcher institutionell garantierter Sprecher der Kirche und des Wortes Gottes sein kann? Ist Jesus, der Christus in seiner Kirche, gegenüber der jeweiligen Öffentlichkeit vertretbar? Der Ausdruck „vertretbar" soll hier meinen „offiziell", „amtlich" repräsentabel.

II. Antworten

Die Antwort darf man sich nicht zu leicht machen. Doch scheidet im Protestantismus das sakramentale Stellvertretungsprinzip aus. Das sich daraus ableitende System der Repräsentation durch das Priester-

amt basiert auf besonderem geistlichen Recht. Es ist als solches für die
Kirchen der Reformation nicht akzeptabel, weil es — auch bei Begrenzung auf die Amtsausübung im engeren Sinn — das Priesteramt
als geistlichen Stand qualifiziert mit nur ihm eigener Handlungsvoll-
macht.

Aber auch wenn diesem sakramental-hierarchischen Prinzip und
System widersprochen wird, kann die *Praxis* gleichwohl unbedacht
und unwillkürlich auf Kirchenvertretung durch kirchliche Amtspersonen hinauslaufen. Das geltende Kirchenrecht in einer verfaßten
Kirche kann — ohne jegliche theologische oder kirchenideologische Begründung — bestimmen, daß etwa Synoden, Bischöfe oder Kirchen-
ämter (Kirchenregierungen) Recht und Pflicht haben, „für die Kirche
zu sprechen", die Kirche nach außen und nach innen hin zu „vertreten". Und das kann in der Praxis wiederum dazu führen, daß die
genannten Amtsträger der Kirche nicht nur für die von ihnen — ganz
legitim — vertretenen Kirchenorganisationen „verantwortlich" z. B.
Verträge unterschreiben und auch sonst sämtliche ihnen übertragenen
Vollmachten ausüben, wie sie jeder anderen weltlichen Organisation
auch zukommen. Es kann vielmehr zur Selbstverständlichkeit werden,
daß sie zugleich auch „das Wort *der* Kirche" zu sprechen haben — also
nicht etwa nur „der Kirche das Wort" sprechen sollen.

In dem landeskirchlich verfaßten Kirchenwesen in Deutschland ist
dies auch allenthalben mehr oder weniger der Fall.

Besonders in der Bundesrepublik Deutschland ist nach dem Zweiten
Weltkrieg aus dem Kirchenkampf während des Hitlerregimes die
Lehre gezogen worden, daß die Kirchen wohl beraten sind, wenn sie
ein wohl ausgebautes Kirchenvertretungsrecht und die ihm entspre-
chende Praxis haben. Hat es sich doch gezeigt, welche Bedeutung die
„Exponenten" der verschiedenen Kirchen dann haben können, wenn
sie von ihren Kirchen kräftig herausgestellt werden. Je größer die
Kirchenkörper sind, für die eine solchermaßen deutlich herausgestellte,
leitende Person im Amt spricht, desto besser. Das für die unmittelbare
Nachkriegszeit so charakteristische Sicherungsbedürfnis der Kirchen
gegen die Wiederholung von Übergriffen durch politisch-totalitäre
Mächte hat diesem Vertretungsgedanken einen erheblichen Auftrieb
gegeben.

Unfehlbarkeit dessen, was die Vertreter inhaltlich erklären, wird
zwar nicht behauptet. Es wird aber doch für nützlich und für erforderlich gehalten, daß es sie gibt. Die durch Staatskirchenverträge dem

Staat gegenüber als „Partner" auftretenden Landeskirchen bedürfen — so meint man — dieser Repräsentation. Aber auch das Gemeinwesen, in dem die Kirchen Großorganisationen darstellen mit erheblichen Rechtsgarantien auf verschiedenen Gebieten, fährt — so meint man — *gut* damit, wenn es eine ordentliche Kirchenvertretung gibt, die sich in der Öffentlichkeit deutlich sehen und hören läßt. Dies scheinen auch die Verhältnisse in den Weltanschauungsstaaten mit kommunistischen Regierungen zu lehren. Selbst auch da und *gerade* da sind Kirchengemeinschaften ohne deutlich herausgestellte Sprecher der Kirche wesentlich anfälliger und gefährdeter als hierarchisch oder doch episkopal verfaßte kirchliche Körperschaften. Man wird sagen müssen, daß wesentlich herrschaftsorientierte Polizeistaaten sich von deutlich markierter Kirchenrepräsentation eher beeindruckt zeigen als durch unauffälliger organisierte Gemeinschaften. Ausgesprochene kirchliche Machterscheinungen machen eher Eindruck auf weltliche Machthaber als deutlich ohnmächtige Kirchen.

Hinzu kommt aber auch, daß einem kirchlichen „Öffentlichkeitsanspruch" anscheinend eher Erfolg beschieden ist, wenn die Sprecher größtmögliche Publizität besitzen, als wenn sie praktisch keinen öffentlichen Namen haben. In einer Gesellschaft, die insgesamt gewohnt und gehalten ist, auf die Stimme bedeutender Amtspersonen eher zu hören als auf das Gewicht von Argumenten der Vernunft und der Wahrheit zu achten, passen sich zumeist auch die Kirchen solcher Autoritätsgläubigkeit der Massen an und bedienen dieselbe nach Kräften. Vieles findet dann nur deshalb allein schon Gehör und breite Zustimmung, weil es von Leuten „mit Rang und Namen" verkündet wird. Nur wer erst die Schallmauer zum Namen und zum Rang durchstößt, kann mit dem Knall rechnen, der alle aufhorchen läßt. Dieser allgemein menschlichen Erfahrung folgen quasi staatlich organisierte Kirchen von jeher nur gar zu gern und geben sogar oft auch erst das Vorbild ab, das selbst auch eine kirchenfeindliche Herrschaftsgruppe mit Vorliebe übernimmt, um die Kirche zu überbieten.

Es ist keine Frage, daß die Argumente, die für eine kräftige Hervorkehrung des Vertretungsprinzips in der Kirche sprechen, durchaus nicht sakramental-hierarchisch, sondern höchst welterfahren „realistisch" gedacht sind. Sie bewegen sich ganz in geschäftstüchtigem Konkurrenzdenken zwischen Kirche und Welt. Sie sind mit Instinkt der Weisheit der Kinder dieser Welt abgelauscht oder ihnen sogar vorgemacht. Es handelt sich dabei um allgemeine politische Weisheit und Strategie.

Es muß jedoch nachdenklich stimmen, daß auch inmitten einer so orientierten Gesellschaft z.B. etwa die Wissenschaft und Kunst ganz anderen Lebensgesetzen gehorchen. Wissenschaft hat zwar auch ihre sorgfältig ausgewählten und geprüften „Vertreter". Sie hat aber keinen Wissenschaftspapst und niemanden, der von Amts wegen Sprecher *der* Wissenschaft zu sein beanspruchen könnte. *Die* Wissenschaft als solche ist institutionell-organisatorisch nicht vertretbar. Es dienen ihr sehr viele. Niemand aber hat Recht und Vollmacht öffentlich für *die* Wissenschaft zu sprechen. Es gibt unendlich viele Beiträge zur Wissenschaft. Es gibt auch zweifellos feststehende Ergebnisse von Wissenschaft. Es läßt sich aber auf keine Weise machen, daß irgendein noch so anerkannter Wissenschaftler kraft Amtes für alle spricht, was auf dieser Welt Wissenschaft ist. Ganz ähnlich verhält es sich auch mit der Kunst. Auch sie hat unzählige „Vertreter". Aber keinen, der *das* Wort *der* Kunst zu sagen hätte.

So steht es auch mit der Wahrheit: auch sie hat viele Wahrheitszeugen, aber keinen, der *aller* Wahrheitszeugen anerkannter Vertreter zu sein behaupten kann. Nicht als ob Wahrheit keine Zeugen hätte. Aber es ist die Wahrheit, die einen Menschen zu ihrem Zeugen macht, nicht aber ein Amt, das ihn auf die Wahrheit verpflichtet. Über Wahrheit kann man sowenig abstimmen, wie über Glauben. Niemand wird Vertreter der Wahrheit durch Wahl. Durch Abstimmung kann man wohl Menschen bestellen, die sich mit Wahrheitsfindung befassen. Man kann aber nicht durch Wahl sicherstellen, daß der Gewählte auch Wahrheit findet. Und im Grunde verhält es sich auch mit der Politik ganz entsprechend: es gibt keine Instanz als amtliche Vertretung *der* Politik. Es läßt sich natürlich auch nicht darüber abstimmen, was *die* Politik ist oder wer *der* Politiker ist. Abstimmen läßt sich nur darüber, wer die Politik auf Zeit *machen* soll. Niemand ist auch berechtigt, darüber zu befinden, was *die* Politik ist. Nicht anders verhält es sich auch in der Ökonomie, in der Kultur und in der Religion.

Wenn nun die Kirche und faktisch ja die Kirch*en* den Anspruch erheben, sich selbst in ihren leitenden Amtspersonen einigermaßen gültig in geistlichen und weltlichen Dingen zu repräsentieren, so setzen sie sich damit in Widerspruch zu dem von ihnen gleichzeitig behaupteten „Kirchen- und Weltregiment Jesu Christi". Sie behaupten damit nämlich faktisch, durch Wahl und Berufung die amtlichen Vertreter dieses Kirchen- und Welt-Regimentes Christi zu sein. Auch wenn sie daran gewisse Zweifel zulassen, so ist doch allein schon der Anspruch in dieser Richtung die tatsächliche Verneinung der Effektivität der an kein Vertretungssystem gebundenen, reinen Wortgewalt der Herrschaft Christi in seiner Gemeinde. Eines nämlich ist es, daß Christus allein der Herr ist. Ein anderes sind seine Boten. Ein Bote ist kein Stellvertreter. Die Gegenwart Christi bei seiner Gemeinde und seiner Kirche wird durch seine Boten nicht hergestellt, sondern bezeugt. Ein Stellvertreter würde nur die Abwesenheit seines Herrn bezeugen und sie durch seine Gegenwart ersetzen.

Die den Boten Jesu Christi zukommende Aufgabe besteht nicht darin, vermittelnde *Instanz* zu sein, sondern ein Christ zu sein, der seines Glaubens lebt und die Gaben der öffentlichen Rede, der Leitung, der Erkenntnis und alles dessen hat, was immer einen Menschen zu einem Beruf qualifiziert, dessen Ausübung besonderes Können, Wissen, Verstehen und Ausbildung voraussetzt. Nur ist dabei die exemplarische Vertretung der Kirche keine Gabe, sondern eine Anmaßung, sofern darunter die Vertretung der Kirche verstanden wird, die wir glauben. Diese Kirche wird von dem Geist vertreten, der unserer Schwachheit aufhilft (Röm 8, 26). Christus selbst vertritt seine Kirche vor Gott. Er tritt für sie ein. Es besteht hier keine Arbeitsteilung dergestalt, daß Christus und der Geist unsere Kirche vor Gott vertreten, während die Vertreter der Kirche dies vor den Menschen tun. So plausibel dieser Gedanke auch ist, so abwegig ist er. Denn alle Verkündigung und alles Handeln der Kirche, das im Namen Gottes geschieht, geschieht doch unter dem Gebet auf die Zusage hin, daß Christus gegenwärtig und seine Kirche *gerade* auch vor den Menschen vertritt, daß also Christus sein Regiment ausübt, sogar auch ohne und gegen unser Gebet. Das entbindet in keiner Weise von der Verantwortung der Diener der Kirche. Im Gegenteil! Gerade dadurch kommen und bleiben sie in ihrer Verantwortung, daß sie in der Ausübung ihres Amtes nicht davon auszugehen haben, daß sie ihre Vollmacht aus sich selbst hätten bzw. aus dem Amt, das sie haben.

Nicht das Amt, sondern Christus und der Geist allein sind die Garanten aller Kirchenvertretung. In diesem Sinne ist *jedes* Reden und Handeln der Kirche unter Berufung auf Christi Gegenwart und auf das Wirken des heiligen Geistes keine apodiktische Behauptung und Setzung, sondern Bitte um den Geist, der unserer Schwachheit

aufhilft und uns das rechte Wort und die heilsame Entscheidung geben
wird.

Denn alles Reden und Handeln der Kirche ist gerade auch im besten
Fall perfektionierter Leistungen des kirchlichen Apparates Stückwerk.
Den in dieser Einsicht enthaltenen „Realismus" sollte man nicht leicht-
fertig als Schwärmerei bezeichnen. Die von der Welt als imaginäre
Größen angesehenen Realitäten der Gegenwart Christi und des Wir-
kens des heiligen Geistes in der Kirche sind *die* „Macht" in aller Ohn-
macht kirchlicher Repräsentanz.

III. Die Konsequenzen

Ausgehend davon, daß weder das sakramental- oder sakralhier-
archische Repräsentanzprinzip noch die protestantische Version der
Kirchenvertretung als Großorganisation innerhalb der Gesellschaft
überzeugen können, bleibt die Frage offen, welche Konsequenzen sich
aus der Einsicht ergeben, daß die empirisch organisierte Kirche weder
die Pflicht noch auch die Berechtigung oder Veranlassung dazu hat,
sich selbst als die Kirche, die wir glauben, zu vertreten.

1. Die Reduktion der Kirchenvertretung auf das von ihrer Rechts-
gestalt her tatsächlich Vertretbare.

Das schließt den ausdrücklichen, vernehmlichen Verzicht auf die
Amtsvollmacht ein, in amtlichen Äußerungen aller Art zugleich für
die Kirche Jesu Christi zu sprechen.

Äußerungen dieser Art können nur so viel Gewicht haben, als in
ihrem Inhalt vorhanden ist. Sie sind grundsätzlich gleichrangig mit
jeder anderen Äußerung eines getauften Christen zum gleichen Thema.
Die größere Publizität und das Ansehen, das ihre Autoren gewiß
genießen mögen, macht die Äußerung selbst nicht zu etwas anderem,
als sie seinem Inhalt nach ist. Die Chance, daß es ein gutes, wahres,
liebevolles und vollmächtiges Wort aus der Kirche heraus ist, hat der
leitende kirchliche Amtsträger grundsätzlich keinem Christen voraus.
Sein Amt gibt ihm jedenfalls in dieser Hinsicht keinen Vorsprung.

Die amtlichen Äußerungen leitender Kirchenmänner zu geistlichen
oder weltlichen Dingen der Kirche, die wir glauben, haben keinen
Anspruch auf irgendeine Immunität oder Indemnität. Sie verdienen
besonders kritische Aufmerksamkeit aller Kirchenglieder, weil von
einem jeden Inhaber eines hohen öffentlichen Amtes mit vollem Recht

alles Gute erwartet werden muß. Dies gilt genauso auch für die Kirche.
So verfehlt es ist, in einem hohen Kirchenbeamten Gottes eigenes
Sprachrohr oder Lautsprecher seiner Kirche zu sehen, so verkehrt ist es
natürlich auch, ihm nur das Unnütze zuzutrauen. Aber von ihm bei
strittigen Fragen der Kirche das lösende und alles entscheidende letzte
Wort zu erwarten, ist genauso eitel, wie es als hoher Amtsträger der
Kirche für sich in Anspruch zu nehmen. Nicht als ob es nicht sein
könnte, daß er es sagt. Das kann und möchte sehr wohl sein. Aber
wenn es das ist, dann kommt ihm das nicht aus der Höhe seines Amtes,
sondern aus der Höhe, aus der aller gute und weise Einfall kommt.

2. Eine weitere Konsequenz ist die der größeren Rücksichtnahme
auf die Initiativen aus den Gemeinden.

Es ist heute sehr schwer für die amtlichen Kirchenvertretungen,
angesichts der geistlichen Pluralität in den Gemeinden, die weithin
auch recht gegensätzlich sein kann, deren kirchenleitende Stimme zu
sein. Das führt mit Notwendigkeit in der Regel dazu, daß die theologischen Sprecher der Kirchen so moderat wie möglich ihre eigene
theologische Erkenntnis und Auffassung vortragen und dabei bis zur
völligen Farblosigkeit weitherzig nach allen vorhandenen Richtungen
hin offen sind, um möglichst keine zusammenhängende Angriffsfläche
zu bieten. So aber wird nicht Initiative aus der Gemeinde berücksichtigt, sondern nur der Verschwommenheit gedient. Die wirkliche Rücksichtnahme könnte in der heutigen Situation gerade darin bestehen,
die initiativen Äußerungen aus Gemeinden ruhig laut werden zu
lassen und selbst weitgehend zu schweigen, jedenfalls aber nicht mit
dem Zungenschlag hirtenbrieflicher Weisungen zu reden.

Es tut weder den Einzelstimmen in den Gemeinden noch allen
Gemeinden insgesamt gut, wenn sie fortgesetzt wie eh und je das
weisende Wort der Kirche von oben erwarten, ehe sie wagen, den
Mund aufzutun, oder aber um es zwar schimpfend, aber doch treulich
zu befolgen.

Solange sich die Kirche durch weisendes Wort ihrer Vertreter selbst
vertritt, besteht keinerlei Aussicht darauf, daß die Gemeinden aus
ihrer jahrhundertealten Unmündigkeit herauswachsen. Das Argument,
daß in der Kirche doch eigentlich alle eines Sinnes sein müßten und
daß daher doch nicht *jeder* für die Kirche sprechen könne, verschlägt
nicht. Wo überhaupt kein Rumor und kein Streit in der Gemeinde
und in der Kirche um deren Wohl und Heil ist, kann es auch keine

Friedfertigkeit geben. Sie kann nur im Streit bewiesen und erwiesen werden.

3. Was immer Kirchenamtsträger als Wort der Kirche von sich geben, hat unvermeidbar den Geruch kirchenleitender Gesetzlichkeit an sich. Es hat Richtliniencharakter, an den sich auch subalterne Pfarrer sogar in ihren Predigten halten. In solchen hirtenbrieflichen Richtlinien steckt notwendig immer so etwas wie eine amtliche Feststellung dessen, was in dieser und jener Frage der „christliche Standpunkt" zu sein hat. So soll es z. B. ganz naiv als *der* christliche Standpunkt gelten, daß die „Fristenregelung" bei einer Neufassung des § 218 abzulehnen ist, daß es *christlich* ist, in der Frage der Ostverträge *gegen* oder auch *für* dieselben in der vorgelegten Fassung zu sein, daß die Stellungnahmen eines kirchlichen Gremiums, die als „Denkschriften" teilweise großes Aufsehen erregt haben, *christliche* Denkschriften *der* Kirche seien usw. Als ob es jemals die Sache der Kirchenvertretungen sein könnte, christliche Standpunkte zu fixieren und zu publizieren. Es steht hier nicht zur Debatte, wie vernünftig solche Standpunkte inhaltlich durchaus sein können oder mögen. Natürlich können sie das. Es geht hier nur darum, ob Kirchenvertreter Recht und Pflicht haben, solche „Standpunkte" überhaupt als *die* Auffassung *der* Kirche zu verkünden. Selbst wenn solche Standpunkte ein wirklich lösendes und befreiendes Wort sind, ist damit noch nicht gesagt, daß es gut und recht ist, sie als Weisungen auszugeben, die identisch mit dem „Gesetz Christi" wären[1].

---

[1] Aus notvollen Konfliktsituationen heraus spontan zustande kommende Kirchenversammlungen und deren Erklärungen — wie etwa die „Barmer Erklärung" von 1934 — können in der Tat sehr wohl in diese Situation gesprochenes „Wort der Kirche" sein. Aber ob sie das sind, hängt von der ihnen innewohnenden Überzeugungskraft durch die in ihnen ausgesprochene Wahrheit im Verhältnis zur Situation ab. Es hängt nicht davon ab, daß die Barmer Synode damals eine „echte" Kirchenvertreterversammlung gewesen ist. Es kommt nur darauf an, daß da die richtigen Leute waren. Und selbstverständlich kann die intendierte Wirkungsdauer der Barmer Erklärung strenggenommen nur so lange anhalten, als die Situation da ist, in die hinein sie gesprochen ist. Es läßt sich aber gleichwohl nicht leugnen, daß in solchen Situationen mit den auf sie gemünzten Erklärungen Erkenntnisse gewonnen werden, die *bleibenden* Wert haben. Daß sie alle Zeit in der Kirche auch hoch gehalten werden, ist unter allen Umständen berechtigt. Es gibt aber keine institutionelle Sicherung dagegen, daß sie zu toten Richtigkeiten erstarren, wenn sie gesetzlich gebraucht werden. Man kann sie sozusagen kapitalisieren oder horten. Wenn das aber geschieht, dann sind sie tatsächlich wirkungslose Mumien, deren noch so hohe Verehrung oder Rezitation nur ihre totale Leblosigkeit zelebriert.

Dadurch wird von Kirchenamts wegen eine Aktivität gefördert, durch die die Kirche sich selbst zu einer christlichen Weltpartei degradiert. Durch solche Selbstidentifizierungen der Kirchenvertretungen mit politischen, ethischen, sozialen und pädagogischen Programmen sorgen sie dafür, daß die Kirchen in der Gesellschaft wie einst, so auch weiterhin als gesetzliche Hüter von Moral und allgemeinem Anstand in der Welt dastehen. Sie leugnen damit aber auch die unaufhebbare Zweideutigkeit und Nichtidentität aller Stellungnahmen kirchlicher Institutionen mit der Gottesherrschaft, wie sie im Evangelium verkündigt wird.

Was sie bei uns weithin der jüngsten Theologengeneration, die sie einst ablösen wird, vorwerfen, daß sie sich nämlich als Christen mit dem revolutionären Trend der Zeit identifizieren, das eben praktizieren sie selbst nur in der umgekehrten Richtung der etablierten Vergangenheit. Die amtierende heutige Kirche ist nicht weniger parteiisch und gesetzlich konzipiert und verflochten als die kommende Jugend, um die sie bangt. Nur die Richtung ist ziemlich diametral entgegengesetzt.

Bei solchen Kirchen, wie z. B. Dänemarks Volkskirche, die kein kirchliches Repräsentationsprinzip praktiziert, verhält es sich allerdings anders. Hier verlautbaren kirchliche Vertreter *keine* weisenden Worte. Die Kirchenleitung ist in dieser Hinsicht stumm. Um so lebendiger ist die Debatte *in* der Volkskirche. Sie ist sicher kein Idealfall. Sie hat auch ihre erhebliche Last und Hitze. Weil hier aber niemand wagt und auch keiner von Amts wegen dazu verpflichtet ist, wartet hier auch niemand zu all und jedem auf *das* Wort *der* Kirche. Um so lebendiger ist die Debatte um das, was dieser und jener aus dieser Volkskirche zu vermelden hat. Diese Konsequenz aus dem Verzicht der Kirchenvertretungen auf die Funktion des Kirchenorakels sollte immerhin zu denken geben.

4. Eine der Konsequenzen aus solchem Verzicht ist auch die, daß man nicht die Kirche dafür in Anspruch nehmen kann, um mit Hilfe ihrer Rückendeckung politisch, sozial, künstlerisch oder erzieherisch aktiv zu werden. Auf all diesen Gebieten entfällt bei diesem Verzicht die „christliche" Einheitsmeinung, welcher kirchenleitende Sprecher der Kirche Ausdruck zu verleihen pflegen. Die christliche Motivation für das Engagement in „weltlichen Dingen" gibt hier keinen Dispens von der Verantwortung und von den Folgen, die sie haben kann.

M.a.W. heißt das: wer als Christ Marxist ist und danach tut, der kann
das nicht sein und nicht tun unter Berufung auf „offizielle" kirchliche
Stellungnahmen. Er ist damit genauso dran, wie der Marxist und
womöglich auch Atheist, der gleichwohl sich für das Christliche enga-
gieren kann. Ist ein Christ marxistischer Revolutionär, so muß er
dies auf *seine* höchstpersönliche Kappe nehmen. Er hat keine Möglichkeit der Selbstrechtfertigung durch den Nachweis, daß ja seine Kirche
ihn darin „amtlich" auch deckt. Begibt er sich auf den Weg des politischen Widerstandes oder gar Untergrundes, so kann er das beim
Verzicht einer Kirchengemeinschaft auf die Kundgabe eines verpflichtenden christlichen Standpunktes sowenig unter Berufung auf die
Kirche und aus der Operationsbasis *der* Kirche heraus tun, wie ein
anderer, der einen konservativen politischen Weg zu gehen entschlossen ist.

Auf diese Weise wird die Freiheit eines Christenmenschen wahrgenommen, deren Grenzen keine kirchliche Instanz festzulegen das
Recht hat. Damit ist aber in keiner Weise gesagt, daß das Handeln
des Christen in der Kirche und in der Welt total beliebig wäre und
seine vom Glauben unabhängige Eigengesetzlichkeit habe. Nur das
ist damit gesagt, daß dieses Handeln kirchlicherseits nicht regulierbar,
nicht eindeutig fixierbar ist. Im extremen Konfliktfall, wie er angesichts der nationalsozialistischen Barbarei gegeben war, *kann* es sehr
wohl zu einem spontanen Nein in einer christlichen Versammlung
kommen, wie dies auch bei dem Zustandekommen der „Barmer
Erklärung" der Fall gewesen ist. Aber gerade *dieser* Fall ist ein noto-
rischer Gegenbeweis gegen die Bildung jener „Bekenntnisfront" besonders lutherischer Kirchen, die mehr um den Bekenntnisstand ihres
Repräsentationssystems als um die Opfer der politischen Brutalität
und Unmenschlichkeit besorgt waren. Solange es der Kirche faktisch
um nichts anderes als um politische Macht und Einfluß geht, ist die
Vertretung der Kirche durch deren amtliche Sprecher unverzichtbar.
Der entschlossene Verzicht auf solche Positionen wäre erst ein *wirklicher* Bekenntnisakt der Kirche, der sie wesentlich glaubhafter macht
als jede Repräsentation. Repräsentation enthält bis tief in die Verhaltensweisen der Tier- und der Pflanzenwelt hinein etwas von einem
Gemisch von Angst und Willen zur Macht, von Stolz und Aggressions-
lust. Die visuellen und die akustischen Gebärden von Tieren beim
Rivalenkampf und beim „Liebesspiel" beweisen das, so gut wie die
menschlichen Verhaltensweisen in entsprechenden Situationen.

Die Tierfabeln machen sich diese Tatbestände weise zunutze. Das Bild des gekreuzigten Christus verhält sich dazu extrem paradox. Nicht daß der Ruhm, die Ehre, die Macht und die Herrlichkeit *Gottes* dabei abwesend wären. Nicht als ob sich der Mensch in der Nachfolge Christi nicht rühmen sollte, nicht stolz sein, nicht den Willen zur Macht haben und in der Herrlichkeit der Freiheit der Kinder Gottes leben sollte. Er darf und er soll.

Es ist sogar sein „Amt", sich vor aller Welt der Ehre, des Ruhmes, der Macht und der Herrlichkeit des Gottes zu rühmen, durch dessen Wort er da ist. Er ist zur Ehre Gottes herrlich gemacht und zu seiner Verherrlichung berufen in Liebe und in Barmherzigkeit. Nur ist das alles kein Rechtfertigungsgrund für ein Gebaren der selbstherrlichen Gerechtigkeit amtlicher Repräsentanz in der Kirche und nach außen hin. Dem widerspricht das Kreuz, durch das alle Christen gezeichnet sind.

Wenn sie sich wie amtliche Kampfhähne aufführen oder wie Pfauen, wenn auch neuerdings in Unauffälligkeit getarnt, so ist das eitel. Auf diese Weise wird gerade *nicht* die Kirche vertreten. Sie erweckt damit nur den irreführenden Eindruck eines eigenständigen Herrschaftssystems, das ihr von ihrem Wesen her nicht zukommt und auch nicht wesenseigen ist. Aus der freilich zutreffenden Berufung darauf, daß es Kirche nicht ohne Organisation, ohne Geld und ohne Administration geben kann, darf nicht gefolgert werden, daß sie darauf auch ihr Ansehen, ihren inneren und äußeren „Betrieb" und alle ihre Funktionen und Erscheinungsformen zu gründen habe. Ihren Reichtum und ihre Positionen mag sie haben, so lange ihr das neid- und haßlos einigermaßen vergönnt und von daher auch rechtlich vertretbar ist. Aber in dem allen besteht nicht nur die ihr eigentümliche „Macht" als Kirche, nicht die ihr zugesagte reine Wortgewalt. Daß sie auch in äußerster Armut, in Verfolgung und Rechtlosigkeit immer noch Kirche ist mit aller ihr zugesagten Vollmacht, muß gerade auch in den Zeiten und an den Orten ihrer Wohlsituiertheit zum Ausdruck kommen. Und eben das geschieht durch den Verzicht auf institutionelle, weisungsträchtige Kirchenrepräsentation.

5. Die Konsequenzen für die ökumenische Zusammenarbeit der Kirchen sind erheblich. Bekanntlich ist die sakramental-hierarchische Kirchenrepräsentanz als oberste Lehrinstanz eines der Haupthindernisse bei der ökumenischen Verständigung. Im Protestantismus ist es

der territorialkirchliche Konfessionalismus in Verbindung mit dem
im Grunde rein säkular-politischen Vertretungsprinzip. Durch diesen
Vertretungsanspruch territorialkirchlicher Kirchenhäupter entsteht
mit Notwendigkeit ein autokephaler Pluralismus, der bei einem
Minimum an Consens ein Maximum an Einigkeit produzieren
muß. Außerdem ist es unverkennbar, daß die weltweiten ökumenischen Verhandlungen auf höchster kirchlicher Vertretungsebene geführt werden, während die zahlreichen Kirchenvölker das von „oben"
erfolgende Einigungswerk nur als Zuschauer und als Zuhörer mit-
erleben können. Das ist bis zu einem gewissen Grad natürlich unvermeidlich. Vermeidbar aber wäre wohl die Theologensprache (meist
der Bekenntnisse des 16. Jahrhunderts), in welcher bei diesen Verhandlungen und Verlautbarungen die heutigen Kirchen vertreten
werden. Die freilich oft gebotene Anknüpfung an die Reformation
des 16. Jahrhunderts wäre eher überzeugend, wenn sie nicht in der
Rezitation ihrer Sprache bestünde, sondern wenn nach dem heutigen
Stand der Erkenntnis und des Verständnisses zu formulieren gewagt
würde. Könnten unsere Kirchen keine hinreichend legitimierten Vertreter zu den ökumenischen Verhandlungen entsenden, mit der
zweifelhaften Vollmacht, für ihre Kirchen zu sprechen, und mit der
noch zweifelhafteren Aussicht, daß sie das auch tun, so wäre damit
das erhebliche Hindernis eines repräsentativen Kirchenpluralismus
ausgeräumt. Es könnte dann *ganz* anders und bedeutend fruchtbarer
gearbeitet werden. Es entstünde dann eine ganz ähnliche Situation
wie z. B. die bei Neutestamentler-Kongressen interkonfessioneller
Zusammensetzung. Dort zählen allein die Argumente, nicht die
Einzelkirchen, denen die Wissenschaftler angehören mögen. Der Erfolg
und die Atmosphäre solcher Kongresse beweisen, daß man dort wesentlich besser weiterkommt als wenn da, ganz in Analogie zu Länder-
vertretungen bei Uno- oder Nato- oder sonstigen internationalen
Treffen, im Interesse einzelner Kirchennationen verhandelt werden
muß. In dieser Hinsicht ist der kirchlich-theologische Ökumenismus
weit voraus. Der territorialkirchliche „Nationalismus" entfällt. Das
spezifisch kirchliche Machtdenken spielt keine Rolle. Es kann so viel
leichter zu einem spontanen Consens kommen als bei einer permanen-
ten Rücksichtnahme auf kirchliche Machtpositionen, die sich erfah-
rungsgemäß immer wieder in traditionellen dogmatischen Positionen
verfestigen. Bei Neutestamentler-Kongressen kommt es nicht selten
vor, daß da der eine Delegierte aus den Äußerungen des ihm sonst

unbekannten anderen Delegierten nicht entnehmen kann, welcher Kirche er angehört. So kommt es dann zu sehr beglückenden ökumenischen Übereinstimmungen. Das Entsprechende ist bei ökumenischen Versammlungen von offiziellen Kirchenvertretern so nicht möglich. Und das ist bedauerlich. Gäbe es das Vertretungssystem nicht und würde statt dessen auch hier lediglich nach Themen und nach Argumenten, nicht aber nach den Stimmen der einzelnen Kirchen vorgegangen, so entfiele damit auch hier ein unsachlicher Störungsfaktor bei der Verständigung in den Dingen des Glaubens. Es ist damit selbstverständlich nicht gesagt, daß es dann keine Gegensätze mehr geben würde oder könnte. Gewiß wird es sie geben müssen. Aber diese könnten dann nicht länger repräsentativ getarnt sein, oder durch subjektiv als zum Wesen der Kirche gehörig aufgefaßte oder dergleichen mehr Motive reiner Machtpolitik bedingt sein. Und das wäre ein erheblicher ökumenischer Gewinn. Denn wo immer unter den Kirchen solche Machtpolitik untergründig eine wesentliche Rolle spielt, da ist die Zertrennung der Kirche die unabwendbare Folge.

Aber das ist nun nicht so gemeint, als sei damit *jegliche* Macht aus allem Tun und Lassen der Kirche ausgeschlossen. Mit dem deutschen Wort *„Macht"* werden sehr verschiedene Dinge bezeichnet. Und selbst auch das Wort „Gewalt" kann extrem gegensätzliche Bedeutung haben. „Wortgewalt" meint Vollmacht. Sie ist das Gegenteil von Schwert- oder Polizeigewalt. Und Regierungsgewalt und Gewaltenteilung folgen wiederum anderen Machtzusammenhängen. Gewalttätigkeit oder Vergewaltigung gehen ebenfalls in verschiedene Richtung. Unbestreitbar ist jedoch, daß die Jesus Christus gegebene „Gewalt im Himmel und auf Erden" die Vollmacht seiner *Wort*-Gewalt ist. Und der Ausdruck „non vi, sed verbo" besagt nicht etwa, daß das verbum divinum keine Vollmacht bei sich haben dürfe. Ausgeschlossen ist mit dieser Redensart nicht die dem Wort Gottes innewohnende „Wortgewalt", sondern die „vis", man könnte sagen der „Druck" oder Nachdruck, der bei diesem verbum durch die Anwendung von Machtmitteln wie bei der Durchsetzung von Gesetzen im Staat und in Kirchen üblich ist.

Ganz unbefangen kann Paulus von der „dynamis" Gottes reden, die als neuschaffende Kraft des creator spiritus gedacht ist. Es ist auch biblisch ganz legitim, von der Macht und Allmacht der Liebe und der Barmherzigkeit zu sprechen, deren Täter der Glaube ist. Genau unter diesem Aspekt betrachtet ist nicht das für die Kirche zu verlangen,

daß sie unterschiedslos *aller* Macht absagt. Das wäre in der Tat
Schwärmerei. Gemeint ist vielmehr der bei den verfaßten Kirchen mit
ihrem Amtsverständnis und mit ihren Vertretungssystemen unaus-
weichlich aufkommende Versuch, das Machtproblem immer wieder
auf die *falsche* Weise zu lösen. Kirchliche christliche Existenz ist
immer Umgang mit Macht. Es fragt sich nur, mit welcher Macht.
Im Hinblick auf das Thema dieses Beitrages heißt das konkret:
ist das Prinzip der Selbstrepräsentanz der Kirche durch das
Amt, bzw. durch den politisch-juridisch verstandenen „Vertretungsgedanken" eine mögliche Lösung des *ihr* eigenen Macht-
problems? Meine Antwort lautet: nein! Und die Alternative
lautet: Die Kirche, die wir glauben, ist die *eine* Kirche, die ihre Einheit
in der wirksamen Gegenwart Christi in seiner Gemeinde schon immer
hat. Das Wirken Christi durch den Geist ist *die* Macht, die die Kirchen
zum rechten, einigen Glauben führt. So gesehen ist die Kirche die
verborgene Machterscheinung Gottes in der Welt. In der Machtfrage
meldet sich für die Kirche die Gottesfrage und damit ihre Existenz-
frage schlechthin. Es geht dabei um die Macht, die die Toten lebendig
macht, die vom Verderben erlöst, die alle unsere Gebrechen heilt,
Sünde vergibt, Freiheit und neues Leben schafft, die alle unsere Sorge
auf sich nimmt und einen neuen Himmel und eine neue Erde werden
läßt. Der Wille zu *dieser* Macht ist Glaube. Er schließt den Gebrauch
der Macht und der Mächte „dieser Welt" aus. Er verzichtet auf die
Machtmittel, wie sie in der Welt zur Durchsetzung von Gesetz und
Recht üblich sind. Der Wille des Glaubens zu *dieser,* ihm verheißenen
Macht der „Sanftmütigen" ist die Krisis aller irdisch-menschlichen
Machtmittel. Diese Krisis spielt sich zuerst in der Kirche ab. Sie kann
von daher nur ein gebrochenes Verhältnis zu allen Machtverhältnissen
in dieser Welt haben. Soweit sie sich derselben auch in ihrer Kirchenorganisation bedient, im Staatskirchenrecht, im Kirchenrecht, in ihrem
Vertretungssystem, in der Kirchenzucht, in ihrer Verfassungswirklich-
keit und in ihrem Kirchensteuerrecht und Disziplinarrecht, zeigt sich
permanent jene Krisis in der Gebrochenheit und Gebrechlichkeit des
Verhältnisses zur Macht und zu den Machtmitteln menschlicher Gemeinschaften ab. Je ungebrochener eine Kirche sich selbst als Macht-
faktor dieser Welt versteht, je ungenierter und unbefangener sie sich
auf solche Positionen verläßt, desto unglaubwürdiger macht sie sich
selbst als Kirche, desto ohnmächtiger ist sie aber auch in ihrer Verkündigung, ihrer Lehre und in ihrer Liebe.

Nicht zuletzt aber verhärtet sie sich dann in ihren Positionen und wird sicher, faul und kalt, lebt von toten Richtigkeiten und neigt zur kirchenspaltenden Uneinigkeit und Selbstbehauptung. Ihre Unversöhnlichkeit verweigert die Liebe und die Hoffnung, sie macht den Erkenntnis- und den Bekenntnisstand zum Maß aller kirchlichen Dinge. Sie macht die Einigwerdung im rechten Glauben zum Rechenexempel auf dem Papier. Sie ist von Grund auf destruktiv für jede Einmütigkeit im Glauben. Denn die Macht, die das Wissen und die Erkenntnis verleihen, ist eine eifersüchtige Macht, wenn sie sich gegen die Liebe absolut setzt.

Das sog. Schriftprinzip und die Identität
der Kirche in ihrer Geschichte*

Von Dietz Lange

Das Thema dieses Vortrages läßt sich sogleich auseinanderlegen in einen dogmatischen und einen historischen Aspekt. Nach der ersten Seite geht es um das Problem von Quelle und Norm des Glaubens; in dieser Hinsicht handelt es sich um eine Fragestellung der Prinzipienlehre, insbesondere im Blick auf die kontroverstheologische Entfaltung des Verhältnisses von Schrift und Tradition. Nach der anderen Seite geht es um das Problem der historischen Methode in ihrer Anwendung auf die Schrift und auf die Kirchengeschichte, also um die Differenzierung der Schriftaussagen und um ihre Einordnung in den kirchengeschichtlichen Zusammenhang. Beides ist miteinander verklammert. Diese Verklammerung ist nicht nur äußerlich mit der Gleichheit der Gegenstände gegeben, sondern innerlich mit der Bedrohung historisch-kritischer Unbefangenheit durch religiöses Interesse auf der einen Seite und durch die Problematisierung der Fundamente der Dogmatik auf der anderen Seite. Es geht also um das Verhältnis von Ursprungssituation des Christentums und Kirchengeschichte und damit letztlich um die Frage nach seinem Wesen und nach seiner Stellung in der Geschichte.

Wenn man sich ein solches Thema für eine kurze Stunde dennoch vornimmt, kann man dies auf zweierlei Weise tun. Entweder man greift einen Sachaspekt heraus und handelt kontroverstheologisch über Schrift und Tradition oder methodologisch über die Bedeutung der historischen Kritik für die Kirche und ihre Geschichte. Oder man untersucht die Verklammerung der verschiedenen Aspekte exemplarisch an einem oder zwei theologischen Entwürfen der Gegenwart

---

* Referat für das Habilitationskolloquium, gehalten am 10. November 1973 vor der Theol. Fakultät in Göttingen. Ich habe den Vortrag für den Druck erweitert und streckenweise überarbeitet, ihm jedoch den Charakter des gesprochenen Wortes möglichst belassen.

und zieht aus dem kritischen Vergleich einige Konsequenzen. Der erste
Weg ist vielfach beschritten worden. Schon deshalb, nämlich wegen
der unvermeidlichen Stoffülle, verbietet er sich hier: Vor allem aber
hängen die verschiedenen Aspekte des Themas so eng miteinander
zusammen, daß man sie nicht gegeneinander isolieren kann, ohne entweder die spezifisch neuzeitliche oder die spezifisch religiöse Seite der
Sache zu verfehlen. Für den anderen Weg einer exemplarischen Diskussion des Problems in seiner Komplexität bietet sich ein Vergleich
der programmatischen Entwürfe von G. Ebeling und T. Rendtorff an,
die mit den Stichworten „Kirchengeschichte als Geschichte der Auslegung der Hl. Schrift" und „Überlieferungsgeschichte des Christentums" bezeichnet sind[1]. Zuvor jedoch möchte ich mit einigen knappen
historischen Bemerkungen den problemgeschichtlichen Hintergrund
andeuten, auf dem die gegenwärtigen Erörterungen verstanden werden müssen.

I.

Wenn man das sog. Schriftprinzip[2] auf seinen Ursprung hin untersucht, so gerät man auf ein Terrain, das gegen mögliche Angriffe
historischer Kritik oder relativierender Geschichtsphilosophie immun
zu sein scheint. Luther hatte mit der Losung *sola scriptura* keineswegs
wie formal ähnliche vorreformatorische Bestrebungen eine bloße
Reduktion des Normativen im Sinn. Vielmehr zeigt seine bekannte
Sachkritik an manchen kanonischen Schriften, daß es ihm um eine
qualitative Veränderung im Verständnis des Normativen ging. Denn
Luther gibt ja als Kriterium für die Wahrheit einer Schriftaussage das
Christuszeugnis an[3], ja formuliert gelegentlich zugespitzt: „Quodsi
adversarii scripturam urserint contra Christum, urgemus Christum

---

[1] G. Ebeling, Kirchengeschichte als Geschichte der Auslegung der Hl. Schrift,
in: SGV 207/208, Tübingen 1954; T. Rendtorff, Überlieferungsgeschichte des Christentums. Ein theologisches Programm. In: T. R., Theorie des Christentums. Historisch-theologische Studien zu seiner neuzeitlichen Verfassung, Gütersloh 1972,
S. 13—40.
[2] Zur Entstehung dieses problematischen Begriffs vgl. A. Ritschl, Über die
beiden Principien des Protestantismus. Antwort auf eine 25 Jahre alte Frage. In:
Ges. Aufsätze, Freiburg/Leipzig 1893, S. 234—247; zur Kritik: Ders., bereits in der
1. Aufl. seines Hauptwerkes Die christliche Lehre von Rechtfertigung und Versöhnung, Bd. I, Bonn 1870, S. 164.
[3] Als Kriterium für die Wahrheit einer Schriftaussage: WADB 6, 10 f.; als Kriterium für (bzw. gegen) apostolische Verfasserschaft: WADB 7, 384 ff. (Jac).

contra scripturam"[4]. Damit ist der Autoritätsglaube im Prinzip auch
schon in bezug auf die Schrift überwunden, auf jeden Fall aber das
soteriologische Interesse des *solus Christus* als der eigentliche Sinn des
sola scriptura herausgestellt: Das Heil kommt allein von Gott, nicht
aus menschlicher Tradition. Dies ist auch — das wird gern vergessen —
das tragende Motiv der protestantisch-orthodoxen Lehre von der
Schrift gewesen[5]. Freilich wurde das zunehmend verdeckt durch ein
dem frühkatholischen Traditionsbegriff analoges Verständnis der
Schrift als des in sich abgeschlossenen autoritativen Offenbarungs-
zeugnisses. In diesem — nicht im humanistischen — Sinn galt die
antiquitas der Schrift als Argument für ihre Autorität[6]. Gegen die
Forderung des Tridentinum, die auf die Apostel zurückgehenden
traditiones der Kirche mit der Hl. Schrift *pari pietatis affectu ac reve-
rentia* zu ehren[7], und gegen die sozinianische Bibelkritik hatte man die
Schrift als ausgegrenzten Bereich einer *historia sacra*, einer heiligen
Urgeschichte gesetzt. Das findet seinen formalen dogmatischen Ausdruck darin, daß in der Lehre von den *affectiones scripturae* die *perfectio* oder auch *sufficientia* den sachlichen Akzent trägt[8]. Die logische
Folge davon ist eine Geschichtstheorie, welche die Zeit von der Urkirche bis zur Reformation als einen einzigen Abfall von der Wahrheit deutet[9]. Damit — nicht schon bei Luther, aber auch nicht erst in der
Aufklärung — ist die Verklammerung des soteriologischen mit dem
historischen Gesichtspunkt vollzogen, die von nun an die Geschichte

---

[4] WA 39 I 47, 19 f.

[5] Vgl. dazu G. Ebeling, „Sola scriptura" und das Problem der Tradition, in:
Das NT als Kanon, hg. v. E. Käsemann, Göttingen 1970 (282—335) 324 f.

[6] Vgl. z. B. Joh. Gerhard, Loci theologici (1610—1622), zit. nach der neun-
bändigen Ausg. von Fr. Frank, Leipzig 1885, Bd. I, S. 27 f. (Kap. III Nr. 40).

[7] Denzinger 1501 (alte Zählung: 783).

[8] Nach Joh. Gerhards präziser Formulierung ergibt sich die perfectio sacrae
scripturae aus der sufficientia dogmatum ad salutem scitu necessariorum, aaO.
Bd. I S. 157 (Kap. XVIII Nr. 367). Dieser Satz enthält in nuce eigentlich die ganze
orthodoxe Lehre von der Schrift; an ihm läßt sich sowohl ihr soteriologisches Interesse als auch ihre gerade in der antirömischen Zielrichtung so stark dem katholischen Denken angenäherte Argumentationsweise zeigen. G. Ebeling setzt in seinem
Anm. 5 angeführten Aufsatz (S. 327) die perspicuitas an die entscheidende Stelle.
Mir scheint aber sowohl die Herkunft der orthodoxen Lehre von der Schrift von
Luthers solus Christus als auch ihre kontroverstheologische Spitze und mit beidem
die Grundlage für die geradezu fanatische Bekämpfung jeglicher Bibelkritik, also
die historische Position der Orthodoxie zwischen Reformation und Rationalismus,
viel deutlicher in der Lehre von der perfectio sacrae scripturae zum Ausdruck zu
kommen.

[9] Gewichtigstes Dokument der Zeit sind die Magdeburger Centurien des
Matthias Flacius von 1559—1574 (13 Bde.).

des Problems bestimmt. Gegen die darin implizierte Bindung an die geistige Formation eines vergangenen Jahrhunderts mußte sich nun die rationale Emanzipationsbewegung der beginnenden Neuzeit wenden, zu der die Reformation selbst durch die Befreiung von der Autorität Roms so viel beigetragen hatte. So unterzog das erwachende historische Bewußtsein in zunehmendem Maße auch die Hl. Schrift der Kritik und setzte dem traditionalistischen Geschichtsbild der Orthodoxie das progressive Konzept einer — nicht nur formalen, sondern inhaltlichen — Perfektibilität des Christentums entgegen. Dieser besonders von Kant und W. A. Teller vertretene Gedanke hat auf die folgende Philosophie ungemein fruchtbar gewirkt — zugleich aber die protestantische Theologie in arge Bedrängnis gebracht[10]. Denn wenn die Normierung durch die Ursprungssituation sowohl induktiv durch historische Kritik als auch deduktiv durch geschichtsphilosophische Bestreitung in Gefahr geriet, so war damit nicht weniger als eine Identitätskrise der Theologie heraufbeschworen. Da half es wenig, wenn man von der Schrift auf die Person Jesu retirierte und den Wall der historischen und dogmatischen Sicherungen enger zog. Denn von der deutschen Aufklärung, die noch das implizite Vorhandensein der wahren, natürlichen Religion in der Lehre Jesu konzediert hatte, führte der Gedanke der Perfektibilität des Christentums im Verein mit dem Fortschritt historischer Kritik mit innerer Logik weiter zu der Zerstörung auch dieses letzten Bollwerks durch D. F. Strauß. Nach dem Untergang der spekulativen Philosophie hat E. Troeltsch die Summe dieser Entwicklung gezogen, indem er A. v. Harnack die These entgegenhielt, daß das Wesen des Christentums von einer Epoche zur anderen nicht nur anders zu bestimmen, sondern Subjekt schöpferischer Entwicklung und insofern wandlungsfähig sei[11]. Was das Christentum als historische Größe im ganzen ausmacht, kann allenfalls die eindringende Untersuchung seiner gesamten Geschichte im Zusammenhang mit ihrer religiösen und sozialen, geistigen und politischen Umgebung, niemals aber bloß ein Blick auf seinen Ursprung lehren. Eine Normierung des

---

[10] W. A. Teller, Die Religion der Vervollkommnern, Berlin, 2. Aufl. 1793; I. Kant, Die Religion innerhalb der Grenzen der bloßen Vernunft (1793), in: Ges. Schriften, hg. v. d. Kgl. Preuß. Akademie d. Wissenschaften, Bd. 6, S. 1—202. Zur Geschichte des Begriffs vgl. den Aufsatz von H. W. Schütte, Die Vorstellung von der Perfektibilität des Christentums im Denken der Aufklärung, in: Beiträge zur Theorie des neuzeitlichen Christentums, Festschrift f. W. Trillhaas, hg. v. H.-J. Birkner und D. Rößler, Göttingen 1968, S. 113—126.
[11] E. Troeltsch, Was heißt Wesen des Christentums? In: Ges. Schriften II, 2. Aufl. 1922, S. 386—451 (bes. 428. 431).

gegenwärtigen Christentums durch seinen Ursprung ist nicht mehr
möglich; die Gestalt Jesu hat nur noch als sozialpsychologisch erforder-
liches Kultsymbol Gegenwartsbedeutung[12]. Diese Aporie ist im
Grunde bis heute nicht überwunden; daran vermag auch die radikale
Umkehr zur reformatorischen Orientierung an der Schrift nichts zu
ändern, welche die dialektische Theologie vollzogen hat — sie hat die
Probleme im ersten Elan des Bewußtseins, am tiefsten Punkt der Krise
der Neuzeit ganz neu zu beginnen, weithin mehr überrollt als gelöst.
Sie melden sich daher heute mit steigender Dringlichkeit erneut zu
Wort.

In dieser Situation stehen der protestantischen Theologie prinzipiell
zwei Wege offen. Man kann entweder versuchen, das reformatorische
Erbe unter den Denkbedingungen der Neuzeit fruchtbar zu machen
und so das religiöse Interesse an der Bibel als Christuszeugnis mit ihrer
streng historischen Betrachtung zu verbinden. Oder man geht umgekehrt von der neuzeitlichen Erfahrung der Geschichtlichkeit alles
menschlichen Lebens aus und versucht von hier aus, dem protestantischen Schriftprinzip gerecht zu werden. Diese beiden möglichen
Denkwege sind es, die in der Gegenwart exemplarisch von G. Ebeling
und T. Rendtorff vorgeführt werden. Es erscheint mir darum sinnvoll,
zunächst beide Programme zu skizzieren, um mit ihrer Hilfe genauer
die Punkte angeben zu können, an denen die weitere Denkbemühung
einsetzen muß.

II.

Ebeling geht davon aus, daß „die Geschichtlichkeit der Kirche und
ihrer Verkündigung „ein theologisches Fundamentalproblem" ist
(7)[13]. Denn die Identität der Kirche ist in Frage gestellt durch den
Wandel und die Mannigfaltigkeit kirchlicher, konfessioneller und
theologischer Gestaltungen, in denen sich der christliche Glaube im
Laufe seiner Geschichte Ausdruck verschafft hat (86). Sowohl in historischer als auch in theologischer Hinsicht kann man einer Lösung des
Problems nur so näherkommen, daß man „das Beharrende" im Wandel (31), die spezifische Differenz des Christentums aufsucht, welche
die innere Einheit der Kirchengeschichte konstituiert. Darum konzentriert sich die ganze Untersuchung auf die genaue Bestimmung dieses

---

[12] Vgl. dazu E. Troeltsch, Die Bedeutung der Geschichtlichkeit Jesu für den
Glauben, Tübingen 1911.
[13] Seitenzahlen im Text beziehen sich im folgenden auf diese Arbeit. Vgl. Anm. 1.

Identitätspunktes. Dabei ist sich Ebeling des Faktums klar bewußt, daß dieser Punkt unter den neuzeitlichen Denkvoraussetzungen nicht mehr dogmatisch dekretiert werden kann. Dafür läßt er sich aber zumindest vorläufig auf rein empirisch-historische Weise angeben (77 f.). Freilich kann dies nicht ein vermeintlicher Idealzustand der Urkirche sein — eine vorfindliche Einheit der Kirche hat es nachweislich nie gegeben (75 f.). Der einheitliche Bezugspunkt für die Identität der Kirche kann daher nur „die Erinnerung an den Ursprung der Kirche" sein (76). Diese Erinnerung manifestiert sich in der Berufung aller christlichen Konfessionen auf die Hl. Schrift. Da nun der gesuchte Einheitspunkt zugleich die Selbstunterscheidung des Christentums von anderen Religionen zum Ausdruck bringen soll, muß man ihn weiter eingrenzen auf das Neue Testament und das von ihm her verstandene Alte Testament (53.78). Nun ist jedoch das Neue Testament selbst ein Stück Tradition (50), das eine recht bewegte historische Entwicklung widerspiegelt. Darum ist die genaue Bestimmung des Ursprungs des Christentums Sache historisch-kritischer Interpretation. Dadurch ist der Kanon einerseits sowohl innerer Differenzierung unterworfen als auch in geschichtlichen Zusammenhang mit anderen religions- und kirchengeschichtlichen Dokumenten gestellt und damit prinzipiell offen; andererseits aber hat er als Urkunde des Identitätspunktes des Christentums eine wissenschaftlich einsehbare Sonderstellung (77 f.). Diese läßt sich näher bestimmen als begründet in dem Christuszeugnis, das den gemeinsamen Mittelpunkt der neutestamentlichen Schriften bildet (53.76). Dieser freilich ist nur in der Mannigfaltigkeit theologischer Auslegungen gegeben. Zudem ist auch der Versuch, aus ihnen den Ursinn des Christuszeugnisses zu eruieren, selbst wieder geschichtlich — nicht nur in der Methode, sondern auch in seiner eigenen Bedingtheit und Begrenzung. Das ist die historische Seite des Problems. Hinsichtlich seiner religiösen Seite gilt der Satz, daß die Offenbarung stets unverfügbar ist. Der historische und der religiöse Aspekt des Sachverhalts haben zur Folge, daß es nie gelingen kann, das *specificum* des Christentums, das durch Jesus eröffnete neue Gottesverhältnis, ein für allemal gültig zu definieren. Geschichtliche Offenbarung kann sich nur in der je neuen Begegnung ereignen, welche die zum Text erstarrte Überlieferung wieder zum Reden bringt[14].

---

[14] G. Ebeling, Hermeneutische Theologie? In: Wort und Glaube II, Tübingen 1969 (99—120) 116; vgl. Wort Gottes und Hermeneutik, in: Wort und Glaube (I), 3. Aufl. Tübingen 1967, (319—348) 345. 347.

So bleibt denn auch die die Kirchengeschichte tragende Einheit und
Kontinuität verborgen unter der Vielfalt und Gegensätzlichkeit der
Theologien und Kirchen; bzw. sie erscheint lediglich als die Kette
immer neuer Begegnungen mit der Gestalt Jesu über alle historische
Distanz hinweg, in denen der Ursprung des christlichen Glaubens als
dessen Grund verstanden wird (76). In diesem Sinne definiert Ebe-
ling die Kirchengeschichte als „Geschichte der Auslegung der Hl.
Schrift" (81).

Die Leistungsfähigkeit dieser Konzeption ist zunächst beein-
druckend. Es ist Ebeling nicht nur gelungen, das Fach der Kirchengeschichte auf dem Boden der neuen, durch die dialektische Theologie
geschaffenen Voraussetzungen über den Rang einer bloßen Hilfs-
wissenschaft hinauszuheben, den K. Barth ihr angewiesen hatte, und sie
als gleichberechtigten Partner den anderen theologischen Fächern zu-
zuordnen. Vielmehr hat er mit dieser kleinen Schrift den Grund zu
einer theologischen Gesamtkonzeption gelegt, die das religiöse Interesse am Ursprung des Christentums mit einer empirischen und historisch-kritischen Behandlung dieses Ursprungs, eine klare Bestimmung
der Identität des Christentums mit der Tatsache seines historischen
Wandels zu verbinden vermag.

Dennoch ist diese Fassung des historischen Verhältnisses von Schriftprinzip und Kirchengeschichte von einigen erheblichen Schwierigkeiten belastet, die an den gleichen Punkten liegen, die auch die Stärke
des Programms ausmachen. Die Konzentration auf das Verhältnis der
Geschichte des Christentums zu seinem Ursprung, also auf die Frage
nach der Identität des Christentums in seiner Geschichte, führt bei
Ebeling dazu, daß die innergeschichtliche Kontinuität stark zurück-
tritt hinter der jeweils neuen Auslegungssituation. Gewiß sind auch
die Linien zur Reformation und zum Beginn der Neuzeit sowie
zwischen diesen beiden Punkten von konstitutiver Bedeutung für das
Verständnis der Auslegungssituation. Man braucht nur an die Rolle
zu denken, welche bei Ebeling die an W. Herrmann orientierte Synthese von reformatorischer Rechtfertigungslehre und neuzeitlicher
historisch-kritischer Wahrhaftigkeit spielt[15], um das einzusehen. Ja,
Ebeling erkennt durchaus die Kontinuität stiftende Kraft der Tradition an (35) und führt insoweit einen Schritt über R. Bultmanns
Kerygma-Aktualismus hinaus. Aber wie die weiteren Ausführungen

---

[15] Vgl. z. B.: Die Bedeutung der historisch-kritischen Methode für Theologie und
Kirche, in: Wort und Glaube I (1—49) 43 ff. 48.

Ebelings zeigen, handelt es sich dabei nur um die kontinuierliche Kette
worthafter Begegnungen — sozusagen um eine Verkündigungskontinuität. Er verkennt zwar keineswegs die „überindividuellen Zusammenhänge, die der konkreten Existenz jeweils schon vorgegeben
sind, die den konkreten Ort dieser Existenz bestimmen" — aber cha-
rakteristischerweise fungieren diese Zusammenhänge lediglich als „das
Material ihrer Entscheidung" (34 f.). Daher wird man sagen müssen,
daß Ebeling im Endeffekt jene merkwürdige Punktualität des Bult-
mannschen Geschichtsverständnisses eben doch nicht überwunden,
sondern auf die Kirchengeschichte ausgeweitet hat. Es geht ihm primär
stets — auch in seinen späteren Arbeiten — um das je neue „Wortgeschehen" [16]. Damit hängt die vorwiegend kontroverstheologische
Behandlung des Traditionsproblems zusammen: Das Moment der
Gemeinschaft, der Institution und der Sitte als Kontinuitätsträger
kommt in erster Linie als Ausdruck katholischer Ekklesiologie vor.
Für Ebeling selbst bleibt die Kontinuität zwischen den einzelnen
Spitzensituationen der je neuen Begegnung mit Jesus transzendent
bzw. in der Offenbarung verborgen (75 f.). Sichtbar, geschichtlich
greifbar bleibt allenfalls die abstrakte Faktizität des Bezuges der
jeweiligen Gegenwart zu Jesus. Dann aber entsteht die Frage, was es
mit der Geschichtlichkeit solcher Offenbarung überhaupt auf sich hat.
Es ist in bezug auf den einzelnen Menschen angesichts der neuzeitlichen
geistigen Lage sicherlich gerechtfertigt, mit W. Herrmann primär nach
dem *Ent*stehen des Glaubens, nach dem Grund seiner Gewißheit zu
fragen [17]. Aber sowenig die unmittelbar dazugehörige Frage nach dem
*Be*stehen des Glaubens mit dem Hinweis auf die Anfechtung vollständig beantwortet ist, ebensowenig kann man den Gedanken einer
von der Offenbarung in Christus bestimmten *geschichtlichen* Kontinuität ausschließlich mit der katholischen Idee einer an Christi Statt
herrschenden Kirche verknüpfen. Insofern scheint mir bei Ebeling
die theologische Relevanz der Kirchengeschichte doch nur partiell zur
Geltung zu kommen [18].

---

[16] Vgl. etwa aus den Leitsätzen zur Ekklesiologie in dem Buch Theologie und
Verkündigung (HUTh 1, 2. Aufl. Tübingen 1963) die zweite These: „Kirche ist das
Geschehen ihres Grundes" (vgl. S. 98. 102); oder: „Kirche ist das Geschehen voll-
mächtigen Wortes" (Das Grundgeschehen von Kirche, in: MPTh 51/1962 [1—4] 3).
[17] Vgl. etwa W. Herrmann, Grund und Inhalt des Glaubens, in: Ges. Aufsätze,
hg. v. F. W. Schmidt, Tübingen 1923, S. 275—284.
[18] Soweit ich sehe, hat sich in diesem Punkt in den späteren Schriften nichts
Wesentliches geändert. Als Beispiel führe ich den Abschnitt über die Kirchen-

Dies ist der Punkt, an dem T. Rendtorff einsetzt. Auch sein Aufsatz „Überlieferungsgeschichte des Christentums", um den es hier vor
allem geht, versteht sich als „ein theologisches Programm", wie der
Untertitel ausdrücklich hervorhebt[19]. Er stellt billigend fest, daß die
neueste Theologie (seit Pannenbergs Programmschrift „Offenbarung
als Geschichte") dabei sei, sich von ihrer Fixierung auf den Ursprung
des Christentums zu lösen (22 f. 26), und zwar aus zwei Gründen.
Einmal kommt dadurch, wie gerade die sog. hermeneutische Theologie
zeigt, die Geschichte nur teilweise in den Blick (15), und zum anderen
wird dabei nur allzu leicht als selbstverständlich vorausgesetzt, was
eben nicht mehr selbstverständlich ist, daß nämlich die Antwort auf
die Frage nach dem Wesen des Christentums unmittelbar aus der
Ursprungssituation des Christentums abzulesen sei[20]. Rendtorff will
dagegen die Einsicht Troeltschs zur Geltung bringen, daß das Wesen
des Christentums selbst sich weiterentwickelt[21]. Nur unter einer uni-
versalgeschichtlichen Perspektive kann man darum das Christentum
verstehen, nur sie ermöglicht auch die „strukturelle Analyse und den
theologischen Begriff der gegenwärtigen Welt des Christentums", auf
die hin das Schwergewicht theologischer Bemühungen nach R. heute
zu verlagern ist[22]. Dazu ist es aber notwendig, gerade die vielfältigen
Vermittlungen und Zusammenhänge in den Blick zu fassen, die das

---

geschichte in den Diskussionsthesen zur Einführung in das Studium der Theologie
an (Wort und Glaube [I] 452 ff.). Dort wird als das specificum der Kirchengeschichte
angegeben, daß man es in ihr mit dem „im menschlichen Miteinander sich vollziehen-
de(n) und darum bestimmte soziologische, institutionelle und sprachliche Gestaltungen hervorbringende(n) und ihrer sich bedienende(n) Geschehen dessen" zu tun
habe, „was Kirche zur Kirche macht und als solche erhält" (S. 453, These 7). Dem
„(Wort-)Geschehen" gilt das eigentliche Interesse, nicht den „soziologischen ...
Gestaltungen". Das wird in These 8 präzisiert durch den Begriff der Auslegung,
wodurch wir auf das Konzept der Kirchengeschichte als Geschichte der Auslegung
der Schrift zurückverwiesen werden. Die soziale Gestalt der Kirche wird zwar als
Werkzeug dieses Geschehens ausdrücklich hervorgehoben, aber eine Verlagerung der
das Geschichtsverständnis bestimmenden Akzente gegenüber der früheren Arbeit
scheint mir darin nicht zu liegen.
[19] Die Seitenzahlen im Text beziehen sich im folgenden auf diesen Aufsatz; vgl.
Anm. 1.
[20] Historische Bibelwissenschaft und Theologie. Über den Aufbau der Frage: Was
ist christlich? In: Theorie des Christentums, Gütersloh 1972 (41—60) 49.
[21] AaO. S. 49 f. 58.
[22] Theologie in der Welt des Christentums. Über das Theoriebedürfnis kirchlicher Praxis, in: Theorie des Christentums, S. 150—160; Was heißt „interdiszipli-
näre Arbeit" in der Theologie? Elemente einer Orientierung, in: Die Theologie in
der interdisziplinären Forschung, hg. v. J. B. Metz und T. Rendtorff (Interdiszipli-
näre Studien Bd. 2), Gütersloh 1971 (45—56) 55.

geschichtliche Leben ausmachen, und dabei insbesondere der eigenen, spezifisch neuzeitlichen geschichtlichen Bedingtheit bewußt zu werden. Allein durch solche Vermittlungen hindurch, nicht von ihnen abstrahierend, kann man theologische Aussagen machen (25). Dennoch ist Rendtorffs Programm von der Zuversicht getragen, aus diesem konsequent neuzeitlichen Ansatz nicht die Konsequenz Troeltschs ziehen zu müssen, daß ein die absolute Sonderstellung des christlichen Glaubens begründender Identitätspunkt nicht aufzuweisen sei. Denn die geforderte Integration theologischer und historischer Gesichtspunkte in einer einheitlichen Konzeption (23) schließt ja — wenn auch nicht mehr wie bei Pannenberg die unmittelbare Ablesbarkeit des Offenbarungsgehaltes aus dem Ablauf der Geschichte, so doch — die Möglichkeit einer unmittelbaren Ableitung gegenwärtig (nicht zeitlos!) verbindlicher theologischer Aussagen aus der Erkenntnis der historischen Zusammenhänge ein. So ist Rendtorff denn auch der Meinung, aus dem überlieferungsgeschichtlichen Prozeß auf „rationale", nicht dogmatische Weise[23] ein Datum herauszupräparieren zu können, das zugleich die Spitze der alttestamentlichen Überlieferung und die Prolepse der gesamten Christentumsgeschichte darstellt. Das ist die Auferstehung Christi. Zwar muß auch sie aus ihrem historischen Zusammenhang heraus verstanden werden, der als ganzer das primäre Thema der Theologie ist (22. 28). Trotzdem meint Rendtorff sich auf diese Weise einen Deutungsschlüssel gesichert zu haben, der ihn davor schützt, die Überlieferungsgeschichte des Christentums zu einem konturenlosen Prozeß degenerieren zu lassen (vgl. S. 34). Insofern kann er auch sagen, es gehe ihm durchaus um die „Wahrung des Schriftprinzips" — nur eben „unter den Bedingungen des historischen Bewußtseins" (26). Nur so kann die neuzeitliche Erfahrung der Distanz zur Ursprungssituation — und damit diese selbst in ihrer Eigenständigkeit — ernstgenommen werden (25 ff.). Zugleich schafft diese Distanz Raum für die Mannigfaltigkeit theologischer Positionen und kirchlicher Gestaltungen, die nicht nur die Gegenwart, sondern die ganze Geschichte der Kirche kennzeichnet.

---

[23] Zu der Devise: Rationalität statt Normativität, welche die „kritische" Theologie Rendtorffs bestimmt, vgl. Historische Bibelwissenschaft und Theologie (Anm. 20), S. 59, und vor allem: Theologie als Kritik und Konstruktion. Die exemplarische Bedeutung der Frage der Theologie nach sich selbst, in: Theorie des Christentums, S. 182—200.

Dieses Konzept besticht durch seine Weite und durch seine Geschlossenheit. Es vermag nicht nur die gesamte geschichtliche Entwicklung von den Anfängen des Alten Testamentes bis zur gegenwärtigen Situation der christlichen Kirche in sich zu integrieren, sondern auch die Verschiedenheit theologischer Positionen und kirchlicher Institutionen in dem Medium einer distanziert-„kritischen" Haltung zu vermitteln. Rendtorff kann auf diese Weise unausgewiesene Subjektivismen in hohem Maße vermeiden. Speziell ist er in der Lage, die differenzierte Geschichte des Kanons unbefangen in den Blick zu fassen und mit dem sonst oft nur postulierten offenen Kanonbegriff tatsächlich zu arbeiten. Sein Entwurf scheint somit allen Forderungen moderner Wissenschaftlichkeit Genüge zu leisten, ohne dabei das spezifisch Christliche preiszugeben.

Dennoch bleibt auch hier eine Reihe ungelöster und auf dieser Basis unlösbarer Probleme übrig. Es geht dabei vor allem um die methodischen Voraussetzungen, die es Rendtorff ermöglichen sollen, die historische Identität des Christentums zu bestimmen. Die Kategorie der Überlieferungsgeschichte stammt bekanntlich aus der alttestamentlichen Wissenschaft, wo sie vor allem von G. v. Rad theologisch fruchtbar gemacht wurde[24]. Mit Hilfe dieser Methode, einer Weiterentwicklung und Modifikation der typologischen Exegese, wird das Alte Testament als die stets über sich hinausweisende Geschichte des schließlich im Auftreten Jesu kulminierenden Heilshandelns Gottes begriffen. Sosehr einerseits dieses Verfahren als Korrektur einer einseitigen Interpretation des Alten Testaments als „Gesetz" (E. Hirsch) oder als „Geschichte des Scheiterns" (R. Bultmann) zu begrüßen ist[25], sosehr scheint mir doch andererseits dadurch die Gefahr heraufbeschworen zu sein, daß sowohl das Neue Testament in das Alte hineingelesen als auch umgekehrt die differentia specifica des christlichen Glaubens vom alttestamentlichen Selbstverständnis überspielt, also die historische Individualität des Christentums verdeckt wird. Diese Problematik tritt in dem Augenblick scharf ans Licht, in dem man wie Rendtorff versucht, die überlieferungsgeschichtliche Methode auf die Christentumsgeschichte als ganze auszudehnen. Die nach v. Rad dem Alten Testament innewohnende Zielgerichtetheit bekommt nun die

---

[24] Vgl. vor allem seine Theologie des AT, München (1957/60), Bd. I 6. Aufl. 1969, Bd. II 5 Aufl. 1968.

[25] E. Hirsch, Das AT und die Predigt des Evangeliums, Göttingen 1936; R. Bultmann, Die Bedeutung des AT für den christlichen Glauben, in: Glauben und Verstehen, Bd. I, 7. Aufl. Tübingen 1972, S. 313—336.

Funktion eines Modells für das Verständnis der Kirchengeschichte (23). Diese Erweiterung wird Rendtorff ermöglicht durch ein von Hegel inspiriertes Geschichtsverständnis, nach dem der Sinn eines historischen Prozesses durch dessen Gesamtverlauf dargestellt wird, insofern dieser die Summe aller ihn konstituierenden Entwicklungsstufen in sich enthält. Da sich Rendtorff jedoch nicht in der Lage sieht, auch die Hegelsche Dialektik zu rezipieren, entsteht die Frage, auf welche andere Weise der Gesamtprozeß der Überlieferungsgeschichte des Christentums Konturen und Strukturen gewinnen soll. Diese Schwierigkeit fällt naturgemäß besonders ins Gewicht bei der Notwendigkeit, den Identitätspunkt des Christentums zu bestimmen. Wenn er hier auf die Auferstehung Jesu zurückgreift, so fehlt dabei jeder konkrete Rückbezug auf Person und Werk Jesu — wohl im Zeichen der Abwehr einer „christologische(n) oder auch jesulogische(n) Reduktion" der theologischen Thematik (22). Gegen dieses Verfahren sind erhebliche Bedenken anzumelden. Zunächst ist auf diese Weise nicht mehr deutlich, daß es sich um die Auferstehung des *Gekreuzigten* handelt. Diese Problematik kommt auch in der Denkrichtung des Programms zum Ausdruck, sofern diese auf eine „Wiederherstellung der christlichen Welt" (36), auf eine modifizierte Aufnahme des Gedankens einer Perfektibilität des Christentums (35) hinausläuft. Zum anderen ist nicht klar, was unter Auferstehung selbst verstanden werden soll. Da es Rendtorff so entschieden um reale Geschichte im Unterschied zu bloßer Bewußtseinsgeschichte geht, könnte man vermuten, daß er die Auferstehung nach Pannenbergs Vorgang als Ereignis in Raum und Zeit faßt[26], wobei freilich die Frage nach einer stichhaltigen Begründung angesichts des so dezidiert neuzeitlichen Charakters dieser Theologie offenbliebe. Eine klare Auskunft auf diese Frage sucht man vergebens. — Nimmt man beides zusammen, so sinkt „Auferstehung Jesu" zu einer Chiffre für die Erfüllung alttestamentlicher Hoffnungen und für die Vorwegnahme der Christentumsgeschichte herab; in dieser Abstraktheit ist sie fast jeder inhaltlichen Füllung fähig. Die Identität des Christentums mit sich selber droht der Normativität des Faktischen zu weichen. So ergibt sich am

---

[26] Darauf könnte auch Rendtorffs Berufung (S. 19) auf die Arbeit von U. Wilckens führen: Auferstehung. Das biblische Auferstehungszeugnis historisch untersucht und erklärt. In: Themen der Theologie, hg. v. H. J. Schultz, Bd. 4, Stuttgart/ Berlin 1970 (bes. S. 145 ff.). Freilich ist im Zusammenhang nicht ausdrücklich von dem *historischen* Problem der Auferstehung die Rede.

Ende der folgende seltsame Sachverhalt: Der Ausbau einer These, die ursprünglich die Einheit der Hl. Schrift Alten und Neuen Testaments begründen sollte, zu einer die gesamte Christentumsgeschichte umfassenden Theorie droht das Schriftprinzip entgegen der erklärten Absicht im Nebel relativierender Vermittlungszusammenhänge verschwimmen zu lassen.

III.

Es gilt nunmehr darüber Klarheit zu gewinnen, ob und inwiefern der Gegensatz zwischen Ebeling und Rendtorff die theologische Debatte weiterzuführen vermag. Gemeinsam ist beiden die Anerkennung der Tatsache, daß der neutestamentliche Kanon (vom Alten Testament noch ganz abgesehen) nicht auf einen einheitlichen Nenner zu bringen ist, sondern eine Entwicklung repräsentiert — in der provozierenden Sprache E. Käsemanns geredet: „Der neutestamentliche Kanon begründet als solcher nicht die Einheit der Kirche. Er begründet als solcher, d. h. in seiner dem Historiker zugänglichen Vorfindlichkeit dagegen die Vielzahl der Konfessionen."[27] In der Tat wird man hinter den damit intendierten Sachverhalt — über die Formulierung mag man sich streiten — nicht mehr zurückgehen können. Der in der evangelischen Theologie beliebte Versuch, wie er etwa bei H. Diem vorliegt, die Divergenzen innerhalb des Kanons mit der These zu überspielen, diese böten Schutz gegen Willkür und Einseitigkeit[28], macht sich die Sache entschieden zu leicht und verschleiert überdies die faktisch vollzogene Auswahl, wie Diem von katholischer Seite mit Recht vorgehalten worden ist[29]. Die Aufgabe, die sich von der Ebeling und Rendtorff gemeinsamen Basis aus stellt und die sie in so verschiedener Weise zu lösen versucht haben, ist eine doppelte: Es ist die innere

---

[27] E. Käsemann, Begründet der neutestamentliche Kanon die Einheit der Kirche? In: Das NT als Kanon, hg. v. E. Käsemann, Göttingen 1970 (124—133) 131.

[28] H. Diem, Das Problem des Schriftkanons, in: Das NT als Kanon, 159—174; Theologie als kirchliche Wissenschaft, Bd. II (Dogmatik. Ihr Weg zwischen Historismus und Existentialismus), 2. Aufl. München 1957, S. 207 f.; Die Einheit der Schrift, in: EvTh 13/1953 (385—405) 403 f. Diems Position erinnert verblüffend an die Meinung H. Schliers: „Die evangelische Theologie ... hat sich, solange sie am Kanon der ganzen Schrift festhielt, mit ihr auch das Mittel bewahrt, über sich selbst hinauszublicken und über sich selbst hinauszukommen. Unter diesem Gesichtspunkt ist die Auflösung des Kanons ein Symptom der versteiften Selbstbehauptung des Protestantismus." (Die Zeit der Kirche, 5. Aufl., Freiburg 1972, S. 311).

[29] Von H. Küng, Der Frühkatholizismus im NT als kontroverstheologisches Problem, in: Das NT als Kanon (175—204) 192 ff.

Einheit zu bestimmen, die jener Mannigfaltigkeit zugrunde liegt, und es ist zu untersuchen, ob die Disparatheit des Kanons nicht einen positiven Sinn haben könnte.

Beide Aufgaben kann man nur angreifen, indem man die Schrift in ihrem historischen Kontext betrachtet, wie es bereits F. C. Baur gefordert hat. Das setzen denn auch die Programme Ebelings und Rendtorffs voraus. Sie unterscheiden sich jedoch in der dabei eingeschlagenen Denkrichtung. Ich kann entweder wie Ebeling von einem einheitlichen festen Bezugspunkt — der Mitte der Schrift — ausgehen und von da aus den ganzen Prozeß der Kirchengeschichte zu begreifen suchen. Dann haftet das zentrale Interesse am Grund und Ursprung der Kirche; das Problem ist der kirchengeschichtliche Wandel[30]. Oder ich gehe wie Rendtorff von der Gegebenheit dieses Wandels aus und versuche in der Analyse der vielfältigen Vermittlungszusammenhänge den roten Faden zu finden, der den historischen Ablauf als eine in sich kohärente Einheit zu verstehen erlaubt[31]. Dann hat der Grund und Ursprung der Kirche nur proleptische Bedeutung; das theologische Interesse hat sich ganz auf die Christentumsgeschichte zu konzentrieren. Zweifellos schließen sich diese beiden Denkrichtungen nicht aus: Auch Ebeling sieht sich ja im Vollzug der empirischen Verifikation seines Ausgangspunktes genötigt, denselben genauer zu bestimmen, und auch Rendtorff setzt bei seinem induktiven Vorgehen die Existenz eines einheitlichen Bezugspunktes schon voraus. Beide Theologen unterscheiden sich aber hinsichtlich der Gewichtung der beiden Denkwege. Es ist letzten Endes die alte geschichtsphilosophische Streitfrage zwischen Schleiermacher und Hegel um den Rang geschichtlicher Individualität, die hier wieder aufbricht. Sie kann in diesem Zusammenhang nicht grundsätzlich entschieden werden. Rein empirisch aber wird man von der religionswissenschaftlichen Feststellung auszugehen haben, daß das Christentum eine Stifterreligion ist, daß sich also die Bestimmung seines Wesens zumindest seinem Selbstverständnis zufolge aus dem Verhältnis seiner gesamten Geschichte zu seinem Ursprung ergibt, ja daß jenes Wesen sogar in seinem Ursprung insofern exemplarisch zum Ausdruck kommt, als der Grund des christlichen Glaubens mit seinem Ursprung zusammenfällt.

Wenn das so ist, dann kann die systematische Intention nicht dahin gehen, diesen Ursprung durch einen möglichst allgemeinen Begriff zu

---

[30] Kirchengeschichte als Geschichte der Auslegung der Hl. Schrift, S. 80.
[31] Überlieferungsgeschichte des Christentums, S. 37.

beschreiben, in dem proleptisch das Ganze der Christentumsgeschichte bereits enthalten ist, sondern sie muß in einer möglichst genauen Erfassung der historischen Individualität dieses Ursprungs bestehen. Konkret ausgedrückt: Es genügt nicht, auf die Auferstehung Jesu hinzuweisen, sondern es muß um die geschichtliche Person Jesu gehen, die im Auferstehungsglauben gegenwärtig ist. Nur mittels genauer, zugleich historischer und theologischer Bestimmung der Mitte der Schrift kann sich die Kirche ihres Grundes und Ursprungs versichern, und nur so kann der Rekurs auf diese Mitte zum Schlüssel für das Verständnis der Kirchengeschichte werden.

Die erste Voraussetzung solcher Identitätsbestimmung muß eine exakte Beschreibung des Verhältnisses des Alten und Neuen Testamentes sein. Das überlieferungsgeschichtliche Konzept ist insofern unzureichend, als es über dem Bemühen um die geschichtlichen Zusammenhänge die Differenz, die Abgrenzung des Christentums von der Religion des Alten Testamentes nicht scharf genug in den Blick bekommt. Selbstverständlich gehört — um mich eines Ausdrucks von H. Donner zu bedienen — die Nachgeschichte des Alten Testamentes in die Geschichte des Christentums hinein; aber es ist eben eine Nachgeschichte, die primär nicht durch unmittelbare Wirkung, sondern durch Umdeutung und somit durch die Profilierung des Eigentümlichen im Christentum gekennzeichnet ist[32]. Im folgenden ist daher unter „Schrift" immer das Neue Testament zu verstehen.

Es ist nun freilich offenkundig, daß zum Verständnis solcher Profilierung die Basis der Schrift zu schmal ist. Man darf es wohl als ein allgemeines Gesetz ansehen, daß eine neue geschichtliche Bewegung, die aus dem Schoß einer etablierten geschichtlichen Größe entspringt, ihre Selbstunterscheidung von dieser im Moment ihres Entstehens noch nicht mit allen Implikationen vollziehen kann — man braucht in diesem Zusammenhang nur an das lange Fortbestehen des Judenchristentums zu erinnern. Die Rendtorffsche Korrektur an Ebeling ist also insoweit durchaus gerechtfertigt, als der Ursprung des Christentums in seinem Verhältnis zu dessen Grund abgesehen von seiner Wirkungsgeschichte nicht voll verstanden werden kann. Also die Linie, die etwa von den Antithesen der Bergpredigt zur paulinischen Rechtfertigungslehre verläuft, verlangt zu ihrem vollen Ver-

---

[32] Vgl. H. Donner, Das Problem des AT in der christlichen Kirche, in: Beiträge zur Theorie des gegenwärtigen Christentums, 1968, S. 37—52, bes. S. 47, wo der Begriff der Nachgeschichte durch den der Umdeutung präzisiert wird.

ständnis, daß man sie weiter auszieht, etwa zu der reformatorischen Theologie und der neuprotestantischen Befreiung von dogmatischer Gesetzlichkeit. Allerdings sind gegen Rendtorff zwei Einschränkungen geltend zu machen: Einmal liegt die Wirkungsgeschichte nicht auf gleicher Ebene mit der Ursprungsgeschichte, insofern und soweit mit dem Ursprung der Grund der Kirche zusammenfällt. Die Schrift hat als unmittelbare Bezeugung des Ursprungsgeschehens zwar keinen absoluten, aber einen relativen Vorrang vor Aussagen, die aus ihr abgeleitet sind. Und zum anderen ist das Wesen des Christentums, das in Jesus geschichtlich wirksam gewordene Gottesverhältnis, als solches nicht dem Wandel unterworfen (weder so, daß es einer Fortentwicklung im Sinne des modernen katholischen Kirchenbegriffs fähig wäre, noch in dem Sinne, daß es überhaupt veränderbar wäre), so daß im Neuen Testament *nur* zu lesen wäre, was einstmals christlich *war*, und nicht *auch*, was überhaupt christlich *ist*[33] — so verschieden auch natürlich die Gestalten sind, in denen sich der christliche Glaube im Laufe seiner Geschichte ausgedrückt hat.

Diese Verschiedenheit der Gestaltungen reicht, wie bereits angedeutet, bis ins Neue Testament selbst zurück. Damit ist die zweite Frage gestellt, nämlich welchen Sinn die innerkanonischen Differenzen haben können. Die Antwort ergibt sich aus dem bisher Ausgeführten fast von selbst. Die Verschiedenheit der theologischen Konzeptionen im Neuen Testament dient — ebenso wie die daraus abgeleitete Verschiedenheit der Kirchen und Konfessionen — nicht der komplementären Erweiterung und nicht der Korrektur von Einseitigkeiten, sondern im Gegenteil der historischen Profilierung und Konturierung des eigentümlich Christlichen. Dabei wird man freilich eine große Variationsbreite von möglichen Lösungen zu unterstellen haben, aus der nur solche Auffassungen eindeutig herausfallen, die wie vor allem die römisch-katholische Lehre das Statutarische, Gesetzliche in die Christusbeziehung selbst hineinschieben[34]. Dennoch, sowenig die innere Einheit der Schrift auf eine theologische Formel gebracht werden kann, sosehr sie wesensmäßig eine verborgene Einheit ist, so wenig kann es doch genügen, sich resignierend auf eben diese Verborgenheit zurückzuziehen und den Versuch einer Näherbestimmung abstrakter

---

[33] Gegen T. Rendtorff, Historische Bibelwissenschaft und Theologie, aaO. S. 51.
[34] Vgl. F. D. E. Schleiermacher, Der christliche Glaube, 7. (= 2.) Aufl., hg. v. M. Redeker, Berlin 1960, § 24. Vgl. auch E. Hirsch, Die Einheit der Kirche, in: ZSTh 3/1926 (378—400) 386 ff.

Formeln für diese Einheit wie „Evangelium", „Christuszeugnis" usw. zu unterlassen. Das wäre gleichbedeutend mit einem Verzicht auf theologische Reflexion überhaupt.

Da nun aber solche Näherbestimmung von „Evangelium" oder „Christuszeugnis" immer nur anhand lebendiger geschichtlich vorgegebener Gestalten und Gestaltungen erfolgen kann, bedarf es eines Rahmens von Grund- und Grenzmöglichkeiten christlichen Glaubens und Lebens. Eben diese Funktion erfüllt für die entscheidende Zeit des ersten geschichtlichen Hervortretens des christlichen Glaubens in exemplarischer Weise der neutestamentliche Kanon. Er tut es exemplarisch, insofern er diese Grund- und Grenzmöglichkeiten nicht als für alle folgenden Zeiten einfach zur Wahl stehende Modelle präsentiert, sondern als Orientierungspunkte, hinter denen der Identitätspunkt, auf den sie bezogen sind, zu suchen ist. Dabei ist eine unterschiedliche Bewertung der dem Ursprung sachlich näher oder ferner liegenden Schichten nicht nur unvermeidlich, sondern unerläßlich. Ich denke dabei nicht an die allzu stark von äußeren Kriterien bestimmte orthodoxe Unterscheidung von proto- und deuterokanonischen Schriften[35], sondern an inhaltliche Bestimmungen, wie sie sich im Anschluß an Luthers Vorreden zur Deutschen Bibel[36] in der theologischen Literatur der Gegenwart vielfach finden. Ist aber solche innere Differenzierung prinzipiell anerkannt, so besteht auch kein Grund mehr, die Unvollständigkeit der durch das Neue Testament gebotenen Orientierungspunkte zu leugnen, insofern manche Grund- und Grenzmöglichkeiten christlichen Glaubens erst in späterer Zeit realisiert werden konnten — ich verweise nur auf die verschiedenen Gestaltungen des Verhältnisses zu Politik und Wissenschaft. Der inneren Strukturierung des Neuen Testamentes korrespondiert somit seine prinzipielle Offenheit.

Die bisherigen Überlegungen über den Sinn von Einheit und Vielfalt des Kanons haben ergeben, daß die innere Einheit der Schrift letztlich nicht lehrmäßig fixierbar ist. Das führt auf die aller Lehre vorausliegende Lebensbeziehung zu der Person Jesu als den Ort solcher Einheit. Dieser Sachverhalt fordert dazu heraus, die Reflexion in zwei Richtungen noch ein Stück weiter voranzutreiben. *Erstens* ist zu

---

[35] Vgl. etwa Joh. Gerhard, Loci theologici, Bd. I S. 48 (Nr. 101) und 102 ff. (Kap. IX). 115 ff. (Kap. X).
[36] S. o., Anm. 3.

fragen, was angesichts der Tatsache einer solchen — wie E. Hirsch[37] es nennen würde — „überlehrmäßigen" Einheit der Schrift der Vorgang ihrer Kanonisierung durch die Kirche theologisch bedeutet; und *zweitens* muß das Verhältnis von Grund und Ursprung der Kirche zueinander und zu ihrer Geschichte, das die Bedingung der Möglichkeit der Kanonisierung enthält, genauer bestimmt werden.

ad 1. Die erste Frage zerfällt sogleich in zwei Teile:

a) Was kann das Faktum der Kanonisierung als solches für die protestantische Theologie bedeuten?

b) Was folgt aus der Tatsache, daß es die Kirche war, die diese Kanonisierung vollzogen hat?

a) Die alte Kirche hat sich bekanntlich angesichts der Bedrohung, welche die markionitische Gegenkirche mit ihrem Kanon darstellte, dazu gezwungen gesehen, nun ihrerseits einer größeren Anzahl von Schriften zu kanonischem Ansehen zu verhelfen. Da nun die Markioniten sich als Verwalter des reinen paulinischen Erbes verstanden, konnte es nicht ausbleiben, daß die Großkirche die schon in den antignostischen Auseinandersetzungen entstandenen amtskirchlichen Ansätze weiterentwickelte und dem Kanonbegriff einen lehrgesetzlichen Anstrich gab. Diese Entwicklung ist ja auch in dem so erweiterten Kanon selbst angelegt; insofern ist also die Einbeziehung etwa der Pastoralen oder des 2. Petrusbriefes in den Kanon gerade nicht, wie man von katholischen Theologen (und nicht nur von ihnen!) hören kann, ein Beweis für die Weite und Elastizität der Kirche. Sosehr man die lehrgesetzliche Tendenz des Kanonbegriffs in ihrer historischen Notwendigkeit begreifen kann, sowenig wird man sich doch der neuprotestantischen Einsicht verschließen können, daß eine so geartete Funktionsbestimmung des Kanons sowohl der reformatorischen Grunderkenntnis als auch dem modernen Wahrheitsbewußtsein widerspricht. Was aber kann der positive Sinn der Kanonisierung des Neuen Testaments und der in ihr intendierten Orientierung am Ursprung sein? Nun, in dieser Orientierung und damit durch die Kanonisierung anerkennt die Kirche grundsätzlich ihren Grund als von außerhalb ihrer gesetzt; die Setzung des Grundes aber ist gerade kein

---

[37] E. Hirsch, Das Wesen des reformatorischen Christentums, Berlin 1963, 25 ff., vgl. auch R. Schäfer, Welchen Sinn hat es, nach einem Wesen des Christentums zu suchen? In: ZThK 65/1968 (327—347) 344 f.

statutarischer Akt, sondern die Bürgschaft für die Identität der Freiheit, die das specificum des christlichen Glaubens ausmacht. Der Vollzug solcher Identitätsbestimmung ist also von dessen gesetzlicher Interpretation scharf zu unterscheiden.

b) Dies alles scheint nun aber durch die Tatsache wieder in Frage gestellt zu werden, daß es ja die Kirche war, welche die Kanonisierung vollzogen hat, ja die sogar vor der Abfassung der neutestamentlichen Schriften als tradierende Urgemeinde deren Stoff in hohem Maße geprägt hat. Will man auf supranaturalistische Erklärungen verzichten wie diejenige, daß der Kanon sich der Kirche „aufgedrängt" habe[38] — eine Erklärung, die ja nicht nur die langwierigen Kämpfe um die Antilegomena gegen sich hat —, dann muß man mit Schleiermacher zu der Erkennntnis kommen, daß der Kanon ein Produkt der Kirche ist[39]. Dabei ist aber nun zu berücksichtigen, daß die Kirche zusammen mit den frühkatholischen Schriften auch just jenen Grundbestand des Neuen Testaments tradiert und kanonisiert hat, der dem spezifisch Frühkatholischen in ihrem Selbstverständnis widersprach. Das war nur möglich auf Grund jenes verborgenen Lebenszusammenhanges mit der Mitte der Schrift, der den Ort ihrer Identität ausmacht. Solche Lebensgemeinschaft mit der Person Jesu impliziert unmittelbar auch die Lebensgemeinschaft der Christen untereinander als Träger der Überlieferung im weitesten Sinne des Wortes. Zwar bedarf die überliefernde Gemeinschaft zu ihrer konkreten Gestaltwerdung auch der rechtlich verfaßten kirchlichen Organisation, kraft derer sie auch die Kanonisierung rechtlich durchgesetzt hat; jedoch ist dies nur die juristische Anerkennung eines zeitlich und sachlich vorausliegenden Tatbestandes, die zudem als solche für uns Heutige keine bindende Geltung mehr besitzen kann; für uns ist unwiderruflich, wie W. Trillhaas es formuliert, jedes Urteil über Recht und Unrecht der Kanonisierung

---

[38] So K. Barth, KD I/1, 110 f.; I/2, 526; vgl. auch I/1, 101 ff.; I/2, 523 ff., 598 ff.; ich erinnere auch an die häufige Rede von der „freien" und „überlegenen" Bibel, z. B. I/1, 103. 109. 274. 278; I/2, 599 f., sowie an die Behauptung, von der Autorität der Bibel könne man nur in analytischen Sätzen reden: Die Schrift und die Kirche, in: ThSt (B) 22, Zollikon 1947, S. 3 f. 7 f. Der katholische Theologe N. Appel umschreibt Barths Lehre von Offenbarung und Schrift mit dem Ausdruck göttliches Selbstgespräch und charakterisiert seine Äußerungen zur Kanonfrage als theologisches Ausweichmanöver (Kanon und Kirche. Die Kanonkrise im heutigen Protestantismus als kontroverstheologisches Problem, in: Konfessionskundl. u. kontroverstheol. Studien 9, Paderborn 1964).
[39] F. D. E. Schleiermacher, Der christliche Glaube, § 130, 2—4.

biblischer Schriften primär ein historisches, nicht ein dogmatisches Urteil[40].

Der Ausdruck der Lebensgemeinschaft besagt aber noch ein Zweites. Sosehr der Lebenszusammenhang mit dem Ursprungsgeschehen der Stiftung und der Deutung durch das Wort bedarf, soll er nicht zur magisch-sakramentalen oder zur rechtlichen Heilsvermittlungsinstanz verknöchern, sowenig kann man doch die Interpretation der Identität der Kirche auf das „Wortgeschehen" beschränken; denn das hätte zur Folge, daß man auch bei weitestmöglicher Ausdehnung des Wortbegriffs schon auf Grund semantischer Zwänge das Problem der inneren Einheit der Kirchengeschichte nur auf der Ebene von Verkündigung und Lehre diskutieren kann und andere Lebensbereiche und -äußerungen nur unter diesem Blickwinkel erfaßt. In diesem Punkt scheint mir Rendtorff gegen Ebeling recht zu haben. Die Kreisbewegung zwischen der christlichen Gemeinschaft und der Schrift umgreift mehr als der hermeneutische Zirkel im geläufigen Sinn des Begriffs, wenn anders die soziale und geschichtliche Dimension in die Interpretationsaufgabe selbst mit einbezogen werden muß, und zwar nicht nur in bezug auf deren Objekt, sondern auch auf deren Subjekt. Kirchliche Sitte, Recht und Frömmigkeit sind Überlieferungsmedien für den Kanon; dieser aber wirkt begründend und kritisch auf jene zurück.

Dies ist nun freilich in der Praxis ein höchst labiles Verhältnis, insofern stets zu besorgen ist, daß das statutarische Element die Oberhand gewinnt, so daß die Schrift zum papierenen Papst gemacht wird oder die Kirche ihre innere Einheit mit Hilfe ökumenischer Einigungsformeln verfügbar machen will. Deshalb muß jetzt das Verhältnis von immanenter und transzendenter Kontinuität der Kirchengeschichte und dessen Begründung in dem Verhältnis von Grund und Ursprung der Kirche analysiert werden.

ad 2. Ich gehe zunächst auf das Verhältnis von Grund und Ursprung der christlichen Kirche ein:

a) Als Leitfaden kann hier die folgende These von G. Ebeling dienen: „Die Frage nach dem Grund von Kirche ist verquickt mit, aber auch unterschieden von der Frage nach dem historischen Ursprung von Kirche."[41] Dabei ist der Ursprung der Kirche ihre Entstehung in

---

[40] Vgl. W. Trillhaas, Dogmatik, 3. Aufl. Berlin 1972, S. 74.
[41] G. Ebeling, Theologie und Verkündigung, S. 94 (These 3).

dem als Auferstehung Jesu, Himmelfahrt und Geistausgießung my-
thisch bezeichneten Geschehen, der Grund der Kirche dagegen die
Person Jesu selbst. Die Verquickung von beidem ist durch die als
Rückbezug auf den geschichtlichen Jesus verstandene Auferstehung
gegeben, die Unterscheidung dagegen durch die Tatsache geboten, daß
die Kirche als Institution nur auf Grund des Bruches entstehen konnte,
den das Kreuz Jesu bedeutete. Dies Letztere ist nun freilich der Theologie seit F. Overbeck und J. Weiß unwiderruflich klar geworden.
Andererseits aber sieht ja auch Ebeling selber, daß das Kreuz bereits
in das Leben Jesu hineingehört und verborgen auch seine Lebensgemeinschaft mit den Jüngern bestimmt. An diese knüpfte aber doch
wohl die Entstehung der Kirche im strengen Sinn an, auch wenn Jesus
sie natürlich nicht „gegründet" hat [42]. Demnach ist an dieser Stelle die
Bultmannsche Spaltung in historischen Jesus und Christus des Kerygma
noch nicht völlig überwunden. Freilich ist das Interesse Ebelings, das
seine strenge Unterscheidung von Grund und Ursprung der Kirche
leitet, völlig berechtigt, daß nämlich der Grund der Kirche keine
innergeschichtliche Größe als solche sein kann. Dieses Interesse ist
aber gerade dann nicht gewahrt, wenn der Grund der Kirche von den
durch ihren Ursprung in Gang gesetzten Vermittlungszusammenhänge abgesondert wird. Indessen führt uns das bereits hinüber zu der
anderen Seite der Frage, nämlich zu dem Verhältnis von immanenter
und transzendenter Kontinuität der Kirchengeschichte.

b) Unter immanenter Kontinuität verstehe ich die historisch erfaßbaren Vermittlungszusammenhänge, die das Gewebe der Kirchengeschichte ausmachen, unter transzendenter Kontinuität dagegen das
spezifisch christliche Gottesverhältnis, das den inneren Zusammenhang der Kirchengeschichte darstellt. Während für Rendtorff beides
zusammenfällt, also der innere Gehalt der Kirchengeschichte unmittelbar aus ihrem historischen Ablauf abzulesen ist, scheidet Ebeling beides
streng voneinander: theologisch relevant ist allein die Kontinuität des
Wortgeschehens, das per definitionem dem wissenschaftlichen Zugriff
entzogen ist, während die innergeschichtliche Kontinuität, wo nicht

---

[42] Das gilt trotz der Wandlungen der Eschatologie und trotz der soziologischen
Diskrepanz zwischen der Urkirche und dem ursprünglichen „Wanderradikalismus"
Jesu und seine Jünger, den G. Theißen kürzlich beschrieben hat (Wanderradikalismus. Literatursoziologische Aspekte der Überlieferung von Worten Jesu im Urchristentum, in: ZThK 70/1973, S. 245—271, bes. 257. Man könnte mit G. Ebeling
sagen, Jesus habe die Kirche nicht „eingesetzt", sondern das Kreuz „freigesetzt"
(Theologie und Verkündigung, S. 95, These 5).

geradezu als die Gottferne des homo incurvatus in seipsum qualifiziert, doch zumindest als der religiös neutrale, natürliche Untergrund angesehen wird, auf dem sich das Heilsgeschehen vollzieht. Die Geschichtlichkeit der Kirche ist jedoch nur dann theologisch bewältigt, wenn die transzendente Kontinuität der göttlichen Zuwendung zum Menschen nicht nur das Band zwischen den Spitzensituationen der Begegnung mit dem Wort, sondern auch der tragende Grund unter der immanenten Kontinuität des weltlichen Lebensvollzuges der Kirche ist. Denn die Vorstellung einer Kette von Spitzensituationen ist nicht nur historisch einseitig, sondern auch theologisch bedenklich, insofern sie gewissermaßen methodistisch das Auftreten von Offenbarung auf die Erscheinungsweise des „Augenblicks" festlegt. Die Reduktion der Kontinuität der Kirchengeschichte auf eine Verkündigungskontinuität hängt aufs engste damit zusammen. Zwar kann nicht geleugnet werden, daß sich darin das legitime Interesse an der Unverfügbarkeit der Offenbarung ausspricht, das die Gottesbegegnung an die äußerste Grenze menschlichen Seins verlagert. Aber diese Grenzerfahrung ist ebenso wie in den Spitzensituationen menschlichen und geschichtlichen Lebens auch in dem Gefühl des Getragenseins des dazwischenliegenden Lebenszusammenhanges durch die transzendente Kontinuität des Gottesverhältnisses gegeben. Insofern ist es notwendig, über die Verkündigungskontinuität hinaus von einer — sicherlich durch das „Wort" begründeten, aber nicht auf die Wortsituation beschränkten — seinshaften Kontinuität der Lebensgemeinschaft mit Jesus sowohl in bezug auf den einzelnen Menschen als auch in bezug auf die Lebensgemeinschaft der Christen untereinander zu sprechen, ohne daß es dabei zu dem juridisch-sakramentalen Mißverständnis eines Christus prolongatus kommen muß. Ohne solche seinshafte Kontinuität wäre das die Kirche begründende Gottesverhältnis weder Gottesverhältnis noch geschichtlich wirklich.

Freilich — und da ist nun wieder Ebeling gegen Rendtorff recht zu geben — die transzendente Kontinuität ist dem Betrachter der Kirchengeschichte keineswegs so ungebrochen in rationaler Distanziertheit *erkennbar*, wie es nach Rendtorff (trotz seiner etwa gegenüber Pannenberg wesentlich differenzierteren Fassung dieser These) den Anschein hat. Denn was schon für immanente historische Zusammenhänge gilt, das muß erst recht für den Transzendenzbezug geschichtlicher Kontinuität gelten, daß er nämlich nur intensivem Sich-Hineinleben in selbstverantworteter Subjektivität zugänglich ist. Diese allgemeine

Aussage läßt sich in bezug auf die Christentumsgeschichte noch dahingehend präzisieren, daß der die transzendente Kontinuität der Kirche konstituierende Grund des Glaubens immer nur als absconditas sub *contrario* erfaßbar ist[43]. Dabei ist das contrarium ebensosehr in der Verzerrung der Spitzensituation einer Gottesbegegnung zur Selbstrechtfertigung wie in der Tendenz innergeschichtlicher Kontinuität, sich in sich selbst abzuschließen, wirksam. Darin erweist sich die Gültigkeit der theologia crucis gerade auch für die Ekklesiologie. Ohne diesen Ausgangspunkt im Kreuz Jesu müßte man nicht nur den theologischen Gehalt der Kirchengeschichte, sondern eben deshalb auch ihren historischen Sinn notwendig verfehlen.

Das Ergebnis dieser Überlegungen läßt sich in drei Sätzen zusammenfassen:

1. Kirchengeschichte ist weder nur Geschichte der Auslegung der Hl. Schrift noch nur das Geflecht von Vermittlungszusammenhängen der Überlieferungsgeschichte, sondern die Geschichte der verborgenen Lebensgemeinschaft mit Jesus und der Christen untereinander, die durch die Kanonisierung des neutestamentlichen Christuszeugnisses ihren Grund als in ihrem Ursprung ab extra gegeben festgestellt hat.

2. Das Neue Testament ist weder nur Gegenstand der Auslegung, noch bloß ein — wenn auch herausragendes — Glied in der Kette einer vom Jahwisten bis in die Gegenwart reichenden Überlieferungsgeschichte des Christentums, sondern der bleibende Rahmen der Identitätsbestimmung der Kirche, der kraft seiner Variationsbreite für zukünftige Grund- und Grenzmöglichkeiten des Christlichen offen ist, aber um seine Mitte alle christlich möglichen Kreise konzentriert.

3. Die Identität der Kirche ist in der Geschichte lebendig nicht nur als eschatologischer Blitz, auch nicht als aus den Vermittlungszusammenhängen der Kirchengeschichte ablesbarer objektiver Befund, sondern nur als subjektiv erlebbarer verborgener Untergrund sowohl der Spitzensituationen als auch der immanenten Kontinuität der Kirchengeschichte.

---

[43] G. Ebeling, Theologie und Verkündigung, S. 102; Kirchengeschichte als Geschichte der Auslegung der Hl. Schrift, S. 61.

Vom Umgang mit dem theologischen Pluralismus

Von Hans Martin Müller

I. Die Möglichkeit eines theologischen Pluralismus

Eines der folgenreichsten Probleme der Kirchen- und Theologiegeschichte hat G. E. Lessing vor fast zweihundert Jahren in dem Bild vom „garstigen breiten Graben" beschrieben, „über den ich nicht kommen kann, so oft und ernstlich ich auch den Sprung versucht habe". Er meint den Antagonismus zwischen „zufälligen Geschichtswahrheiten" und „notwendigen Vernunftswahrheiten". Hinter dieser von Lessing gebrauchten Formel steht ein Problem, das in der christlichen Theologie durch die unaufgebbare Bindung ihres Ursprungs und Endes an die geschichtliche Person Jesu von Nazareth eine besonders scharfe Zuspitzung erfahren hat, das aber jeder menschlichen Gotteserkenntnis gestellt ist. Vor der Natur, der menschlich-geschichtlichen Wirklichkeit und dem eigenen Selbst stößt menschliches Erkenntnisvermögen auf die Sachwahrheit, die Sinnwahrheit und die Gewissenswahrheit. Im Erkennen dieser Wahrheitsschichten sind wir „je nach der Art des betreffenden Wahrheitsbewußtseins in verschiedener Art des Erschlossenseins und Verschlossenseins auf ihn (Gott) als die Wahrheit bezogen"[1]. Dabei eignet nur der Gewissenswahrheit die „einzige, unteilbare Gewißheit in einer einzigen, unteilbaren Erkenntnis Gottes, die allerdings nur in antithetisch gebrochenem Ausdruck andern Menschen zur Kenntnis gebracht werden kann[2]. Lessings Graben verbreitert sich somit um die von der Wahrheitserkenntnis nicht ablösbare Subjektivität. Der christliche Glaube hat an der damit gegebenen Problematik nicht nur vollen Anteil, sondern muß sie schärfer und stärker empfinden, da für ihn die Antithetik und die Subjektivität der letzten Gewißheit in der Gotteserkenntnis unabdingbar ist[3].

---

[1] E. Hirsch, Leitfaden zur christlichen Lehre, 1938, S. 80.
[2] Ebd. S. 81 f.
[3] Eine Darstellung der von Lessing auf eine griffige Formel gebrachten Probleme unter Einbeziehung des von Kierkegaard wiederentdeckten subjektiven

Einer Diskussion des theologischen Pluralismus müssen diese allgemeinen Erwägungen vorangehen, damit wir ihn nicht als eine Pa-
tentlösung akademischer Probleme mißverstehen. Die Einheit und die
Vielfalt in der Bezeugung des christlichen Glaubens, das Identische
und das Subjektive im christlichen Wahrheitsbewußtsein — all dies
sind keine akademischen Probleme, deren Lösung man getrost philosophischen Spezialbegabungen unter den Theologen überlassen könnte.
Vielmehr haben sich diese Fragen als schmerzliche Stachel in der Geschichte der christlichen Kirchen und Theologien erwiesen, die durch
eine Grundsatzentscheidung für den Pluralismus nicht zu entfernen
sind. Wahrscheinlich wäre der theologische Pluralismus auch längst
als ein unzulänglicher pragmatischer Lösungsversuch aus der theologischen und kirchenpolitischen Debatte verschwunden, wäre er nicht
neuerdings als eine gegen Absolutismus, Intoleranz und Totalitarismus
zu verteidigende Größe auf die welt- und sozialpolitische Bühne gestellt worden[4]. Damit ist er kein philosophisch-theologisches Problem
allein mehr, sondern eine in das Leben aller Menschen eingreifende
Macht. Beispiele dafür gibt es genug:

So läßt sich unsere Sozialverfassung nur als eine pluralistische Gesellschaft beschreiben. Mehrere selbständige Wesenheiten, ob man sie
nun als Verbände, Klassen, Schichten oder Gruppen anspricht, bilden
grundsätzlich gleichberechtigt die Gesellschaft. Diese kann sich nicht
mehr als Organismus begreifen, schon gar nicht mehr als Hierarchie;
andererseits wehrt sie sich gegen die Bezeichnung „amorphe Masse"
mit der gleichen Vehemenz, wie sie jeder Durchgliederung zur „for-
mierten Gesellschaft" widerstrebt. In der Sozialethik wird jeder Standpunkt, der sich nicht selbst sogleich als „offen" zur Diskussion stellt, als
absolutistisch angesprochen und verdächtigt, Herrschaft stabilisieren
zu wollen, Herrschaft einer bestimmten Klassen- oder Herrenmoral.
Auch hier erscheint der Pluralismus der Standpunkte als einziger Ausweg.

In ähnlicher Weise propagiert man in der Weltpolitik die Koexistenz verschiedener Systeme. Allerdings ist die Ablehnung ideologi-

---

Wahrheitsbegriffs der Reformation hat Wolfgang Trillhaas bereits 1955 in seiner
H. Dörries zum 60. Geburtstag gewidmeten Studie „Vom geschichtlichen Denken
in der Theologie" gegeben (Th. L. Z. Nr. 9, 1955, Sp. 513 ff.).
    [4] Die Sachlage kann man sich schnell verdeutlichen durch einen Vergleich des
Artikels „Pluralismus" in: RGG, 2. Aufl. v. 1930 (Steinmann) mit dem der 3. Aufl.
v. 1961 (v. Krockow). 1930 kommt die politische Seite des Problems überhaupt nicht
in den Blick.

scher Koexistenz ebenso ein Indiz für die Grenze des Pluralismus wie das Denken in „Lagern" und „Blöcken" oder der oft pharisäische Moralismus in der Beurteilung politischer Aktionen.

Trotz dieser Einschränkungen können wir vom Pluralismus als einer geistigen Bewegung unserer Zeit sprechen, die alle unsere Lebensbereiche ergreift und auch vor Theologie und Kirche nicht haltmacht. Hier hat der Pluralismus zu mancher Erscheinung geführt, die in der Zeit der Konsolidierung nach dem Kriege für unmöglich gehalten wurde: Gruppenbildung in den Synoden, Mißtrauen der Gemeinden gegen Pfarrer und andere kirchliche Amtsträger, Herausforderung der auf Neutralität bedachten Kirchenleitungen durch provokante Forderungen der Flügel, von der Sezessionsdrohung der Bekenntnisbewegung bis zum Protest gegen das „Berufsverbot" für politisch radikale Pfarrer. Alle Beteiligten berufen sich dabei auf ihr Kirchenverständnis, ihr Gewissen oder ihre Auslegung des Glaubens. Kann dies alles im Zeichen eines Pluralismus nebeneinander bestehen und sich zusammengehörig fühlen?

Der Theologe muß diese Frage verneinen. Er kann den christlichen Glauben trotz aller Schwierigkeiten nur als einen Exklusivstandpunkt beschreiben, der auf der Erkenntnis der Wahrheit beruht und deswegen nicht beliebigen Umformungen, Kompromissen und Austauschmöglichkeiten zugänglich ist. Ohne die Kategorie der Entscheidung, die wiederum ohne Scheidung nicht zu denken ist, läßt sich keine angemessene Rechenschaft vom christlichen Glauben geben. Versteht man also unter Pluralismus eine beliebige Anzahl beliebiger Standpunkte, die grundsätzlich gleichen Rechts sind und zwischen denen eine verantwortliche Entscheidung nicht möglich ist, so muß die christliche Theologie diesen Pluralismus in bezug auf ihren eigenen Gegenstand ablehnen.

Diese Sicht hat die Geschichte der Kirche von Anfang an beherrscht. Kann man im Neuen Testament selbst noch eine gewisse Weite wahrnehmen (1.Kor 1; Lk 9, 50), so besteht doch kein Zweifel an dem Entscheidungscharakter des Evangeliums (Mt 10, 34 ff.; Lk 11, 23). Sowohl die entstehende Großkirche wie die Sonderbewegungen zur Zeit der alten Kirche haben auf der einen Seite durch Anathematisierung von Minderheiten, auf der anderen durch ethischen Rigorismus oder Sonderritual den Exklusivcharakter des christlichen Glaubens zu bewahren gesucht. Dieser Exklusivcharakter war aber durch individuelles, subjektives Glaubenszeugnis anscheinend nicht genügend abzusichern. Der

Ton lag somit auf der Homologie, der Übereinstimmung verschiedener Bezeugungen, dem magnus consensus — nur so schien der Wahrheitsanspruch sichergestellt[5]. Eine solche Entwicklung mußte zwangsläufig auf ein Institut wie das des obersten Lehramtes des römischen Papstes zulaufen, dessen Spruch den Prozeß beendet und eine weitere Problematisierung nicht zuläßt. In neuerer Zeit mit Unfehlbarkeit ausgestattet, soll es die ewige Gültigkeit einer einmal gefundenen Lösung besiegeln.

Jedoch konnte man schon bei der Verkündung des Unfehlbarkeitsdogmas von einem Anachronismus sprechen. Seitdem Luther 1519 gegen Eck die grundsätzliche Irrtumsfähigkeit der Päpste und Konzilien behauptet und verfochten hatte, war der Mehrheit und der Hierarchie mit ihrem Wahrheitsanspruch im Einzelgewissen ein Konkurrent erwachsen, den man nicht mehr aus dem Felde schlagen konnte. Die Erkenntnis bzw. Wiederentdeckung der Reformation, daß nicht der formale Gehorsam, sondern nur die persönliche Gegenzeichnung im Prozeß des Überzeugtwerdens Glaube im christlichen Sinn genannt werden kann, macht jeder formelhaften Festlegung dieses Glaubens ein Ende. Statt dessen mußte die Theologie lernen, nach neuen Methoden zu suchen, die notwendige und vielfach auch latent vorhandene Homologie herbeizuführen. Als Beispiel für einen solchen Versuch mag Luthers Rede von der successio fidelium an Stelle der successio apostolorum angesehen werden. Freilich ist die Theologie oft genug auf diesem Wege gescheitert, jedoch bleibt festzuhalten, daß es immerhin seit der Reformation in der Kirchengeschichte ein Schisma alter Art nicht mehr gegeben hat. Deutlich tritt dies neue Verhältnis verschiedener Überzeugungen zueinander in Luthers Wort vom „andern Geist" des Herrn Zwingli vor Augen. Kämpft hier noch ein heiliger gegen den Teufelsgeist oder stehen sich nicht vielmehr zwei Geister unversöhnt, aber selbständig und aus einem vom anderen wenn auch nur widerwillig anerkannten Recht gegenüber?

Es hat eine Zeitlang gedauert, bis die reformatorischen Kirchen sich gegenseitig eine gewisse Berechtigung zugestanden. Und dies konnte auch nur um den Preis einer Konsolidierung nach innen, einer partikularen Konsensbildung geschehen. So endet die Auseinandersetzung

---

[5] Es lohnt sich, den Artikel ομολογεω κτλ. (O. Michel) im ThWB z. NT Bd. V, S. 199 ff. im Sinne unserer Fragestellung zu studieren. Die heutige Sicht wird anvisiert bei Wolfgang Trillhaas, „Öffentliches und privates Christentum" (in: Kirche in dieser Zeit, Stundenbuch Nr. 44, 1964, S. 5 ff.).

zwischen Flacianern, Philippisten und Kryptocalvinisten auf lutherischer Seite mit der Annahme der Konkordienformel. Dadurch ge-
wann zwar die theologische Begriffsbildung an Schärfe und Differen-
zierungsvermögen, die lebendige Entfaltung der reformatorischen
Lehre wurde aber durch Unterdrückung des subjektiven Glaubens-
zeugnisses auf lange Zeit verhindert. Die bekenntnisbildenden Synoden der reformierten Kirchen dienten ihrerseits der stärkeren Profilierung der Eigenständigkeit und damit der Homogenität nach innen.
Trotz dieser Profilierung blieb jedoch auf beiden Seiten das Bewußtsein einer Verwandtschaft erhalten. Das Ergebnis war die Entstehung
von Konfessionskirchen mit nach außen verlegten Konflikten und
damit die Anerkennung eines eingeschränkten Pluralismus auf dem
Boden von sogenannten „Fundamentalartikeln".

K. Barth hat 1935 vor der Universität Utrecht im Anschluß an seine
Vorlesungen über das apostolische Glaubensbekenntnis das Faktum
dieser Pluriformität von konfessionsbestimmten Kirchen knapp beschrieben: In der Tatsache der Zersplitterung der geglaubten una
sancta ecclesia vermag er nur eine „Not der Kirche" zu sehen, „deren
Überwindung geglaubt werden muß, deren Überwindung aber wahr-
haftig nicht in unserer Hand liegt. Hinsichtlich der Trennung haben
wir zu unterscheiden zwischen anderen Kirchen und falschen Kirchen."
Zu den „anderen" Kirchen, denen gegenüber es ihm nicht unmöglich
ist, „die eine Kirche hier wiederzuerkennen", zählt Barth die lutherische, während ihm die katholische Kirche eine „falsche" Kirche ist.
Hier kann er die eine Kirche nur dann glauben, sofern „auch dort
evangelium pure docetur et sacramenta recte administrantur"[6].

Als vorläufiges Endergebnis des in der Reformation eingeleiteten
Prozesses können wir also festhalten: Was die evangelische Wahrheit
betrifft, gilt weiterhin der Exklusivstandpunkt. In Gestalt konfessionell bestimmter Einzelkirchen hat sich jedoch ein eingeschränkter
Pluralismus durchgesetzt. Dabei bleibt aber das Verhältnis dieser
Einzelkirchen zur geglaubten ecclesia universalis ebenso ungeklärt wie
das Verhältnis der Kirchen zueinander. Wie wenig dies Nebeneinander
konfessionell gebundener Kirchen zur Lösung des mit dem Pluralismus gegebenen grundsätzlichen Problems beitragen konnte, zeigt sich

---

[6] K. Barth, Credo, 1935, S. 168 f. — Es ist bezeichnend, daß Barth sich hier nicht
auf die einem reformierten Theologen geläufige Unterscheidung von sichtbarer und
unsichtbarer Kirche zurückzieht, sondern auf die bis heute im ökumenischen Gespräch hochbedeutsamen Aussagen der Augsburgischen Konfession.

besonders deutlich an den Unionsversuchen des 19. Jahrhunderts. Während die Unionen auf der einen Seite als Verleugnung oder Verwischung des Exklusivstandpunktes schlicht abgelehnt wurden, haben sie auf der anderen Seite dort, wo sie sich durchsetzen konnten, zur Entstehung neuer Partikularkirchen geführt, die dann auch zur Bildung eines separaten und ähnlich exklusiven Unionsbekenntnisses gezwungen waren.

Zusätzlich zu den Konfessionsgegensätzen haben sich in neuerer Zeit innerhalb der reformatorischen Kirchen Gegensätze entwickelt, die quer zu den Konfessionsgrenzen verlaufen und die innere, an das Bekenntnis gebundene Einheit dieser Kirchen in Frage stellen. G. Ebeling hat 1969 die „neuralgischen Punkte" bezeichnet, an denen die überlieferte, bei aller Pluriformität in sich doch geschlossene kirchliche Welt der konfessionsbestimmten Gemeinschaften mit einem anderen Denken zusammenstößt: „der Umgang mit der Bibel, das Verständnis der Glaubenswirklichkeit und die christliche Wahrnehmung der Weltverantwortung"[7]. Daraus resultieren Gegensätze, die das Fundament der hergebrachten Konfessionskirchen rissig machen: Der Gegensatz zwischen einer schlichten Gemeindefrömmigkeit und einer wissenschaftlichen Schriftauslegung wird in verzerrter Form zur Frontenbildung benutzt. Eine kritisch arbeitende Theologie wird einem einfachen affirmativen Glauben gegenübergestellt. Die hermeneutische Fragestellung, die lange die Lehrbildung beherrscht hatte, wird durch eine moralistische Orthopraxie verdrängt.

Kaum jemand nimmt an, daß diese Gegensätze zur Bildung einer neuen Art von Konfessionsgemeinschaften führen werden. Sie haben jedoch im Zusammenhang mit der ungelösten Bekenntnisfrage zu einer Krise geführt, die H. Dietzfelbinger 1971 vor der EKD-Synode in Berlin als „Glaubenskampf" bezeichnet hat. Das lebhafte, auch gereizte Echo auf dieses Stichwort hat gezeigt, wie sehr er damit die Situation getroffen hatte. Allerdings wurde es in einem Sinn aufgenommen, der schon eine veränderte Art im Umgang mit dem theologischen Pluralismus andeutet. Während H. Dietzfelbinger den „Glaubenskampf" als einen „Kampf des Glaubens mit dem Unglauben" verstanden wissen wollte, hat H. O. Wölber im selben Jahr ein differenzierteres Verständnis vorgetragen. In einem Interview

---

[7] G. Ebeling, Zur Verständigung in Kirche und Theologie, in: ZThK 1969, S. 493—521. Wieder abgedruckt in: Schrift, Theologie, Verkündigung, 1971, wonach hier zitiert wird (S. 34).

befragt, ob nicht der „Glaubenskampf" zu einer Kirchenspaltung
führen könne, antwortete Wölber: „Was aber die Gefahr einer
Kirchenspaltung angeht, so muß ich sagen, daß Spaltungen tatsächlich
latent vorhanden sind. Man tut sich heute aber schwerer, auseinander-
zugehen. Die Spaltung vollzieht sich im wesentlichen in Form individueller Proteste gegeneinander. Wir leben in einer Zeit, in der formulierte Spaltungen nicht gewagt werden. Alle divergierenden Gruppen
bleiben noch bei der Kirche, weil sie im Grunde fühlen, daß bisher
keiner den Herausforderungen an die Kirche heute richtig entsprochen
hat. Hinzu kommt, daß die Christenheit ein neues Bewußtsein im
Sinne der Ökumene entfaltet. Ich vermute, daß der Geist, der auf
Ökumene, auf Einheit tendiert, nicht umkehren wird. So leidet man
lieber an der Kirche, als daß man sich von ihr trennt. Dieses sind neue
Glaubens- und Kirchenerfahrungen, dies ist auch einer der tiefsten
Gründe, warum andererseits der Streit so heftig geführt wird. Man
ist verwundet. Sich abzuspalten ist leichter. Man entzieht sich dann
der Wunden. Aber wer wagt heute, in heiliger Selbstgewißheit zu
existieren?"[8]

Die Geschichte der christlichen Kirche hat gezeigt, daß der christliche Glaube nur in der Tendenz auf Exklusivität und Homologie
festzuhalten ist, daß man aber wegen der besonderen Art der Wahr-
heits- und Gotteserkenntnis und ihrer Aussagbarkeit nicht über die
Tendenz hinausgelangen kann. In dieser Lage ist ein eingeschränkter
Pluralismus in der Theologie möglich und nötig. Die Theologie muß
aber immer wieder neu lernen, mit diesem Pluralismus in der Verantwortung vor der Wahrheit umzugehen.

II. Neue Versuche des Umgangs mit dem theologischen Pluralismus

Der Versuch, den theologischen Pluralismus in einem Nebeneinander
konfessionell bestimmter Partikularkirchen aufzufangen, hatte sich
sowohl vor der Aufgabe, den Exklusivcharakter der christlichen Wahrheit aufrechtzuerhalten, wie vor den neu heraufziehenden Gegensätzen der neuesten Zeit als unzureichend erwiesen. So ist man der
weiteren Ab- und Aufspaltung müde geworden. Zwei Gründe hatte
H. O. Wölber für das Beieinanderbleiben genannt: 1. Man fühlt sich
durch die säkularen Probleme der Zeit gemeinsam herausgefordert.

---

[8] epd-Dokumentation Nr. 23, 1971, S. 10 f. Siehe dort auch die Ausführungen
von H. Dietzfelbinger.

2. Man hat ein unklares, unreflektiertes Gefühl der Zusammengehörigkeit. Aus diesen beiden Gründen entwickeln sich heute neue
Formen des Umgangs mit dem theologischen Pluralismus, die über
das bloße konfessionelle Nebeneinander hinausführen.

Zwei Versuche aus jüngster Zeit, zwischen den reformatorischen
Konfessionskirchen zu Einigungen zu kommen und zugleich die die
Konfessionsgrenzen überlagernden Gegensätze zu berücksichtigen,
seien hier hervorgehoben. Es handelt sich um die Bemühungen der
Gliedkirchen der Evangelischen Kirche in Deutschland, eine „Gemeinsame Erklärung zu den Herausforderungen der Zeit" zustande zu
bringen, und um die auf europäischer Ebene geführten Verhandlungen, die zur sogenannten „Leuenberger Konkordie" geführt haben.

Eine Kommission aus Vertretern der Arnoldshainer Konferenz und
der Vereinigten Evangelisch-lutherischen Kirche Deutschlands hat sich
in den beiden Jahren 1970 und 1971 bemüht, „gemeinsam eine theologische Erklärung zu erarbeiten, die angesichts der verwirrenden
Lage in Theologie und Kirche als eine theologische Orientierungshilfe
gedacht war. Sie sollte an den gemeinsamen reformatorischen Ursprung
anknüpfen und im inneren Zusammenhang mit der Augsburgischen
Konfession stehen."[9]

Die Arbeit läßt also die Verbindung zur gemeinsamen Tradition
der reformatorischen Kirchen nicht abreißen, geht aber im wesentlichen auf den ersten von H.O.Wölber genannten Grund für das
Einheitsbewußtsein zurück, auf das Gefühl, durch die weltanschau-
lichen, religiösen und praktischen Strömungen unserer Zeit gemeinsam
herausgefordert zu sein. Ihnen wollte man begegnen — nicht im Sinn
einer apologetischen Abwehr, sondern im Sinn eines kritischen Dia-
logs, in dem man sich zugleich den Argumenten öffnet und auf sie
durch Gegenargumente antwortet.

Bei den vorbereitenden Gesprächen für diese gemeinsame Stellungnahme hatte es sich schnell gezeigt, daß man sich über die Konfessionsgrenzen hinweg einigen konnte. Bei allen sonstigen Gegensätzen
zwischen Lutheranern, Reformierten und Unierten war eines klar:
Man mußte und konnte der heute mehr oder weniger offen vertretenen
These von der Machbarkeit aller Dinge durch den Menschen widersprechen. Dies nicht aus irgendeinem Ressentiment heraus, sondern
auf der Grundlage der alten, in den reformatorischen Kirchen von

---

[9] Aus dem Vorwort zur „Gemeinsamen Erklärung", S. 3 — MS-Druck Hannover 1971.

jeher lebendigen Überzeugungen. Die These von der Machbarkeit aller Dinge durch den Menschen ist ausgesprochen oder unausgesprochen Basis der meisten modernen Ideologien. Dies wird deutlich in der technokratischen Weltanschauung, die an die totale rationale Weltgestaltung glaubt und dabei ist, diesen Glauben auch in die Praxis umzusetzen. Hier ist bedeutungsvoll, daß trotz alles Geredes von Verantwortung die ethische Besinnung ausgeklammert wird. Die Allmachtsphantasie des Menschen wird ebenso deutlich in der Revolutionsideologie, die die Umwertung aller Werte und die Umgestaltung aller Verhältnisse unter radikaler Verneinung alles Bestehenden und aller Tradition als Selbstzweck erstrebt. Dem korrespondiert das negative Gegenstück, die Fluchtbewegung der Resignation in die Verweigerung oder den Rausch.

In der Auseinandersetzung mit diesen Strömungen muß gesehen werden, daß das Christentum, besonders das reformatorische, maßgebend am Entstehen dieser Bewegungen beteiligt war. Die von Paulus dem Glaubenden zugesprochene Vollmacht (1. Kor 3, 22; 6, 12 u. ö.), Luthers Aufhebung des Unterschieds der Werke, die Umwandlung der profanen Berufsarbeit in Gottesdienst hat unter anderem ein Bewußtsein erzeugt, dem schnell die These von der Machbarkeit aller Dinge durch den Menschen entsprang. Jetzt wenden sich die von der christlichen Revolution entlassenen Kinder gegen die eigene Mutter und zerstören den Grund, auf dem allein sie leben können. Demgegenüber ist eine doppelte Reaktion notwendig: Einmal sind die berechtigten Gründe aufzuzeigen, die den Menschen zur rationalen Weltgestaltung, zur revolutionären Umformung und zum Verneinen des Bestehenden treiben. Einer der wesentlichsten Gründe oder Voraussetzungen ist die durch Jesus Christus bewirkte Befreiung des Menschen auf Grund des rechtfertigenden Urteils Gottes. Von daher gesehen kann die theologische Reaktion auf die Versuche, die Welt rational zu gestalten und zu verändern, nicht anders als positiv sein. Andererseits darf aber eine verantwortungsbewußte theologische Arbeit nicht übersehen, daß der Zugriff des Menschen auf die Welt und den Mitmenschen bedrohliche Züge annimmt, wenn die menschliche Hybris sich unter Verneinung des Sündenbewußtseins der geschenkten Freiheit selbst bemächtigt und sie damit zerstört. Hier kann und darf die Theologie nicht emanzipatorisch wirken wollen, sondern muß in Angriff und Abwehr klare Fronten schaffen, die zugleich die Grenze des Pluralismus darstellen.

Die „Gemeinsame Erklärung" versucht, der Herausforderung durch das gegenwärtige Zeitalter in der beschriebenen Weise zu begegnen. Ob ihr das in befriedigendem Maß gelungen ist, kann hier nicht untersucht werden. Für den Umgang mit dem innerkirchlichen Pluralismus hat sie jedenfalls methodisch neue Wege aufgezeigt. Auf die gemeinsame Herausforderung kann die Theologie eine im Grunde einheitliche und doch je nach Tradition und Denkart differenzierte Stellung beziehen. Die Gemeinsamkeit ergibt sich dabei nicht durch eine vorhergehende abstrakte Besinnung auf ein gemeinsames Fundament, sondern durch die instrumentale Anwendung der zunächst divergierenden Positionen auf das konkrete Problem. Aus diesem Ergebnis kann man folgern, daß die theologische Arbeit sich angesichts des Pluralismus der Konfessionen, Schulen und Richtungen von einer Fundamental- zu einer Instrumentaltheologie wenden sollte. Dabei könnte die durch die fundamentaltheologische Bemühung aus dem Blick gekommene Einheit gefunden werden und zugleich Zusammenhang und Distanz des christlichen Glaubens zu den Zeitströmungen vor Augen treten.

Der zweite von H. O. Wölber genannte Grund für die heutige Scheu vor Spaltungen war das ungeklärte Gefühl der Zusammengehörigkeit. Dies zu reflektieren und Folgerungen daraus zu ziehen, dienten die Gespräche zwischen den reformatorischen Kirchen in in Europa, die 1973 zur Formulierung der sogenannten „Leuenberger Konkordie" geführt haben. Die z. Z. noch umstrittenen Einzelergebnisse können hier nicht erörtert werden. Für unsere Frage nach neuen Formen des Umgangs mit dem theologischen Pluralismus, der in den Leuenberger Verhandlungen vor allem in Gestalt der Konfessionskirchen begegnete, sind die methodologischen Konsequenzen wichtiger.

Hier hat die Leuenberger Konkordie zunächst eine grundsätzliche Besinnung auf die gemeinsame geschichtliche Grundlage gebracht. Diese ist nicht nur in der Reformation selbst zu sehen, die trotz aller pluralen Momente als eine innere Einheit zu begreifen ist, sondern auch in der seitherigen Geschichte. Denn die Konfessionskirchen der Reformation sind gleichermaßen, wenn auch nicht in der gleichen Intensität von den geistes- und frömmigkeitsgeschichtlichen Bewegungen, Pietismus und Rationalismus, Erweckungsbewegung und historisch-kritische Denkrichtung, erfaßt worden und haben in ähnlicher Weise darauf reagiert. In ihrer gemeinsamen Geschichte haben sie zwar oft versucht, sich energisch gegeneinander abzugrenzen. Dem historischen Blick tritt aber die Einheitlichkeit deutlicher vor Augen als die Unterschiede. Zugleich werden in der historischen Sicht die nicht-theologischen Faktoren deutlicher, die in der Vergangenheit und in der Gegenwart vornehmlich als zentrifugale Kräfte gewirkt haben. Man könnte hier den Zusammenhang zwischen der Kirchenunion und dem preußischen Staatsgedanken, zwischen dem Entstehen der ökumenischen Bewegung und dem angelsächsischen Imperialismus als vergangene, die Zusammenhänge zwischen dem Aufstand gegen Tradition und Autorität und den theologischen Strömungen, die sich um die Stichworte „Zukunft" und „Gottes Tod" gruppieren lassen, als gegenwärtige Beispiele erwähnen. Diese nicht-theologischen Faktoren haben Spaltungen ausgelöst oder gefestigt, die erst später in einer Art Ideologiebildung theologisch sanktioniert worden sind.

Wenn die Leuenberger Konkordie versucht, die konfessionellen Gegensätze auf ihr gemeinsames Fundament hin zu befragen, so ist durch das Herausarbeiten der zentripetalen Kräfte der Geschichte und durch das Offenlegen der zentrifugal wirkenden nicht-theologischen Faktoren ein Doppelschritt getan, der aber nur weiterführen kann, wenn zugleich gewissermaßen eine gemeinsame raison d'être entdeckt wird. Die Leuenberger Konkordie sieht diese in der Rechtfertigungsbotschaft. In der Geschichte vielfach als lutherische Sonderlehre disqualifiziert, wird sie nunmehr als die gemeinsame Grundüberzeugung der Väter der Reformation herausgestellt. Die in der Konkordie vorgenommene Übertragung, nach der „Rechtfertigungsbotschaft" mit „Botschaft von der freien Gnade Gottes" übersetzt wird, zeigt, daß das Pluralismusproblem erst dann einer Lösung nähergebracht werden kann, wenn man statt der Wiederholung einmal gefundener Formeln die lebendige Lehrbildung bejaht. Diese lebendige Lehrbildung hat sich seit der Reformation unaufhörlich in den Predigten, in den Äußerungen der hörenden und glaubenden Gemeinde, in den Forderungen, die die Gemeinden gestellt haben, und nicht zuletzt in den Gelehrtenstuben der theologischen Wissenschaft abgespielt. Es ist geradezu das Merkmal der reformatorischen Kirchen, daß sie diese Lehrbildung als geschichtliche Bewegung der christlichen Gemeinde in allen ihren Gliedern verstehen, und sie weder dem obersten Lehramt noch den Bischöfen noch den Kirchenversammlungen überlassen. Diese lebendige Lehrbildung bejahen, heißt aber zugleich, sich vor jeweils neu auftretenden Problemen in Meinungs- und Glaubensverschiedenheit streiten kön-

nen, ohne sich zu töten, d. h. theologisch: ohne sich zu anathemati-
sieren. Daß die Leuenberger Konkordie diesen Streit nicht beenden,
sondern lehren will, zeigt sich in den offen dargelegten Divergenzen,
die aber nicht durch Spaltung vertieft, sondern durch Lehrgespräche
ausgetragen werden sollen [10].

Zusammenfassend kann man sagen: Die Leuenberger Konkordie
geht die Frage des theologischen Pluralismus in Gestalt der Konfessionskirchen und der mit Spaltung drohenden theologischen Strömungen in neuer Weise an. Sie versucht, den gemeinsamen Boden
durch eine geschichtliche Besinnung und durch Aufdeckung einer
gemeinsamen „raison d'être" zu bereiten und grenzt damit das Feld
eines möglichen Pluralismus zunächst ein. Auf diesem eingegrenzten
Feld sucht sie ein dialektisches Verhältnis der einzelnen pluralen Elemente zu konstituieren. Ob es gelingen wird, diesen Ansatz so in die
Tat umzusetzen, daß damit eine neue Epoche des Miteinander der
reformatorischen Kirchen in Europa und auch der theologischen Auseinandersetzungen beginnt, bleibt abzuwarten. Hinderlich macht sich
bereits jetzt bemerkbar, daß diese neue Form des Miteinander mit der
anspruchsvollen Bezeichnung „Kirchengemeinschaft" belegt wurde,
ohne diese Bezeichnung begrifflich genügend zu klären. Auch wenn in
diesem Zusammenhang Enttäuschungen nicht ausbleiben, so sollte doch
eines festgehalten werden: die neue Form des Umgangs mit den verschiedenen Konfessionen, Lehrmeinungen und Frömmigkeitstypen
innerhalb eines begrenzten, aber nicht zu eng gefaßten theologischen
Pluralismus.

Eines bleibt nachzutragen. Das Verhältnis pluraler Standpunkte
innerhalb des durch die Konkordie gesteckten Rahmens wurde hier
als dialektisch bezeichnet. Gegenüber heute vielfach auftauchenden
Mißverständnissen muß deutlich sein, daß Dialektik hier wie sonst

[10] Leuenberger Konkordie Ziffer 39 und 40: „Es ist Aufgabe der Kirchen, an
Lehrunterschieden, die in und zwischen den beteiligten Kirchen bestehen, ohne als
kirchentrennend zu gelten, weiterzuarbeiten. Dazu gehören: Hermeneutische Fragen im Verständnis von Schrift, Bekenntnis und Kirche; Verhältnis von Gesetz und
Evangelium; Taufpraxis; Amt und Ordination; Zwei-Reiche-Lehre und Lehre von
der Königsherrschaft Jesu Christi; Kirche und Gesellschaft.
Zugleich sind auch Probleme aufzunehmen, die sich im Hinblick auf Zeugnis und
Dienst, Ordnung und Praxis neu ergeben.
Auf Grund ihres gemeinsamen Erbes müssen die reformatorischen Kirchen sich
mit den Tendenzen theologischer Polarisierung auseinandersetzen, die sich gegenwärtig abzeichnen. Die damit verbundenen Probleme greifen zum Teil weiter als
die Lehrdifferenzen, die einmal den lutherisch-reformierten Gegensatz begründet
haben."

weder Komplementarität noch Relativismus bedeutet. Es geht also nicht darum, mit Hilfe einer neuen Theorie den „Spielarten des Protestantismus" einen gemeinsamen Stammbaum zu verschaffen oder der rationalen, historischen, psychologischen oder soziologischen Relativierung der Glaubenswahrheit eine neue hinzuzufügen[11]. Vielmehr ist es die Absicht der Leuenberger Konkordie, innerhalb des oben gekennzeichneten Rahmens den Kontrahenten gegenseitige Korrekturen, aber auch eine neue Homologie zu ermöglichen. Dies dadurch, daß sich die einzelnen Konfessionen, theologischen Schulen, Lehrmeinungen und Frömmigkeitstypen profilieren und nicht gegenseitig abschleifen. Das unterscheidet den Versuch der Konkordie sowohl von den Unionsversuchen des 19. Jahrhunderts wie von der konfessionalistischen Profilierung, die durch Verwerfungen die eigene Lehre „rein" und sich den Gegner vom Leibe halten wollte. Es kann sicher nicht von vornherein entschieden werden, ob bei der Aufarbeitung des Differenzenkatalogs der Konkordie[12] durch das Aufeinanderprallen von These und Antithese die Wahrheit hervorgetrieben wird. An dem hier beschriebenen dialektischen Verhältnis der Kontrahenten ist aber festzuhalten, auch gegenüber kirchenpolitischen Beschwichtigungsversuchen. Deutlich dürfte es dabei sein, daß hier jeder Form einer theologia perennis eine Absage gegeben ist. Vielmehr soll hier ein Plädoyer für einen theologischen Pluralismus innerhalb der Grenzen gehört werden, die durch Geschöpflichkeit und Erlösungsbedürftigkeit auch theologischer Erkenntnisse gegeben sind.

Lessings garstiger Graben ist also weder durch die Ermöglichung eines theologischen Pluralismus noch durch die neuen Formen des Umgangs mit ihm überwunden. Aber niemand braucht deswegen mit

---

[11] M. W. taucht der Begriff „Spielart" in bezug auf Konfessionsunterschiede zuerst bei K. Heussi auf (Kompendium der Kirchengeschichte, 7. Aufl. 1930, S. 280). Dieser aus der Biologie stammende Ausdruck ist der Sache sicher nicht angemessen. Man muß aber in gleicher Weise auch die Unzulänglichkeit anderer Begriffe und Theorien anmerken, wie z. B. Zinzendorfs Tropenlehre oder die branch-Theorie der frühen ökumenischen Bewegung. Auf der anderen Seite kann sich aber die Theologie nicht auf die positionslose Position des kritischen Beobachters zurückziehen. Der von D. Rössler herausgestellte Gegensatz von positioneller und kritischer Theologie bietet insofern auch keine echte Alternative, was Rössler selbst bemerkt: Die „Zuwendung zu dem Kreis von Themen und Fragen", der mit dem Bedenken der „Folgen des Christentums in der Praxis der modernen Welt" entsteht, „würde die kritische Theologie fortschreiten lassen zu einer Theorie des neuzeitlichen Christentums." (D. Rössler, Positionelle und kritische Theologie, in: ZThK 1970, H. 2, S. 231).

[12] Vgl. oben Anm. 10.

der Pilatusfrage auf den Lippen vor ihm skeptisch stehenzubleiben. Das Ineinander von Sachwahrheit, Geschichtswahrheit und Gewissenswahrheit hindert das endliche Erkenntnisvermögen, eine endgültige Antwort auf die Frage nach der absoluten Wahrheit zu geben. Diese Frage soll aber nicht in Skepsis verstummen und auch nicht der absolutistischen Barbarei geopfert werden, sondern als eine ewige Aufgabe wachgehalten werden. Die Wahrheit gilt es heute gerade an der Lösung von Teilproblemen zu bewähren, an denen man ohne eine Anerkennung des begrenzten Pluralismus gescheitert wäre.

Wirklichkeitswissenschaft im Streit

Über die Bedeutung der Sozialwissenschaften für die Theologie

Von Trutz Rendtorff

„Die neuzeitliche Religionsphilosophie ist eine Folge oder auch eine Begleiterscheinung der Emanzipation wissenschaftlichen Denkens aus der Vorherrschaft der Theologie."[1] Aber die Verschränkung der Emanzipation von der Theologie mit dieser selbst ist nicht zu übersehen, sie bringt ein Interesse zur Geltung, das in der Theologie selbst wirksam wird. „Letztlich lebt auch die Theologie, mindestens die der Neuzeit als Wissenschaft von dieser Möglichkeit und von der hier errungenen Freiheit."[2] In der Frage nach der Bedeutung der Sozialwissenschaften für die Theologie formuliert sich darum immer auch ein Interesse der Theologie und des Theologen an sich selbst, an der Bestimmung seiner Aufgabe: die Betroffenheit durch Einsichten, die Wirklichkeit erklären, bringt, auch wenn sie „säkularen" Herkommens sein sollten, etwas von dem zur Geltung, worum es der Theologie zu tun ist. Die Vermittlung von Theologie und Sozialwissenschaften ist dabei insofern eine philosophische Aufgabe, als es sich nicht um die Zusammenpassung von verschiedenen Gegenstandsbereichen handeln kann, sondern um verschiedene Weisen, sich ihr denkend und erkennend zu stellen. Sofern es solche Vermittlung immer auch „mit der Religion im Modus der Gegenwart"[3] zu tun hat, wird sie sich auch der Aufgabe der Religionsphilosophie einfügen lassen.

1. Die Art der Frage

Die Konjunktur sozialwissenschaftlicher Orientiertheit weckt das Bedürfnis nach kritischer Übersicht und klärender Ortsbestimmung. Die Bedeutung der Sozialwissenschaften für die Theologie — das ist

---

[1] W. Trillhaas, Religionsphilosophie, 1972, S. 10.
[2] AaO. S. 11.   [3] AaO. S. V.

nur ein Ausschnitt aus einem Jahrhundertthema. Darum, bei aller Aktualität: Man erinnert sich daran, daß dem Neuen schon eine gewichtige Tradition vorgegeben ist.

Sie kann mit dem Hinweis auf Paul Tillichs Tätigkeit in den zwanziger Jahren bezeichnet werden, die ihren ersten Höhepunkt in einer Analyse der marxistischen Gesellschaftstheorie fand[4], eine Analyse, die zuerst die entscheidenden Argumente entwickelte, aus denen dann in den dreißiger Jahren Max Horkheimer[5] die Grundelemente der kritischen Theorie formulierte; diese Tradition kann an Ernst Troeltsch orientiert werden, der in der Phase seiner Zusammenarbeit mit Max Weber der Dogmengeschichte, die im Werke Harnacks gerade ihre abschließende umfassende Darstellung fand, eine Sozialgeschichte des Christentums entgegenstellte, mit der die Frage nach dem Ort der „Kirche in der modernen Gesellschaft" sich zur Frage an ihre tradierten religiösen Fundamente überhaupt weitete[6]. Zu dieser Tradition gehört aber auch, daß und wie Karl Barth in seinem berühmten Tambacher Vortrag dem Thema „Der Christ in der Gesellschaft" eine neue Wendung gab[7], die als die Provokation wirksam wurde, die Betroffenheit der Theologen durch gesellschaftliche Entwicklungen durch die Betroffenheit dieser Wirklichkeitserfahrung durch das Thema der Theologie zu überbieten[8].

Eine Verständigung über die Bedeutung der Sozialwissenschaften für die Theologie tut darum gut daran, den Zusammenhang zu reflektieren, in dem das, was aus Gründen der Studienreform ebenso wie aus Gründen theologischer Selbstaufklärung heute aktuell ist, schon immer steht. Voraussetzungslos ist hier gar nichts. Welche Kontinui-

---

[4] Die sozialistische Entscheidung, 1933, jetzt in: Ges. W. II, 1962, bes. S. 264 ff.

[5] Traditionelle und kritische Theorie, 1937, jetzt in: Kritische Theorie Bd. II, 1968, S. 137 ff.

[6] Die Soziallehren der christlichen Kirchen und Gruppen, 1912, in: Ges. Schr. Bd. 1, 1919.

[7] In: In Wort Gottes und die Theologie, 1925, S. 33 ff.

[8] Deshalb auch erklärt die sozialistische Phase der Biographie K. Barths nicht seine spätere Theologie; sondern seine Theologie, zumal die Dogmatik, erklärt, warum es bei dieser Identifikation des Theologischen mit dem Sozialistischen nicht geblieben ist. Trotz großer Verdienste liegt hier die Schwäche der Interpretation von F. Marquardt, Theologie und Sozialismus, 1972, der sich H. Gollwitzer aus offenkundigen Gründen anschließt, Reich Gottes und Sozialismus bei Barth, 1972. Vgl. dagegen meine Barthinterpretation in Theorie des Christentums, 1973, S. 161 ff. und S. 182 ff., sowie die Kontroverse F. Wagner und F. Marquardt in der ZEE 1973, H. 4.

tät hier besteht, das kann allerdings nur so gesagt werden, daß diese Kontinuität ausdrücklich gestiftet, formuliert wird.

Wir gehen zunächst von einer Feststellung aus: Es kann nicht gut bezweifelt werden, daß die Sozialwissenschaften eine Bedeutung für die Theologie haben. Dieser Sachverhalt findet heute in Kirche und Theologie eine im wesentlichen unbestrittene allgemeine Anerkennung. Auf der Konsultation zwischen den Leitungen der Landeskirchen der EKD und Vertretern der wissenschaftlichen Theologie, die kürzlich in Tutzing stattfand, war dies jedenfalls der vorherrschende Eindruck[9]. Er steht allerdings, denn das ist naheliegend genug, unterschiedlicher Interpretation offen. Das haben ja Anerkennungsprobleme so an sich, wie die unmittelbare gegenwärtige politische Geschichte unseres Landes hinlänglich illustriert.

So kann die Anerkennung der Bedeutung der Sozialwissenschaften für die Theologie als Ausdruck für eine Kapitulation angesichts bestehender Machtverhältnisse aufgefaßt werden, die zumindest zu allerlei subjektiven Formen der reservatio mentalis veranlaßt. Man kann ja durchaus der Meinung zuneigen, auch wenn die faktische Bedeutung der Sozialwissenschaften nicht in Zweifel stünde, handele es sich doch um eine schlimme Bedeutung. Und solange es von einer faktischen Bedeutung nicht zu einer gewußten Bedeutung kommt, das heißt einer, die auch theologisch gewußt ist, muß die Entscheidung zwischen Anpassung und Widerstand arbiträr bleiben. Damit haben wir schon einen ersten Grund, warum die Frage, um die es hier geht, sehr wohl ihr eigenes Recht hat und behält und nicht einfach durch den Gang der Ereignisse erledigt wird. Ähnlich wie bei der als Exempel hier durchaus dienlichen Verhältnisbestimmung von Theologie und historischer Wissenschaft muß der Gang der Theologie sich gleichsam selbst begleiten mit einer beharrlichen Rückfrage an alle Unternehmungen, auf die sie sich einläßt.

In eine andere Richtung blickt, wer die Problematik, die in solcher Anerkennung allemal liegt, entschärft sieht durch die zunehmende Differenzierung der Sozialwissenschaften selbst, wie sie mit deren Expansion Hand in Hand geht. Der Plural, in dem heute allein noch sinnvoll und wissenschaftlich angemessen von den Sozialwissenschaften geredet werden kann, ist ja selbst bereits eine Form, in der die

---

[9] Vgl. W. Lohff, Zur Verbindlichkeit des Gesprächs zwischen Kirche und Theologie sowie den Diskussionsbericht von M. V. Herntrich in: T. Rendtorff/E. Lohse, Kirchenleitung und wissenschaftliche Theologie, ThEx 179, 1974.

Bedrohung durch „die" moderne Gesellschaft, wie sie etwa am Ende
des großen Werkes von Troeltsch stand, ihre Gegenständlichkeit ver-
liert und von einer sehr komplexen wissenschaftlichen Selbstthematisierung der Gesellschaft abgelöst worden ist. Anstatt eine anonym
vorgestellte Bedeutung der Sozialwissenschaften zu erleiden, entscheidet erst der Umgang mit ihnen, ihren Methoden und Erkenntnissen
über das, was hier füglich als Bedeutung bezeichnet werden darf. Und
die Theologie hat allen Grund, an der Zeit- und Weltdeutung, die sich
hier entfaltet und etabliert hat, mehr als nur passiven Anteil zu
nehmen. Mit Interesse wird man dabei beobachten müssen, wie die
Philosophie eine Regeneration ihrer eigenen Fragestellungen durch
diejenige Grundkontroverse erfährt, die durch die expandierende
Differenziertheit der Sozialwissenschaften selbst motiviert ist.

Schließlich kann solche Anerkennung der Bedeutung der Sozialwissenschaften für die Theologie selbst ein Argument ihrer Freiheit
und Selbständigkeit sein. Wenn die Selbsterfassung der Theologie
gerade in unserem Jahrhundert immer wieder über die Selbstunterscheidung der Theologie von anderen Wissenschaften und darin eben
von nichttheologischer Wirklichkeitsauffassung gelaufen ist, dann
kann sich in solcher Selbstthematisierung der Theologie ja auch und
gerade der Boden bereiten für eine von Konkurrenzproblemen be-
freite Anerkennung dessen, was die Theologie so nun gerade nicht zu
sehen und zu sagen vermag. Allerdings, ich spreche keine Neuigkeit
aus, wenn ich sage, daß der Theologie heute wie selten zuvor der Wirk-
lichkeitscharakter ihrer Aussagen und des Themas, für das sie steht,
bestritten wird. Aber solche Bestreitung besagt noch nicht viel über
das, was dabei im Streite ist. Denn in welchem geklärten und letztlich
konsequenten Sinne die Sozialwissenschaften tatsächlich „Wirklich-
keitswissenschaften" [10] sind, ist keineswegs endgültig ausgemacht.
Denn die Wirklichkeit, die Gegenstand der Sozialwissenschaften ist,
ist selbst durch Tätigkeit und Handeln aufgebaut und strukturiert.
Und die als Gesellschaft verfaßte Wirklichkeit menschlicher Tätigkeit
und menschlichen Handelns kann durch Objektivierungszwänge
wissenschaftlicher Methodik nicht wegdiskutiert werden; sie diskutiert hier gleichsam immer mit. Hier besteht Anlaß, die Frage nach
der Bedeutung der Sozialwissenschaften für die Theologie probeweise

---

[10] Hans Freyer hat diesen Anspruch formuliert in: Soziologie als Wirklichkeitswissenschaft, 1929; H. Schelsky hat dies als Ziel seiner soziologischen Arbeit inten-
diert: Auf der Suche nach Wirklichkeit, 1965.

auch einmal umzukehren. Sie lautet dann: Die Bedeutung der Theologie für die Sozialwissenschaften.

Damit ist der Aufriß für die weitere Erörterung gegeben. Wir fragen zuerst nach der Bedeutung der Sozialwissenschaften für den Theologen, sodann für die Theologie als Wissenschaft; drittens sind die Gründe zu erwägen, die zu der Umkehrung des Themas führen könnten.

2. Die Bedeutung der Sozialwissenschaften für den Theologen

Der Ort, an dem die Frage nach sozialwissenschaftlicher Bildung heute in der Theologie diskutiert wird, ist die Studienreform[11]. Unverkennbar wirken dabei die Berufserfahrungen von Pfarrern und Religionslehrern sich aus in Rückfragen an eine berufsbezogene theologische Ausbildung. Es ist darum angebracht, bei den Erwartungen einzusetzen, die hier mit steigender Intensität gegenüber nichttheologischen Handlungswissenschaften, neben der Psychologie vor allem eben den Sozialwissenschaften vorhanden sind. Bemerkenswert ist hier vor allem, daß solche Erwartungen in genere auch von den Kirchen gehegt und an diejenigen herangetragen werden, die für die theologische Ausbildung verantwortlich sind. Man muß diese Erwartungen selbst etwas genauer differenzieren. Dabei kann man, etwas pragmatisch, unterscheiden zwischen Erwartungen, die sich aus praktischen Bedürfnissen der alltäglichen Berufswirklichkeit des Pfarrers speisen und sich auf Hilfen für die Bewältigung dieser Berufswirklichkeit richten, Erwartungen allgemeiner Art, die generelle Orientierungsprobleme betreffen und bei denen es um den sinnvollen Umgang mit Deutungsmustern gesellschaftlicher Wirklichkeit geht, in denen sich das Bewußtsein der Zeit auslegt, sowie drittens spezielle Erwartungen, die im Zusammenhang mit einer Berufsspezialisierung auftreten, die vom Industriepfarrer bis zum Militärseelsorger reichen. Wir diskutieren hier nur die in den ersten beiden Gesichtspunkten enthaltene Frage.

Die Tatsache, daß Berufserfahrungen von Pfarrern und Lehrern sich heute in solchen Rückfragen an ihre Ausbildung aussprechen, die

---

[11] Vgl. dazu die Schriftenreihe „Reform der theologischen Ausbildung", vor allem Bd. 9, dessen Empfehlungen diesen Erwartungen einen Weg zu weisen suchen, über dessen Gangbarkeit allerdings neue Zweifel entstehen müssen, wenn die alten erst einmal ausgeräumt sind.

auf die Bedeutung der Sozialwissenschaften für den Theologen abzielen, besagt: Die sozialwissenschaftliche Sichtweise der Welt ist
bereits so sehr Bestandteil der Lebenswelt, der gelebten Kultur geworden, daß, wer immer sich in dieser Kultur bewegt, in einem Beruf
zumal, der selbst Tätigkeit religiöser Kultur ist, darauf gestoßen wird,
sich selbst und seine Berufserfahrung auch in dieser Kultur artikulieren zu können. Die Alltagskultur unserer Gesellschaft hat sich in einem
relativ kurzen Zeitraum ein neues, nämlich ein sozialwissenschaftlich
imprägniertes Sprachspiel aufgebaut. Rolle, Schicht, Funktion,
Abhängigkeit, Privileg, Verhältnisse, Sozialisation, Autorität, Kommunikation, Begriffe und Vorstellungen dieses Zuschnitts sind aus
dem Hintergrund des gesellschaftlichen Lebens und seiner Kultur,
indem sie entdeckt worden sind, in den Vordergrund alltäglicher und
lebenspraktischer Reflexion getreten und das in der ganzen Breite, in
der die Verständigung über die praktische Alltagswelt dieser Kultur
sich vollzieht. Im Umgang mit Menschen und Verhältnissen treten
darum Fragen auf, die die Einstellung des Pfarrers zu sich selbst als
Theologen und zu seinem Beruf als seiner Umwelt betreffen. Diese
Fragen werden häufig auch als Grenze der theologischen Ausbildung
erfahren und äußern sich in einem erbitterten Unmut über eine theologische Wissenschaft, die für die lebensweltliche Verständigung nichts
erbringe. Von dem Boden solcher Erfahrungen her richten sich Erwartungen auf die Sozialwissenschaften. In diesen Erwartungen äußert
sich ein individuelles Bildungsproblem des Theologen. So einleuchtend
solche Erwartungen sind, sowenig selbstverständlich ist es, daß sie von
diesen auch tatsächlich eingelöst werden können. Im Gegenteil kann
man sehr genau beobachten, daß solche praxisrelevanten Erwartungen
durch die Sozialwissenschaften enttäuscht werden. Nur grober Dilettantismus kann darüber hinwegtäuschen, daß das Interesse, das diese
Wissenschaften in sich selbst entwickeln, sich in immer differenzierteren Problemlagen, Methodendiskussionen und Forschungsprogrammen
ausdrückt, die sich zunehmend abweisend verhalten gegenüber dem
Interesse, das die von ihnen mitgeprägte Kultur an ihnen nimmt,
sofern es sich in der Gestalt individueller Orientierungs- und Bildungs-
erwartungen äußert. Dieses könnte sich hier nur auf dem Wege einer
Spezialisierung bedienen. Im Blick auf die Ausbildungserwartungen
hat es die Deutsche Gesellschaft für Soziologie erst kürzlich abgelehnt,
der Entwicklung eines Soziologiestudiums von weniger als acht Seme-
stern ihre Unterstützung zu geben.

Es ist, bei Lichte besehen, ja auch gar nicht primär das Interesse an den Sozialwissenschaften stricte dictu, das sich hier von der Berufserfahrung her äußert. Das heißt, es ist nicht das Interesse einer zusätzlichen oder andersgearteten Professionalisierung durch sozialwissenschaftliche Ausbildung. Wenn ich richtig sehe, weisen die Probleme, die hier entstehen, in eine ganz andere Richtung. Die Berufswirklichkeit des Pfarrers als Theologen veranlaßt zu einer außerordentlichen Sensibilität für die Ausdrucksformen, in denen sich die lebensweltliche Verständigung über Wirklichkeit vollzieht. Deswegen wirken sich Veränderungen in der Gestaltung dieser Lebenswelt in einer gesteigerten Selbstreflexion der Berufsträger aus. Es ist nun schon bisher nie der Fall gewesen, daß der Pfarrer seine Berufstätigkeit allein durch seine wissenschaftlichen Fähigkeiten hätte definiert finden können. Die Selbstreflexion des Theologen als Pfarrer vollzieht sich darum in hohem Maße im Medium seiner individuellen religiösen und sozialen Lebenserfahrung[12]. Dies müßte nur dann als ein Mangel angesehen werden, wenn die Berufsbezogenheit dieser Erfahrungen nicht zugleich als exemplarisch aufgefaßt werden könnte. Thetisch gesprochen kann man sagen, der Pfarrer muß sich selbst im Medium seiner Berufserfahrungen als den exemplarischen Fall von individueller Lebenserfahrung sehen, und dies gerade in einer Gesellschaft, die in so hohem Maße in ihrer offiziellen Kultur durch sozialwissenschaftliche Welterklärung mitbestimmt ist. Er muß seine spezifischen Berufserfahrungen in dieser ihrer exemplarischen Bedeutung sich durchsichtig machen. Die Bedeutung der Sozialwissenschaften für den Theologen, der nicht Sozialwissenschaftler ist, kann deshalb auch nicht darin gesehen werden, daß er Sozialwissenschaftler werden solle. Die exemplarische Bedeutung der Erfahrungen, von denen hier die Rede ist, hat ihre eigentümliche Bedeutung ja gerade als individuelle, wenn auch berufsbezogene Erfahrung. Sie repräsentiert, nimmt man sie konsequent exemplarisch, gegenüber der sozialwissenschaftlichen Theoriebildung eine Dimension, die von dieser Theoriebildung bisher nicht eingeholt werden konnte und in ihr darum aporetisch als die Frage „Ende des Individuums?" erscheint[13]. Die vorherrschende Meinung von der Verwissenschaftlichung unserer Lebenswelt darf des-

---

[12] W. Trillhaas spricht in seiner Pastoraltheologie treffend davon, das „Innehaben der eigenen Menschlichkeit" sei die „Bildung", die der Pfarrer nicht verweigern sollte. Der Dienst der Kirche am Menschen, 1950, S. 58.

[13] So bei J. Habermas, Legitimationsprobleme im Spätkapitalismus, 1973, S. 163 ff.

wegen nicht unbesehen akzeptiert werden; denn die Wissenschaften,
und eben vor allem die Sozialwissenschaften, sind nicht Ursache,
sondern Folge, Ausdruck einer Gestaltung der Lebenswelt, deren
Reflexivität und Selbstthematisierung als praktisch relevant nicht
erfahren werden könnte, wenn sie wissenschaftlich abgeleitet wäre.
Deren Sinn wie deren Problematik können nur vor dem Forum individueller Lebenserfahrung ausgemacht werden. Noch die triumphie-
rende Geste, mit der die Ergebnisse der Sozialwissenschaften dem
Menschen präsentiert werden, um ihm seine Abhängigkeit und Deter-
miniertheit von was immer zu demonstrieren, lebt davon, daß sie und
wie sie in ihrer Bedeutung eben hier, am Ort individueller Lebenserfahrung identifiziert werden kann. Wenn darum die reale Berufserfahrung des Theologen als Pfarrer zugleich eine exemplarische
Erfahrung von empirisch durchlebter, und darum angefochtener
Individualität ist, dann muß sich die Bedeutung der Sozialwissenschaften primär darauf hin formulieren lassen: Die Berufserfahrung
der kirchlichen Amtsträger begründet eine scientia practica, die ihren
eigenen Motiven und Erkenntnisinteressen folgen soll[14]. Der Theologe kann nicht und soll nicht unter das Diktat der Sozialwissenschaften überhaupt treten. Er muß vielmehr in den Stand gesetzt werden,
sich ihnen gegenüber kritisch auswählend und besonnen prüfend zu
verhalten, dabei den Vorwurf des Dilettantismus nicht scheuend, der
in seinen höheren Formen ohnehin das ist, was eine gelungene Bildung
vom Selbstinteresse des Spezialistentums unterscheidet. Im Blick auf
die Ausbildung bedeutet dies, der Theologe soll gegenüber den Sozialwissenschaften eine Mithörkompetenz erwerben, die ihn aus wissen-
schaftsgläubiger oder sie erleidender Abhängigkeit befreit. Aber er
wird das eigene wissenschaftliche Recht seiner praktischen Erfahrung
dabei nicht vergessen dürfen; denn sie begründet und leitet auch die
Auswahl, die hier zu treffen ist. Sie ist im Kern identisch mit dem,
was auch inhaltlich dem Beruf des Pfarrers als Theologen seine eigentümliche Qualität verleiht, die Widerständigkeit einer letztgültigen
Selbsterfahrung des Menschen gegen eine Auflösung in immanente
Bedingungszusammenhänge. Die Struktur der individuellen Erfahrung ist die Struktur der religiösen Erfahrung, deren empirischer
Charakter heute dadurch nachdrücklich ins Bewußtsein tritt, daß ihr
Sinn sozialwissenschaftlich nicht eingelöst werden kann und eben

---

[14] Vgl. dazu jetzt den Entwurf von Wolfgang Steck, Der Pfarrer zwischen Beruf
und Wissenschaft, in: ThEx 1974.

darum als individuelles Problem auftritt. Die Kultur, in der die Gesellschaft sich selbst thematisiert, ist von einer Reflexivität durchzogen, die die Distanznahme des Menschen von sich provoziert, ohne sie in ihrem eigenen Recht deuten zu können. Die Bedeutung der Sozialwissenschaften für den Theologen liegt deshalb auch darin, dieses reflexiven Charakters der Gesellschaft ansichtig zu werden; damit hilft sie ihm, nicht dem Schein der Objektivität dieser Welt zu verfallen, sondern in den individuell erfahrbaren Konflikten und Verständnisproblemen den empirischen Zugang zu dieser Reflexivität zu finden.

3. Die Bedeutung der Sozialwissenschaften für die theologische Wissenschaft

Entsprechend dem Bildungsproblem des Theologen läßt sich das Problem hier schlicht in die Frage danach kleiden, ob sich die Theologie auf dem Stande der wissenschaftlichen Diskussion befinde. Der Mindestpreis, den die Theologie für ihren Ort an der Universität nach wie vor zu entrichten hat, ist ja dieser, daß sie weiß und kennt, was man als die allgemeine Diskussionslage der Wissenschaft bezeichnen kann. Und dies gilt zunächst auch ohne Rücksicht auf die besonderen Probleme der Selbstidentifikation und Selbstunterscheidung der Theologie. Ohne zu übertreiben kann man sagen, daß die Sozialwissenschaften diesen Stand der allgemeinen wissenschaftlichen Diskussion gegenwärtig am nachhaltigsten und folgenreichsten repräsentieren oder doch bestimmen.

Dies gilt nun in einer sehr spezifischen Weise: Veranlaßt durch die Sozialwissenschaften und im Medium der von ihnen motivierten Reflexion vollzieht sich die Wissenschaftsdiskussion als gesteigerte Selbstthematisierung der Wissenschaften. Unser Jahrhundert und zumal die letzten beiden Jahrzehnte sind ja dadurch gekennzeichnet, daß die Selbstthematisierung der Wissenschaft ihre Suche nach Wirklichkeit in eine rückhaltlose Selbstanwendung überführt hat. Dafür steht eben die stürmische Entwicklung der Sozialwissenschaften (einschließlich der Psychologie), unter deren Gebot wie Erklärungsleistung fast alle Wissenschaften geraten sind. Und das mit gutem Grund. Denn hier vollzieht sich ein Prozeß, in dessen Durchführung die Selbstthematisierung der Wissenschaft und die Selbstthematisierung der Gesellschaft, des Menschen, der Wirklichkeit nahezu übergangslos in eins zu fließen beginnen. Das auch verleiht dem Problemstand der Wissenschaft im Verhältnis zur Theologie eine Brisanz, weil darin zugleich ein Streit um die Wirklichkeit ausgetragen wird. Dieser Streit hat für die Theologie insofern einen prekären Charakter, als sie feststellen muß, daß sie in dieser Selbstthematisierung der Wissenschaft so gut wie gar nicht vorkommt, es sei denn als negative Folie. Im allgemeinen wissenschaftlichen Bewußtsein definiert sie das, was nicht Wissenschaft ist. Und diese Rolle übt die Theologie ganz allgemein aus, ohne nähere Konnotation, ohne Bezug auf bestimmte oder tatsächlich betriebene Theologie. Gerade das durch die Sozialwissenschaften geprägte wissenschaftliche Bewußtsein zeigt deutlich die Züge seiner Genese aus der neuzeitlichen Religionskritik. Und sofern die Aufklärung als der religiösen Überlieferung abgerungen und an ihr im Gegensinne entworfen begriffen werden soll, besteht der Zwang, an diese Genese immer wieder zu erinnern und sie zu erneuern; und das gerade an den Elementen, aus denen sich die wissenschaftliche Welterkenntnis als spezifisch neuzeitlich aufbaut, wo es also um die Definition ihres Propriums geht. Dieses Proprium des wissenschaftlichen Bewußtseins definiert sich in der Selbstunterscheidung von Theologie, auch wenn so gerade die dialektische Beziehung von christlicher Theologie und wissenschaftlichem Bewußtsein präsent gehalten wird.

Aber: Entsprechend zu dem, was unter dem ersten Gesichtspunkt ausgeführt wurde, gilt auch hier, die Durchführung der Wissenschaft, gerade wenn sie als Selbstthematisierung des Menschen und darin der Wirklichkeit überhaupt sich entfaltet, kann sich doch immer nur in der bestimmten Form individualisierter Forschung und bestimmter, wissenschaftlich kontrollierbarer Fragestellungen vollziehen. Dem Enthusiasmus, die Wissenschaft überhaupt mittels politischer und gesellschaftlicher Praxis in die Realisierung ihrer Wissensintention zu überführen, tritt eben dasjenige wissenschaftliche Bewußtsein entgegen, dem dieser Wille sich verdankt. Diejenige Wissenschaftsdiskussion, die etwa im Streit um die Logik der Sozialwissenschaften geführt worden ist, muß darum selbst als eine die wissenschaftliche Arbeit begleitende Selbstreflexion begriffen werden, sie ist nicht und kann nicht selbst die Praxis werden, der sie Ausdruck gibt. Und darum ist es nicht nur nötig, sondern auch möglich, durch Differenzierung die Bedeutung der Sozialwissenschaften für die Theologie einer arbeitsfähigen Konkretion zuzuführen. Nur das ist es, wozu ich hier einige Vorschläge zur Diskussion stellen möchte. Ich kann das hier tun in dem Hinweis auf Beispiele, die in sich die Ansätze einer interdisziplinären Kooperation und Befruchtung der Theologie erkennen lassen.

Das erste Stichwort lautet „Soziologie als Sozialgeschichte". Helmut Schelsky hat die Soziologie einmal als „Sozialgeschichtsschreibung der Gegenwart" definiert[15] und hat damit die Vorstellung verknüpft, daß die Methoden der Geschichtsforschung und die der empirischen Sozialforschung wissenschaftsmethodisch leicht auf einen Nenner zu bringen seien. Faktenforschung und Dokumentation liegen auf der gleichen Ebene der Forschung wie die Methoden der empirischen Sozialforschung. Deren Grundtendenz formuliert Schelsky so: „Das Subjektive als das die Primärerfahrung Vermittelnde auszuschalten, um es dann als das Vermittelte wieder in den Griff zu bekommen." Empirische Sozialforschung kann als Gegenwartsforschung angesehen werden, die hinsichtlich der aktuellen Lebenswelt, in der der Forscher selbst steht, so verfährt, als ob sie Geschichte wäre. Für unser Interesse ergeben sich hier drei relevante Gesichtspunkte:

a) Die empirische Sozialforschung verfährt gegenläufig zur Hermeneutik der Geschichte, die hinter die von außen erfaßbaren, in Dokumenten und Fakten objektivierten Sachverhalte zurückgehend den individuell sinnvollen Intentionen nahezukommen sucht, aus denen sich die objektivierte Wirklichkeit aufbaut. Solche Intentionen, die in der individuell erlebten Primärerfahrung gegenwärtig sind, werden in der empirischen Forschung nach Möglichkeit, d. h. methodisch ausgeschaltet. Sie können aber, da es sich bei dem Gegenstand der empirischen Sozialforschung um gegenwärtige soziale Wirklichkeit handelt, bei den Forschungsergebnissen wieder ins Spiel gebracht werden, indem sie als Sinnhorizont für die Interpretation der Ergebnisse unvermeidlich in Anspruch genommen werden. Sieht man nun die empirische *Sozialforschung als Sozialgeschichtsschreibung* der Gegenwart, so bietet sie den unschätzbaren Vorteil, der im Blick auf vergangene historische Epochen niemals gegeben ist, die Wirklichkeitserfahrung synchron von innen und von außen zu erforschen. In diesem Sinne angewandt und ausgestaltet, bietet die empirische Sozialforschung als eine Forschungsaktivität im Blick auf die Gegenwart den unschätzbaren Vorteil, eine in einem doppelten Sinne wahrheitsfähige Forschungstätigkeit aufzubauen. Denn die objektivierende Gegenwarts-

---

[15] Ortsbestimmung der deutschen Soziologie, 1959, S. 74.

forschung kann unter gleichzeitiger Inanspruchnahme subjektiv erlebten oder intendierten Sinnes aufgebaut und kontrolliert werden[16].

b) In umgekehrter Zuordnung kann empirische Forschung Bedeutung erlangen für die Erfassung von Prozessen, deren intendierter Sinn noch nicht ausformuliert ist und für die es auch noch keine klar umrissenen Institutionen gibt. Hier geht es also methodisch gesprochen nicht um die Ausschaltung der Primärerfahrung durch den Forschungsprozeß, sondern um die Koordination von nur locker und teilweise auch divergierend verbundenen Handlungs- und Glaubensintentionen, die sich am Prozeß ihrer Realisierung zu orientieren suchen, der selbst eine noch nicht klar gewußte Objektivität bildet[17].

c) Unter einem dritten Gesichtspunkt kann man die Bedeutung der Soziologie als Sozialgeschichte der unmittelbaren Gegenwart für die Theologie darin sehen, daß sie innerhalb des Wissenschaftsverbandes der theologischen Fakultäten im Zusammenhang einer interdisziplinären Arbeit aufgenommen werden kann, deren organisatorische Voraussetzungen jedenfalls in keiner anderen Wissenschaft so ausgeprägt vorhanden sind wie in der Theologie. So unsinnig es wäre, von der Theologie zu erwarten, daß sie sich insgesamt in eine bestimmte Form empirischer Forschung auflösen würde, weil das ja auch bedeuten müßte, daß sie in höchst folgenreicher Weise als Theologie bewußtlos werden müßte, so sinnvoll kann es doch sein, von einer Logik der Theologie zu sprechen, in der die tatsächliche disziplinäre Auffächerung der Theologie in ihrer inneren Sachbedeutung gegenüber einem pauschalen Theologiebegriff, wie er nach außen hin leicht vertreten wird, unter neuen Gesichtspunkten fruchtbar gemacht werden kann[18].

Das zweite Stichwort, auf das ich hier hinweisen möchte, lautet „Soziologie als Wissenssoziologie", wie sie besonders durch die Arbei-

---

[16] Vgl. als einen Versuch in diese Richtung die Arbeit von K. W. Dahm, Pfarrer und Politik, 1965, bes. den Bericht S. 217 ff. Daß etwa die Kirchenkampfforschung hier den besten Weg finden kann. um zwischen Archäologie und Dogmatismus ihre Aufgabe zu erfüllen, sollte nicht übersehen werden.

[17] Das wichtigste Beispiel dazu wäre die Ökumenismusforschung!

[18] So ist die Wirkung der historischen Schriftforschung auf das dogmatische theologische Bewußtsein durch ihren Charakter als „empirische" Forschung zu erklären, auch wenn sie, wie wir wissen, theologischen, philosophischen, moralischen Erkenntnisinteressen gefolgt ist. Die funktionale Differenzierung der Theologie könnte nicht mehr begründet werden, wenn immer nur darauf gepocht wird, daß alles „Theologie" sei oder sein müsse. Auch die Tatsache, daß der von W. Herrmann geprägte Terminus „empirisch-kritische" Theologie im Zusammenhang mit der „Studentenbewegung" seine rasche Beliebtheit erlangte, sollte nicht erlauben, ihn schon deswegen für diskreditiert zu halten, weil er auch mißbräuchlich sein kann!

ten von Berger/Luckmann repräsentiert wird[19]. Die „gesellschaftliche Konstruktion der Wirklichkeit" wird hier konsequent als der Aufbau der Wirklichkeit durch den Aufbau von Wissen analysiert. Die entscheidende Bedeutung dieser anthropologisch orientierten Wissenssoziologie liegt darin, daß sie eine Kritik des historischen Bewußtseins entfaltet, indem sie quer zur historischen Genese unseres Wissens und seiner Überlieferungsbestände die Genese sozialer Wirklichkeit aus dem je aktuellen Prozeß der Wissenserzeugung von Individuen und Gruppen zum Thema erhebt. In der Theorie geht sie von der Annahme aus, daß zu jedem gegebenen Zeitpunkt die Wissensmöglichkeit, aus der sich soziale Wirklichkeit gestaltet, gleichmäßig unter den lebenden Individuen verteilt ist. Durchführen läßt sich eine solche Theorie wissenssoziologisch primär nur im Blick auf das Alltagswissen oder eben auf diejenigen Wissensformen und die aus ihnen generierenden Lebensformen, die an die individuelle Lebensgestaltung gebunden sind. Erklären läßt sich im Rahmen einer solchen Konstruktion vor allem die Ungleichzeitigkeit von historisch Gleichzeitigem, das heißt, sie ermöglicht eine Betrachtungsweise, die zu der Vorstellung von historischen Abläufen und darin liegenden Determiniertheiten von Vergangenem und Heutigem quersteht, sie öffnet also die Augen für die Präsenz jener Ungleichzeitigkeit der sozialen Wirklichkeit, die sich dem Zwang historischer Prozesse nicht fügt.

Die besondere Bedeutung dieses Zweiges sozialwissenschaftlicher Arbeit sehe ich in dem, was ich einmal Frömmigkeitsforschung nennen möchte. Sie hat es, darin vergleichbar mit der Linguistik, mit der sprachlichen Verfaßtheit sozialer Lebenswirklichkeit zu tun. Aber im Unterschied zur Linguistik, die ihre Analyse weithin auf Textstrukturen, Semantik beschränkt und auch als Soziolinguistik weithin von globalen Gesellschaftstheorien abhängig ist, die die Linguistik nicht selbst verantwortet, arbeitet die Wissenssoziologie mit theoretischen Voraussetzungen, die in ihre Durchführungen selbst voll eingebracht werden. Sie könnte darum noch eine ganz erhebliche zukunftsreiche Bedeutung gerade für Textforschung im Bereich der Theologie haben, wenn man einmal davon ausgeht, daß auch unter der Voraussetzung von grundlegenden normativen Texten im Christentum die Auslegung dieser Texte immer wieder durch die Schaffung von sprachlich strukturierter sozialer Wirklichkeit der Religion sich vollzogen hat. Denn

---

[19] Die gesellschaftliche Konstruktion der Wirklichkeit, 1969, 2. Aufl. 1971; P. Berger, Zur Dialektik von Religion und Gesellschaft (1967), dt. 1973.

für die Theologie insgesamt liegt die Bedeutung der Wissenssoziologie in den Analysen von Entspezifizierung symbolischer Sprache.

Dem zweiten Beispiel verwandt, aber in seiner Bedeutung für die Theologie doch charakteristisch anders gelagert ist die sogenannte Ethnomethodologie[20], deren Forschungen auf die Aufdeckung von Selbstverständlichkeitsstrukturen der Lebenswelt angewendet werden. Im Anschluß an die phänomenologische Konstitutionsanalyse der sozialen Lebenswelt von Alfred Schütz geht es dabei um die Identifikation von solchen Interpretationsregeln, nach denen die handelnden Individuen die Situationen ihres Lebens ebenso wie sich selbst definieren. In solchen Interpretationen wird gleichsam das individuelle Fadenkreuz festgelegt, nach dem sich Normalität von Ereignissen genauso bemißt wie das, was als das Ungewöhnliche oder Außerordentliche erscheint.

Die Bedeutung, die diesem jüngsten Zweig sozialwissenschaftlicher Forschung für die Theologie zukommt, läßt sich mit dem Ausdruck „Individualitätsforschung" bezeichnen. Bemerkenswert ist vor allem die Methodologie der Forschung, die sich hier zu entwickeln beginnt: Anknüpfend an die Arbeitsweise der älteren Ethnologie geht diese Forschung von der Annahme aus, daß der Forscher, wenn er die symbolischen Auslegungsmuster entdecken will, in denen sich die soziale Interaktion und Selbstdefinition symbolisch dokumentiert, den gleichen Lebensprozessen folgen muß, nach denen sich diese Muster bilden. Das heißt konkret gesprochen, daß die Forschung nur über Mitleben oder teilnehmende Beobachtung sich aufbauen kann[21]. Das bedeutet aber eine Reindividualisierung der empirischen Forschung selbst, die zu ganz überraschenden Entdeckungen und Entwicklungen Anlaß gibt. Ich halte diese Forschungsrichtung aus didaktischen und methodischen Gründen auch deswegen für die Theologie von Interesse, weil sie viel stärker als die übrige empirische Sozialforschung in den Prozeß der Ausbildung eingebaut werden kann und darüber hinaus sich des Erfahrungshorizontes und der Praxisnähe derer bedienen kann, deren Beruf die Religion ist, der Pfarrer.

Weiter kann man die Bedeutung der Ethnomethodologie für die Theologie daran sehen, daß sich hier Möglichkeiten für eine Neu-

---

[20] Vgl. dazu jetzt den verdienstvollen Reader: Alltagswissen, Interaktion und gesellschaftliche Wirklichkeit, Bd. 1 Symbolischer Interaktionismus und Ethnomethodologie, Hg. von einer Arbeitsgruppe Bielefelder Soziologen, rororostudium 54, 1973.
[21] Vgl. dazu etwa Goffmann u. a., Peoples in Places, 1973.

strukturierung der sogenannten Religionswissenschaft abzeichnen, die schon lange darunter leidet, daß sie nur mit sehr pauschalen Deutungsmustern und Interpretationen arbeiten kann, die meist auf der Ebene der Lehrbildung und der institutionsbezogenen Rituale liegt. Aus diesem Ghetto kann sie herausgeführt werden und zugleich auch als ein aktueller und nicht nur angehängter Bestandteil der theologischen Wissenschaft entwickelt werden, wenn sie sich der Alltagsreligion und der Alltagsethik zuwendet[22].

Es ist deutlich, daß alle diese Hinweise über die Möglichkeiten interdisziplinärer Kooperation, die sie zu benennen vermögen, hinaus die Frage aufwerfen, in welchem Sinne es sich dabei um eine Bedeutung der Sozialwissenschaften für die Theologie stricte dictu und in normativem Verstande handelt. Darum möchte ich noch einmal betonen, daß ich es für abwegig halten würde, wenn die Theologie insgesamt in bestimmte Formen sozialwissenschaftlicher Arbeit aufgelöst würde. Umgekehrt aber hielte ich es auch für verhängnisvoll, wenn die Theologie zu den Sozialwissenschaften nur in einem Abgrenzungsverhältnis sich selbst definieren würde. Denn ein solches Abgrenzungs- oder Außenverhältnis sagt immer auch, daß die wissenschaftliche Theologie in keinem geklärten Verhältnis zu der empirischen Wirklichkeit der christlichen Religion selbst steht. Solange nun die Sozialwissenschaften mit der Vermutung ausgestattet sind, daß hier theoretisch oder praktisch die Liquidation von Theologie und Glauben betrieben werde, ist solche Abgrenzung durchaus verständlich. Ob es sich aber tatsächlich um solche Folgen dabei handelt, kann nicht abstrakt entschieden werden, sondern nur dadurch, daß und wie sich die Theologie im Interesse ihrer eigenen Sache auf solche empirisch bezogenen Fragestellungen einläßt, in deren Gefolge sich dann die Reflexivität der Theologie notwendigerweise erhöht und differenziert und die Definition ihrer über alle empirischen Lebensvollzüge hinausreichenden Sinngebung sehr viel klarer und deutlicher gewinnen läßt.

4. Die Bedeutung der Theologie für die Sozialwissenschaften

Ich nehme hier den Gedanken auf, inwiefern die Anerkennung einer Bedeutung der Sozialwissenschaften für die Theologie ein Argument ihrer Freiheit und Selbständigkeit sein könne — in diesem Kontext,

---

[22] Zu den Problemen eines wissenschaftlichen Umganges mit Religion s. jetzt die Erwägungen von W. Trillhaas (s. oben Anm. 1).

der als Gedanke ja zugleich die geschichtliche Konstitution der evangelischen Theologie in diesem Jahrhundert ausspricht, ist der Streit,
um die Wirklichkeit auszutragen, auch und gerade als Rückfrage an
die Sozialwissenschaften, inwiefern sie „Wirklichkeitswissenschaft"
sind.

Dieser Streit um die Wirklichkeit muß nicht erst postuliert werden,
er vollzieht sich und hält die wissenschaftliche Diskussion wie kaum
sonst etwas in Atem. Ich möchte ihn aufgreifen in der Gestalt, in der
er heute als die Auseinandersetzung von Systemtheorie und Krisentheorie ausgetragen wird. Die Stichworte, literarisch mit N. Luhmann [23] und J. Habermas [24] verbunden, sind diese:

Systemtheorie entwickelt eine *Welterklärung*, die Systeme gesellschaftlichen Handelns und sozial wie individuell relevanter *Sinn-
deutung* im Horizont von *Welt überhaupt* sehen läßt. Indem sie *Kontingenz* zum Schlüsselbegriff macht, Welt als Möglichkeit überhaupt,
kann sie Wirklichkeit als durch Tätigkeit gewählt, selektiert beschreiben, und dies in einer Weise, die den Hintergrund einer über alles
Vorhandene hinausreichenden Welt überhaupt präsent hält. Sie bringt
gegenüber dem individuellen Bewußtsein und seiner Erfahrung von
Gesellschaft gleichsam eine Standpunktlosigkeit ins Spiel, die als
Systemtheorie gehandhabt, darin der Nichtfestgelegtheit der Wirklichkeit Ausdruck gibt. In der Verbindung gesteigerter Erklärungsleistung und letztlicher Unverbindlichkeit in praktischer Hinsicht
repräsentiert sie den am meisten fortgeschrittenen Stand der Sozialwissenschaften.

Krisentheorie dagegen analysiert in immer neuem Anlauf eine
Gesellschafts*geschichte,* die durch die historische Abfolge von Krisen
eine Potenzierung von Widersprüchen der gesellschaftlich objektivierten Welt erzeugt und deren krisenhafter Charakter letztlich allein am
Ort des *individuellen,* moralischen und wahrheitsfähigen *Bewußtseins*
sichtbar wird, zusammengefaßt in der bedrohlichen These vom „Ende
des Individuums". Sie ist die Theorie einer Widerstandsbewegung, die
sich in diesem Widerstand von ihren Voraussetzungen abhängig weiß

---

[23] N. Luhmanns hierzu wichtigste Arbeiten (außer Anm. 24) Religion als
System. Religiöse Dogmatik und gesellschaftliche Evolution, in: Dahm, Luhmann,
Stoodt, Religion-System und Sozialisation, 1972, Die Organisierbarkeit von Religionen und Kirchen, in: J. Wössner, Religion im Umbruch, 1972.
[24] J. Habermas/N.. Luhmann, Theorie der Gesellschaft oder Sozialtechnologie,
1971, vgl. Anm. 13.

und darum als Theorie der eigenen Krise die Bedingungen der Krise in der gesellschaftlichen Entwicklung auf Dauer stellt. Sie zwingt darum zu der Einsicht, diese Voraussetzungen an sich selbst, an der Erfahrung des individuellen Bewußtseins durchzuführen, also eine letzte Unabhängigkeit des Individuums zu postulieren, die sich an ihrem Gegenteil, der Erfahrung ihrer Bedingtheit, bewußt wird.

Verschlüsselt ist in dieser Kontroverse die Dialektik der Freiheit. Denn der Streit um die Wirklichkeit ist hier, jenseits der Frage, wer mit welchen Methoden vorhandene positive Gegebenheiten besser zu katalogisieren und registrieren vermöchte, ein *Streit um das Subjekt*, das die gesellschaftlich verfaßte Wirklichkeit letztlich bestimmt. Die Systemtheorie trägt, sowohl ihrer Genese aus der angelsächsischen Philosophie nach wie in ihrer systematischen Struktur Züge einer rationalen Theologie[25], in der appellfreien Definition nicht der *Bedingung* der *Möglichkeit* von Leben und Handeln, sondern der *Möglichkeit* von *Bedingung* überhaupt. Als diese Theologie thematisiert sie das Subjekt als eines, das dem individuellen Zugriff entzogen ist und darum vom Boden seiner Erfahrung her konstruiert werden muß als jenes unbedingte Subjekt überhaupt, das sich im Gesamt von Bedingungen überhaupt zeigt. Nicht individuelle Erfahrung und Frömmigkeit, sondern das konstruktive Bewußtsein ist der „Ort" dieser rationalen Theologie.

Die Krisentheorie trägt, ihrer Genese aus der Religionskritik nach wie in ihrem Erkenntniswillen, eine moralische Emphatik an sich, die das Allgemeine von Legitimation und Begründung der Gesellschaft vor dem Forum der Individualität zur Entscheidung zu bringen sucht, dabei in einer Dimension von Verantwortung sich bewegt, die dem individuellen Bewußtsein zurechnet, und sei es auf dem Wege des Leidens, was der gegenständlichen Erfahrung nach gerade außerhalb seiner selbst liegt. Diese Radikalität von Zurechnung hat aber in letzter Konsequenz ihren Ort im religiösen Bewußtsein und seiner Struktur.

Die Dramatik dieser Kontroverse verweist darauf, daß hier, über alle Gegenständlichkeit hinaus, eine Selbsterfassung des Menschen in Gang gesetzt ist, hinter der sich theologisches Niveau verbirgt. Die Theologie hat keinen Anlaß, aus solcher Beobachtung heraus sich als Instanz gegenständlicher Antwort anzubieten. Ihr Interesse muß viel-

---

[25] Aufschlußreich für diesen Hintergrund der Systemtheorie ist C. W. Churchman, Challange to Reason, 1968, dt. unter dem Titel „Philosophie des Managements. Ethik von Gesamtsystemen", 1973, vor allem das Kapitel „Wissenschaft und Gott", S. 136 ff.

mehr darauf gehen zu zeigen, daß die sich hier entfaltende Problematik im Streit um die Wirklichkeit, in dem es zugleich um die Beschreibung des Subjektes von Wirklichkeit geht, auf eine Radikalität der Theoriebildung drängt, wie sie der Theologie eigen ist, auch wenn die Theologie im empirischen Sinne sich diesen Sachverhalt häufig durch die Gegenständlichkeit ihrer Anschauungen verbirgt. Erst in einer solchen Konfrontation von Sozialwissenschaften und Theologie kann darum ein neues Niveau der Theoriebildung erreicht werden, das solange nicht sichtbar wird, solange sich Sozialwissenschaften und Theologie selbst gegenständlich zueinander verhalten. Denn auszutragen ist der Streit um die Wirklichkeit mit letzter Konsequenz nur vor einer Instanz, der sowohl dem Begriff wie der Wirklichkeit nach die Fähigkeit zukommt, Wirklichkeit letztgültig zu bestimmen und zu qualifizieren und diese Bestimmtheit und Qualifikation auch wieder der Tätigkeit des empirischen Menschen zuzurechnen. Das aber ist im christlichen Gottesbegriff der Fall.

Die Bedeutung der Theologie für die Sozialwissenschaften kann also probeweise — und mehr als eine probeweise Frage war hier nicht angekündigt — dort liegen, wo die gesellschaftlich bedingte und veranlaßte Selbsterforschung des Menschen eine theologisch zu qualifizierende Bedingtheit der Welt und des Menschen in ihr offenbar macht. Dieser Hinweis, der jetzt am Ende steht, verdiente es auch, als Vorwort der sozialwissenschaftlichen Welterklärung ernstgenommen zu werden.

Die frühchristliche Gemeinde und ihre Bedeutung für die heutigen Strukturen der Kirche*

Von Adolf-Martin Ritter

Daß jede Fragestellung ihre eigenen Voraussetzungen, um nicht zu sagen: ihre Vorurteile hat, ist eine alte Erfahrung und zeigt sich auch hier. Wir tun gut daran, uns diese Voraussetzungen bewußtzumachen. So stellt sich einmal die Frage, in welchem Sinne hier der Begriff „frühchristlich" zu verstehen sei. Im wissenschaftlichen Sprachgebrauch hat er sich, jedenfalls als fester Periodisierungsbegriff, bislang nicht durchgesetzt. J.N.D.Kelly z. B. in seinen auch auf dem Kontinent viel benutzten Lehrbüchern zur alten Dogmen- und Symbolgeschichte[1] hat ihn so weit gefaßt, daß er de facto zur Bezeichnung der gesamten Christentumsgeschichte bis zum Ende der Spätantike, ja in einzelnen Strängen sogar noch darüber hinaus, dient. Aus eher praktischen als prinzipiellen Erwägungen heraus möchte ich ihn für das Folgende jedoch auf die ersten beiden Jahrhunderte eingrenzen, ihn dabei allerdings nicht nur auf diejenigen Entwicklungslinien beziehen, die schließlich zum sog. „Altkatholizismus" des endenden 2. Jahrhunderts führten, auch wenn wir — „selbst Erben" dieser „erfolgreichsten und geschichtsmächtigsten Entwicklungsform" des Frühchristentums[2] —

---

* Überarbeitete Fassung eines Vortrags, gehalten vor der Gemeinsamen Arbeitsgruppe des vatikanischen „Sekretariats für die Förderung der Einheit der Christen" und des Lutherischen Weltbundes auf ihrer zweiten Sitzung in Rom vom 8. bis 12. Januar 1974, die unter dem Gesamtthema stand: „Die Bedeutung der Welt für das Selbstverständnis der Kirche." Damit geht es auch im folgenden um einen Aspekt der Frage nach dem Verhältnis von „Theologie und Wirklichkeit", des Themas also, das Wolfgang Trillhaas von Anfang seiner wissenschaftlichen Laufbahn an in besonderer Weise begleitet hat. Möge der verehrte Jubilar in dem, was ich zu diesem, „seinem" Thema beizutragen habe, zugleich etwas von dem wiedererkennen können, was der einstige Göttinger Student und spätere Kollege von ihm hat lernen dürfen.

[1] J.N.D.Kelly, Early Christian Doctrines, London 1958; derselbe, Early Christian Creeds, 3. Aufl., London 1971 (deutsch u. d. T.: Altchristliche Glaubensbekenntnisse. Geschichte und Theologie, Göttingen 1972).

[2] U.Luz, Erwägungen zur Entstehung des „Frühkatholizismus", in: ZNW 65, 1974, (S.88—111) S.94.

über andere Entwicklungsmöglichkeiten ungleich schlechter unter-
richtet sind als über diese.

Eine ähnliche Unbestimmtheit haftet auch dem Begriff der „Strukturen der Kirche" an, der sich gleichwohl in der letzten Zeit —
spätestens seit H. Küngs so betiteltem Buch[3] — steigender Beliebtheit
erfreut. Doch was sind das eigentlich: „Strukturen"? Gibt es sie überhaupt? Gibt es sie jedenfalls im geschichtlichen Bereich? Und, wenn ja:
Ist ihre Erkenntnis, wenn es sie denn überhaupt gibt, für den Historiker bei seinem Bemühen, Einzelfakten und -daten in einen geordneten und verstehbaren Zusammenhang zu bringen, unerläßlich,
förderlich oder aber abwegig?

Unberührt oder doch allenfalls am Rande berührt vom sog. „Struk-
turalismus", der auf diese — als Problem historischer Forschung wie
„Vermittlung" im höchsten Maße akute! — Frage die gültige Antwort
zu geben beansprucht, läßt sich in der gegenwärtigen ekklesiologischen
Diskussion im wesentlichen ein doppelter Sprachgebrauch feststellen.
Einerseits versteht man unter „Strukturen" der Kirche bestimmte
Wesensmerkmale kirchlicher Wirklichkeit, wie sie, als in Gottes Heilstat und ihrer Bekanntgabe im Credo begründet und vorgegeben, „zu
allen Zeiten die Gestalt der Kirche — ihres Zeugnisses, ihres Gottes-
dienstes, ihrer Sitte, ihrer Ordnung, ihres Verhältnisses zur Welt sowie
ihres theologischen Selbstverständnisses — bestimmen"[4]. Auf der
andern Seite aber gelten als „Strukturen" (gegebenenfalls im Unterschied zu *der* Struktur) der Kirche (als ihrer „göttlichen Ordnungsgestalt"[5]) „die — mittelfristig — beständigen Elemente" der Kirche
als „einer gesellschaftlichen Wirklichkeit", „deren konkrete Organisation von Menschen abhängig ist"[6] und sich je nach den aktuellen
Erfordernissen des kirchlichen Sendungsauftrags, nicht zuletzt auch
nach der „Rolle" richtet, die der Kirche jeweils von der Gesellschaft
zuerkannt wird. Dieser letztere Sprachgebrauch dürfte auch vorausgesetzt sein, wenn es im folgenden um die Bedeutung der frühchristlichen Gemeinde für die *heutigen* „Strukturen" der Kirche gehen soll.

---

[3] H. Küng, Strukturen der Kirche, Quaestiones disputatae 17, Freiburg 1962.
[4] E. Schlink, Einheit und Mannigfaltigkeit der Kirche, in: R. Groscurth (Hg.),
Christliche Einheit. Forderungen und Folgerungen nach Uppsala, Genf 1969, S. 51.
[5] Y. Congar, Wesentliche Strukturen für die Kirche von morgen, in: Die Zukunft der Kirche (Berichtband des Concilium-Kongresses 1970), Zürich-Mainz 1971,
S. 139.
[6] Ebd.

Allein, läßt sich eine derartige Unterscheidung zwischen einer „wesenhaften" Ordnungsgestalt der Kirche und ihren jeweils verschiedenen „geschichtlich bedingten" Organisationsformen überhaupt verifizieren? Wie und wo werden wir denn eines — geschichtlicher Bedingtheit nicht unterworfenen — „Wesens" der Kirche, ihrer ebenso „grundsätzlich . . . jeder rein menschlich verfaßten Gemeinschaft oder Gesellschaft" unvergleichlichen wie bleibend verpflichtenden „innere(n) Struktur" [7] ansichtig, wo doch bereits das Neue Testament als das für alle christlichen Kirchen maßgebliche Zeugnis ihres Selbstverständnisses zunächst nur eine — für das Empfinden einer späteren Zeit nachgerade „peinliche" — *Vielfalt* ekklesiologischer Ansätze erkennen läßt?

I. Daß jedenfalls von einer ungebrochenen Einheit neutestamentlicher Ekklesiologie nicht gesprochen werden kann, daß sich vielmehr geschichtlicher Betrachtung im Neuen Testament zunächst nur bestimmte Grundtypen oder, besser gesagt, Rudimente des Verständnisses von Kirche zeigen, ist eine Erkenntnis, die sich nicht nur unter Fachexegeten der verschiedenen Konfessionen und Schulrichtungen längst durchgesetzt, sondern auch in den offiziellen ökumenischen Dialog der Kirchen und somit auch in die Beratungen und Ergebnisse der römisch-katholisch/lutherischen Studienkommission „Das Evangelium und die Kirche" Eingang verschafft hat (vgl. das sog. „Malta-Dokument", Nr. 51 ff. [8]). Doch wird man die darin — und zwar einvernehmlich! — getroffenen Feststellungen wohl noch wesentlich verschärfen müssen, dahingehend, daß sich die neutestamentlichen Schriften nicht einmal „als kontinuierliche Schritte auf dem Weg eines eindimensionalen historischen Prozesses begreifen" lassen. Anders gesagt, haben wir es im Neuen Testament „nicht mit zeitlich aufeinander folgenden und voneinander abhängigen ‚Vermittlungen' einer ekklesiologischen ‚Grundwahrheit' zu tun", sondern eher mit „gleichzeitigen und konkurrierenden Entwürfen" [9].

---

[7] R. Schnackenburg, Die Kirche im Neuen Testament, Quaestiones disputatae 14, 3. Aufl., Freiburg 1961, S. 24.

[8] S. dazu H. Meyer, Luthertum und Katholizismus im Gespräch. Ergebnisse und Stand der katholisch/lutherischen Dialoge in den USA und auf Weltebene, Frankfurt a. M. 1973, S. 38 ff.

[9] H. Thyen, Zur Problematik einer neutestamentlichen Ekklesiologie, in: G. Liedke (Hg.), Frieden — Bibel — Kirche, Studien zur Friedensforschung 9, Stuttgart-München 1972, S. 105; anders neuerdings wieder J. Martin, Die Genese des Amtspriestertums in der frühen Kirche, Quaestiones disputatae 48, Freiburg

Das Anfangsstadium des hier nur kurz zu rekapitulierenden historischen Prozesses wird vor allem durch die Paulusbriefe quellenmäßig
belegt, während die übrigen neutestamentlichen Schriften, nicht zuletzt
die lukanische Apostelgeschichte, bereits deutliche Spuren der Probleme und Problemlösungen einer zweiten und dritten Generation an
sich tragen. Für Paulus aber ist Kirche primär der aus mannigfaltigen
und einander ergänzenden Charismen und Charismatikern bestehende
„Leib Christi"[10], wobei er unter Charisma „die durch das Heils-
ereignis geschenkte, (Zeit und Ewigkeit umspannende) je konkrete
Berufung versteht, wie sie in der Gemeinde verwirklicht wird, sie
konstituiert und dauernd aufbaut, und dem Mitmenschen in Liebe
dient"[11].

In den Pastoralbriefen dagegen ist die Fülle der Charismen auf die
eine Gabe der „Amtsgnade" reduziert und — ähnlich wie in der
Apostelgeschichte — das charismatische Kirchenverständnis des Paulus von einem „institutionellen" Kirchenbegriff überlagert, wie er
wohl seine Wurzeln in der Jerusalemer Urgemeinde hatte, wo auch
das „Ältesten"-Amt zuerst bezeugt ist (Apg 11, 30) und spätestens
beim Übergang der Jerusalemer Kirchenleitung von Petrus auf den
Herrenbruder Jakobus zum grundlegenden verfassungsmäßigen Ele-

---

1972, für den — vom 3. Johannesbrief abgesehen — mit Paulus einerseits, den
Pastoralbriefen andererseits die Grenzen erreicht sind, innerhalb deren sich die
verschiedenen Ausprägungen neutestamentlicher Ekklesiologie, mindestens hinsichtlich der Gemeindestruktur, der Sache nach bewegen (vgl. S. 61).

[10] Vgl. dazu nur die neuesten einschlägigen monographischen Abhandlungen:
G. Hasenhüttl, Charisma. Ordnungsprinzip der Kirche, Ökumenische Forschungen
I, 5, Freiburg 1969, S. 73—242; U. Brockhaus, Charisma und Amt. Die paulinische
Charismenlehre auf dem Hintergrund der frühchristlichen Gemeindefunktionen,
Wuppertal 1972; K. Kertelge, Gemeinde und Amt im Neuen Testament, München
1972, S. 62 ff., 103 ff. Dabei bemüht sich allerdings U. Brockhaus im Gegensatz zur
Mehrzahl der neueren Untersuchungen zur paulinischen Charismenlehre um den
Nachweis, daß der „eigentliche Ort der Charismen" bei Paulus „weder die Ge-
meindeverfassung noch die Ethik — beides würde die Charismenlehre verkürzen —,
sondern das paulinische Verständnis des Geistes als Kraft und Norm des neuen
Lebens" sei (S. 239), m. a. W., daß die paulinische Charismenlehre keine Gemeinde-
verfassung — in welcher Form auch immer — sein wolle, sondern eine Mahnung,
das Leben der Gemeinde offenzuhalten für das Wirken des Geistes. Doch bin ich
mehr als skeptisch, ob dieser Nachweis als geglückt zu bezeichnen ist, kann dies
hier jedoch nicht näher begründen; ich verweise vielmehr auf *meine* Skizze (A. M.
Ritter, a. Anm. 13 a. O. S. 26—33. 222—229), an der ich gegen Br. im Grundsätzlichen festhalten möchte, wie ich mich auch durch die übrige seither erschienene
Literatur zu keiner wesentlichen Korrektur veranlaßt sehe.

[11] G. Hasenhüttl aaO. S. 238.

ment geworden zu sein scheint[12]. Allerdings ist bei Lukas und dem Verfasser der Pastoralbriefe das Maß der Beeinflussung durch die paulinische Theologie durchaus verschieden. Es ist deshalb auch kaum möglich, sie ohne weiteres auf *ein* — wohl gar ein fixes „frühkatholisches" — Modell zu vereinigen[13].

Auf der anderen Seite scheint der deuteropaulinische Epheserbrief darauf hinzudeuten, daß sich das von Paulus bestimmte und geprägte Christentum in *verschiedene* Richtungen entwickeln konnte. Es wies anscheinend sowohl Tendenzen zum „Frühkatholizismus" (Apostelgeschichte, Pastoralbriefe) als auch zum christlichen Gnostizismus des 2. Jahrhunderts auf, was sich am Geschichtsverständnis und an der Eschatologie (vgl. etwa Eph 2,5 mit 2.Tim 2,18!) ebenso aufzeigen ließe wie an der Ekklesiologie und der Pneumatologie[14]. Kirche ist für den Verfasser des Epheserbriefes im Unterschied nicht nur zu Paulus, sondern auch etwa zu den Pastoralbriefen primär „die eine, himmlische, als Leib des Hauptes Christus qualifizierte", von deren „Wesen" er viel, von deren aktuellem Herausgefordertsein und deren konkreten Diensten und Funktionen er hingegen so gut wie nichts zu sagen weiß[15].

Ein charakteristisch anderer Ansatz als bei Paulus und in seiner Schule tritt uns im johanneischen Schrifttum entgegen. Hervorstechendstes Merkmal dieses johanneischen Kirchenbegriffes ist es, daß er nahezu jeder Anschaulichkeit und Konkretheit entbehrt. Anscheinend kommt Johannes ohne expliziten Kirchenbgeriff wie auch ohne jede „Amts"-Lehre und ohne ausgeführte Sakramentstheologie aus, wenn es gilt, sich auf Wesen und Substanz der Kirche zu besinnen. Und auch bei ihm ist die Fülle der Gaben auf eine einzige reduziert: die Gabe, die der Geber selbst ist. „In der Präsenz *des Geistes* wird Christus geschenkt, der das Leben ist und gibt."[16] Überdies hat der johanneische Kirchenbegriff — namentlich in den Briefen — mit am stärksten unter allen neutestamentlichen Ekklesiologien ein Gefälle zum

[12] Vgl. dazu vor allem H. von Campenhausen, Kirchliches Amt und geistliche Vollmacht in den ersten drei Jahrhunderten, 2. Aufl., Tübingen 1963, S. 82 ff.; G. Bornkamm in: ThW 6, 1959, S. 651 ff. (Lit.!).

[13] Vgl. dazu etwa A. M. Ritter, Amt und Gemeinde im Neuen Testament und in der Kirchengeschichte; derselbe — G. Leich, Wer ist die Kirche?, Göttingen 1968, S. 33 ff., bes. S. 38 mit Anm. 111 ff.

[14] S. dazu jetzt vor allem die noch ungedruckte Theol. Dissertation von A. Lindemann, Die Aufhebung der Zeit, Diss. (masch.) Göttingen 1973.

[15] U. Luz, a. Anm. 2 a. O., S. 99.

[16] G. Hasenhüttl, a. Anm. 10 a. O. S. 270.

„Sektentypus". Greift hier doch eine bedenkliche Introversion Platz und treten Kirche und Missionsgedanke wohl nirgends im Neuen Testament so weit auseinander wie hier[17]. Allerdings scheint es in der Johannesschule eine ähnliche Krise, ja Spaltung, gegeben zu haben wie in derjenigen des Paulus. Nur, daß uns in diesem Falle lediglich die eine Seite direkt greifbar ist (vgl. 1.Joh 2,19—22; 4,1.2)[18].

Spuren eines Enthusiasmus, der sich für eine Gnostisierung als besonders anfällig erweisen mußte, weil er bestimmte Affinitäten zum Gnostizismus von vornherein besaß, wie auch des Konflikts zwischen „Freiheit" und „Autorität", sei es der des „Amtes" oder sei es der der „Tradition", lassen sich aber, wie jüngst U. Luz wahrscheinlichgemacht hat, nicht nur im paulinischen und johanneischen, sondern auch im synoptischen Bereich nachweisen. Luz denkt dabei etwa an die Perikope „Vom fremden Exorzisten" (Mk 9,38—41), „jene kurze und wichtige Gemeindebildung, wo Jesus zu dem der Gemeinde ... nicht nachfolgenden christlichen Exorzisten meint: Laßt ihn; wer nicht wider mich ist, der ist für mich"! Dieses Dokument der „Offenheit der markinischen Gemeinde ... gegenüber anderen christlichen Pneumatikern" gehöre zu „den ganz wenigen Stoffen, die Matthäus aus dem Markusevangelium nicht übernommen hat." Der Grund dafür sei wohl aus Mt 7,15—23, „der matthäischen Auseinandersetzung mit christlichen Enthusiasten"[19], zu entnehmen. Auch hier werde gegen Pneumatiker auf die „Tradition" zurückgegriffen. Und zwar sei es die von Matthäus in seinem Evangelium „programmatisch überlieferte Auslegung des Gesetzes durch den historischen Jesus", die es nun auch erlaube, den echten und den falschen Pneumatiker an seinen Taten zu erkennen[20].

Schließlich wird man außer verschiedenartigen Ansätzen zum werdenden „Frühkatholizismus" einerseits, zur Entwicklung zum christlichen Gnostizismus andererseits — und um mehr als „Ansätze" dürfte es sich in der Tat nicht handeln! — auch den „Judaismus" im Sinne

---

[17] Vgl. dazu F. Hahn, Das Verständnis der Mission im Neuen Testament, Neukirchen 1964, S. 130.

[18] U. Luz, a. Anm. 2, a. O., S. 103.

[19] Vgl. dazu bes. E. Schweizer, Gesetz und Enthusiasmus bei Matthäus, in: derselbe, Beiträge zur Theologie des Neuen Testaments, 1970, bes. S. 53 ff., aber auch bereits E. Käsemann, Die Anfänge christlicher Theologie, in: ZThK 57, 1960, S. 162—185 (wieder abgedruckt in: derselbe, Exegetische Versuche und Besinnungen, II, 1964, S. 82—104).

[20] U. Luz, a. Anm. 2 a. O., S. 103 f.; vgl. zur markinischen Ekklesiologie auch etwa die eindrucksvolle Skizze von H. Thyen, a. Anm. 9 a. O. S. 158 ff.

des später häretisch werdenden Judenchristentums mindestens in
gewissen Spuren und Präfigurationen ins Neue Testament zurück-
verfolgen können[21].

Kirchen*soziologisch* gesehen heißt das alles, daß sich bestimmte
Grundtypen christlicher Gemeinschaftsbildung in allerlei Vorabschat-
tungen bereits im Neuen Testament abzeichnen. So wird man in loser
Anlehnung an E. Troeltschens bekannte Typologie[22] 1. einen „Kirchen-
typus" unterscheiden können, für den — in Entsprechung zu dem
Bekenntnis zum realen Menschsein und Leiden Christi — die dienst-
willige Unterordnung und bis in die Sphäre des Leibhaften reichende
Solidarität im Leben der Gemeinde als des „Raumes" konstitutiv ist,
in welchem die Herrschaft Christi als des *Kosmokrator* schon anerkannt wird[23]. Daneben aber zeichnet sich 2. der durch betonte Antithese zur als gottfeindlich geltenden „Welt" und das Bewußtsein
besonderer Erwähltheit charakterisierte „Sektentypus", und zwar vor
allem da ab, wo man in Jesus den maßgeblichen *zukünftigen* Heils-
bringer sieht, also in erster Linie in apokalyptischen Kreisen. Sektiere-
rische Züge begegnen freilich, wie wir sahen, auch im Umkreis eines
zur Gnostisierung tendierenden Enthusiasmus, hier gegebenenfalls
3. vermischt mit Merkmalen des „mystischen Typs", genauer gesagt
eines „Individualismus", der „den christlichen Glauben ganz vom
Maßstab der historischen Offenbarung in Jesus loszulösen vermag"[24]
und für den die „Neigung zu Schul- und Zirkelbildung" ebenso charakteristisch ist wie die „Minimalisierung der Weltbeziehungen namentlich auf dem Feld des Sozialethos"[25].

---

[21] Vgl. G. Strecker, Art. Ebioniten, in: RAC 4, 1959, Sp. 487 ff. (Lit.!).

[22] Am knappsten skizziert in seinem Aufsatz „Das christliche Naturrecht" (1913;
wieder abgedruckt in: derselbe, Gesammelte Schriften, Bd. IV, 1925, S. 169—174);
weiter ausgeführt u. a. in seinen „Soziallehren der christlichen Kirchen und
Gruppen" (Ges. Schr. I, 1922, bes. S. 360—377. 418—422). Zur Kritik an dieser
Typenlehre s. M. Wichelhaus, Kirchengeschichtsschreibung und Soziologie im 19.
Jahrhundert und bei E. Troeltsch, Heidelberg 1965, S. 177—194, sowie etwa noch
C. Andresen, Die Kirchen der alten Christenheit (= Die Religionen der Menschheit,
Bd. 29, 1/2), Stuttgart 1971, S. 6 ff.

[23] Vgl. H. Köster, Grundtypen und Kriterien frühchristlicher Glaubensbekenntnisse, in: derselbe — J. R. Robinson, Entwicklungslinien durch die Welt des frühen
Christentums, Tübingen 1971, S. 208 ff.

[24] Ebd. S. 204.

[25] H. Thyen, a. Anm. 9 a. O. S. 122; vgl. auch etwa W. C. van Unnik, Die Gedanken der Gnostiker über die Kirche, in: J. Giblet (Hg.), Vom Christus zur Kirche,
Wien 1966, S. 223—238.

Blickt man vom Neuen Testament auf das außerkanonische frühchristliche Schrifttum des endenden 1. und beginnenden 2. Jahrhunderts hinüber, so spiegelt sich darin einerseits eine zunehmende Verschärfung des Gegensatzes zwischen „frühkatholischen" und „prägnostischen" Tendenzen als der beiden dominierenden Entwicklungslinien durch die Welt des frühen Christentums wieder. Auf der anderen Seite aber hat sich allem Anschein nach der Übergang vom Urchristentum zum „Altkatholizismus" des endenden 2. Jahrhunderts so allmählich, von so unterschiedlichen Symptomen begleitet und mit so unterschiedlichen Konsequenzen vollzogen, daß man sich wohl — ohne zwingende Notwendigkeit, wie ich finde — der erforderlichen Differenzierungsmöglichkeiten beraubte, wenn man diese Phänomene des Übergangs unterschiedslos mit dem Etikett „frühkatholisch" versähe und auf diese Weise, gewollt oder ungewollt, den Anschein einer Einlinigkeit, ja Zwangsläufigkeit, der gesamten Entwicklung erweckte, der für mein Verständnis mit der wirklichen Geschichte wenig gemein hat[26]. Man denke nur an so unverwechselbar eigengeprägte Repräsentanten „großkirchlichen" Christentums um die Wende vom 1. zum 2. Jahrhundert wie Ignatius von Antiochien, Polykarp von Smyrna, den Verfasser des 1. Klemensbriefes und den der „Zwölfapostellehre", unter denen insbesondere der große Märtyrerbischof Ignatius mit dem seine Theologie kennzeichnenden Ineinander von Enthusiasmus und eigentümlich „kirchlichem" Denken, von antidoketischen und mysterienhaften Tendenzen, wie ein erratischer Block inmitten der Entwicklung zum „Frühkatholizismus" wirkt[26a].

Schließlich erweist sich im Rückblick, verglichen mit der christlichen Literatur des 2. Jahrhunderts, einschließlich der christlich-gnostischen, und erst recht von der weiteren Wirkungsgeschichte her, das neutestamentliche Schrifttum doch als einheitlicher, als wenn es lediglich für sich betrachtet wird, so, wie es die Neutestamentler normalerweise tun, die deshalb auch nicht selten Gefahr laufen, den „Wald vor Bäumen" nicht mehr zu sehen, oder aber versucht sind, „das Gras wachsen zu hören"!

---

[26] S. dazu meine Auseinandersetzung mit der These vom „Frühkatholizismus im Neuen Testament" in: A. M. Ritter, a. Anm. 13 a. O. S. 38, 231 f.

[26a] Vgl. dazu H. von Campenhausen, a. Anm. 12 a. O. S. 105 ff.; G. G. Blum, Tradition und Sukzession. Studien zum Normbegriff des Apostolischen von Paulus bis Irenäus, Arb. z. Gesch. u. Theol. d. Luthertums 9, Berlin 1963, S. 51 ff.

Aus dem Gesagten ergibt sich, daß sich die Entwicklung des Kirchen-
verständnisses und der Gemeindestrukturen im „nachapostolischen"
Zeitalter, dem ja auch bereits die Mehrzahl der neutestamentlichen
Schriften angehören, weder im Sinne der typisch protestantischen
Figur des „Abfalls" vom Ursprung, noch mit einer weit verbreiteten
katholischen These im Sinne eines immer schärfer werdenden Bewußtseins bezüglich der der Kirche „eingestifteten" Strukturen angemessen
interpretieren läßt. Wollte man z. B. das Verständnis von kirchlicher
Ordnung und kirchlichem Amt im 1. Klemensbrief, gemessen am
paulinischen Kirchenbild, als „Abfall" deuten, so wäre dies schon deshalb unangemessen, weil Paulus die römische Gemeinde bekanntlich
nicht gegründet hat. Statt einen Verfall zu signalisieren, einen Absturz
aus einer Höhe, auf der sich das römische Gemeindechristentum so
anfangs gar nicht befunden haben wird, bezeugt der 1. Klemensbrief
vielmehr für die römische Gemeinde seiner Zeit ein von Paulus wenn
überhaupt, dann nur vergleichsweise äußerlich affiziertes „hellenisiertes
siertes Judenchristentum"[27] und läßt zugleich ermessen, wie wenig der
„Völkerapostel" die Geschichte des frühen Christentums beherrscht
hat, wie sehr sein Missionswerk — zunächst wenigstens — Episode
geblieben ist!
Ebensowenig dürfte es freilich angehen, der „großkirchlichen"
Entwicklung in nachapostolischer Zeit irgendeinen „Ausschließlichkeitscharakter" zuzuerkennen oder auch nur im Neuen Testament
bereits all jene „Prinzipien" zu entdecken, die auch weiterhin „mehr
oder weniger... maßgebend" blieben[28], da sich eindeutig nachweisen
läßt, daß von der Vielfalt der im Neuen Testament erkennbaren
Ansätze in der Folgezeit von der werdenden Catholica in der Haupt-
sache nur einer aufgenommen worden ist, nämlich — etwas verein-
facht gesagt — das „lukanische Modell". Wie auch die Herleitung der

---

[27] Dies hat für die Anfangskapitel des 1. Klemensbriefes K. Beyschlag, Clemens
Romanus und der Frühkatholizismus, Tübingen 1966, m. E. überzeugend nachgewiesen.
[28] So etwa H. Schlier, Die neutestamentliche Grundlage des Priestertums, in:
Der priesterliche Dienst I, Quaestiones disputatae 46, Freiburg 1970, S. 81. Erst
recht spricht der nachapostolischen Zeit einen Ausschließlichkeitscharakter Küng zu,
indem er faktisch den „Frühkatholizismus" zu dem Rahmen erklärt, innerhalb
dessen das „Apostolische" allein bewahrt und überliefert werden kann (H. Küng,
Der Frühkatholizismus im Neuen Testament als kontroverstheologisches Problem,
in: derselbe, Kirche im Konzil, Herder-Bücherei 140, Freiburg 1963, S. 125 ff.;
wieder abgedruckt in: Das Neue Testament als Kanon, hg. v. E. Käsemann, Göttingen 1970, S. 175—204).

sich ausbildenden Kirchenstrukturen aus einer „Stiftung" Jesu oder
der Apostel, wie sie auch der Idee der successio apostolica zugrunde
liegt, der konkreten, geschichtlich bedingten Institutionalisierung
nachweislich *nachgefolgt* und ihr nicht etwa vorausgegangen ist[29].

Spürbarer noch als beim Übergang von der „apostolischen" zur
„nachapostolischen" Zeit, und damit können wir unsern Überblick
über die Vielfalt ekklesialer Strukturen im frühen Christentum einst-
weilen beenden, ist die Zäsur, die die Überwindung der „gnostischen
Krise" und die Fixierung der sog. „katholischen Normen" mit sich
brachte. Die Kirche des ausgehenden 2. und des 3. Jahrhunderts läßt
sich eben gerade nicht als „organische" Fortsetzung der vielfältigen
Erscheinungsformen des Frühchristentums im 2. Jahrhundert verstehen. Vielmehr entstand sie durch den entschlossenen Rückgriff auf
das „apostolische" Evangelium als Norm der Kircheneinheit, in der
Sammlung um den „Kanon" der zweiteiligen Hl. Schrift. Wie sehr
insbesondere die Kanonsbildung einen spürbaren Klimawechsel zur
Folge hatte, wird sogleich sichtbar an der ersten kirchengeschichtlichen
Gestalt, die eine umfassende Synthese zuwege brachte und eine wirkliche Theologie begründete, nämlich an Irenäus von Lyon. An ihm
wäre auch mühelos aufzuzeigen, daß die seit A. von Harnack in der
protestantischen Dogmengeschichtsschreibung dominierende Vorstellung, der „Altkatholizismus" sei durch die Geltung dreier konstitutiver Normen gekennzeichnet: Kanon — regula fidei — Bischofsamt,
eine einigermaßen irreführende Abstraktion ist[30]. Sie entspricht in
gar keiner Weise dem Selbstverständnis der „altkatholischen" Kirche.
Ja, es ist darüber hinaus sogar höchst zweifelhaft, ob sich aus der christlichen Antike insgesamt Texte beibringen ließen, in denen diese drei
Größen wirklich als maßgeblich *nebeneinander* gestellt würden. Vielmehr blieb die Hl. Schrift Alten und Neuen Testaments höchste, wenn
auch gewiß nicht einzige, wohl aber einzig feste Lehr- und Lebens-
norm der „rechtgläubigen" Kirche. Dies hatte — neben anderem —
auch zur Folge, daß, obwohl sich im Laufe des 2. Jahrhunderts zuerst
die Presbyterordnung und einige Jahrzehnte später — mit einer deut-
lichen Phasenverschiebung zwischen Ost und West — dann auch der
monarchische Episkopat allgemein durchsetzte und damit gewisser-

---

[29] So mit Recht auch J. Martin, a. Anm. 9 a. O. S. 19. 95 ff.
[30] Vgl. dazu vor allem H. von Campenhausen, a. Anm. 12 a. O.; derselbe, Die
Entstehung der christlichen Bibel, Tübingen 1968; derselbe, Das Bekenntnis im
Urchristentum, in: ZNW 63, 1972, S. 210—253.

maßen die „Grundstruktur" herausgebildet hatte, die in Zukunft, namentlich seit der sog. „Konstantinischen Wende", zwar noch verschiedenen „administrativen" Veränderungen unterliegen sollte, im ganzen aber um die Mitte des 3. Jahrhunderts fixiert war und seither die Grundlage aller katholischen Ämterordnungen bildete, die Entwicklung der altkirchlichen Ekklesiologie und Amtstheologie noch bei weitem nicht zum Abschluß gelangt war[31].

II. Gilt schon im Hinblick auf die eben skizzierte Entwicklung, zumal auf ihre Anfänge, daß wir uns aufgrund der Quellenlage oft genug in der „Verlegenheit" sehen, „die Tatsache einer Vielzahl von Typen behaupten zu müssen, ohne sehr viel gesicherte und aufschlußreiche Auskünfte über sie geben zu können"[32], so sind wir erst recht weithin auf Hypothesen angewiesen, wenn es um die im weitesten Sinne „sozialgeschichtliche" Frage nach der Interrelation von Theorie und Praxis geht. Ich meine damit die Frage, inwieweit es möglich ist, noch etwas über den allgemeinen kirchengeschichtlichen Hintergrund, die historischen und sozio-ökonomischen Faktoren in Erfahrung zu bringen, welche den geschichtlichen Befund mindestens mitbestimmt haben werden. In dieser Richtung wenigstens Verstehensbemühungen anzustellen, auch wenn sich gesicherte Forschungsergebnisse nur schwer gewinnen lassen sollten, dürfte nicht nur nach dem heutigen Stand historischer Grundsatz- und Methodendiskussion geboten sein. Vielmehr scheint mir auch der ökumenische Dialog, also auch unser Gespräch über die heutigen Kirchenstrukturen im Licht der frühchristlichen Geschichte, von einer solch neuen Fragestellung eher profitieren zu können als vom Fortspinnen des Streits um dies oder jenes exe-

---

[31] Vgl. dazu A. M. Ritter, Charisma im Verständnis des Johannes Chrysostomos und seiner Zeit. Ein Beitrag zur Erforschung der griechisch-orientalischen Ekklesiologie in der Frühzeit der Reichskirche, Göttingen 1972. Darin habe ich zu zeigen versucht, daß es noch am Ende des 4. Jahrhunderts einem Manne wie Chrysostomos in einem überraschenden Maße gelungen ist, den echten Paulus zu rezipieren, was auch für seine Amtstheologie von weitreichenden Folgen ist, und zwar unerachtet der Tatsache, daß auch Chrysostomos von der überlieferten hierarchischen Ämterordnung ausging und sie u. W. nie in Zweifel zog. Gewiß kann er nicht einfach als ein typischer Vertreter seiner Zeit und ihrer kirchlichen Ideale gelten. Ebensowenig ist er aber eine Randfigur gewesen. Wurde er doch alsbald einer der angesehensten und meistgelesenen Autoren des christlichen Altertums. Das aber heißt, daß die Kirche, deren loyales Glied Chrysostomos war, für eine Rückbesinnung auf Paulus und seine Charismatik mindestens offen gewesen sein muß, ein Tatbestand, der auch für den heutigen ökumenischen Dialog nicht ohne Bedeutung sein dürfte.
[32] N. Brox, Profile des Christentums in seiner frühesten Epoche, in: Concilium 7, 1971, S. 476.

getische Detail, und sei es selbst das vielumstrittene Problem der Herkunft und des ursprünglichen Sinns von Mt 16, 17—19[33].

Daß man auf diesem Wege, unter einer konsequent *historischen*
Fragestellung, jedenfalls im einen oder andern Fall auch tatsächlich
zu bemerkenswerten Resultaten gelangen kann, sei nur durch ein paar
Beispiele vor Augen geführt. So war etwa der Fall Jerusalems im
Jahre 70 n. Chr. sicher nicht nur für das Judentum, sondern auch für
das junge Christentum von einschneidender Bedeutung. Sah es sich
doch durch den Verlust des palästinischen Ursprungslandes gezwungen, zunächst bei dem synagogalen Diasporajudentum Unter-
schlupf zu suchen, und teilte es mit diesem für Jahrzehnte sowohl das
äußere Schicksal als auch eine „Diasporamentalität", die sich vorwiegend mit gruppeninternen Problemen beschäftigt zeigte und die
als bedrohlich empfundene und erfahrene Umwelt gar nicht ins
Bewußtsein dringen ließ[34], ein Tatbestand, der besonders augenfällig
wird, wenn man von der „Kleinliteratur" der Schriften der sog.
„Apostolischen Väter" auf diejenigen der frühen Apologeten, Justins
etwa, hinüberblickt!

Inzwischen freilich war im Zusammenhang der Reform des Judentums im Sinne der pharisäischen „Orthodoxie" auf der Synode von
Jamnia (Ende des 1. Jahrhunderts) der Bann gegen („Nozrim" und)
Ketzer ausgesprochen und damit — zunächst allerdings wohl nur auf
lokaler Ebene — ein Prozeß in Gang gesetzt worden, der Kirche und
Synagoge sich immer mehr gegeneinander abschließen ließ. Es war die
historische Tragik des Judenchristentums, daß es wohl immer wieder
die Nähe der jüdischen Synagogen suchte, daß es aber in allererster
Linie den synagogalen Bannspruch über die „minim" zu spüren bekam[35].

---

[33] Wie etwa K. Kertelge, a. Anm. 10 a. O. S. 40 f., 50—54, 135 f., und vor allem
A. Vögtle, Zum Problem der Herkunft von „Mt 16, 17—19", in: P. Hoffmann (Hg),
Orientierung an Jesus (Festschr. f. J. Schmid), Freiburg 1973, S. 372—393, erkennen
lassen, haben sich selbst in dieser heiklen Frage die Auffassungen katholischer und
protestantischer Exegeten weiter einander genähert, als es noch in meinem Dis-
kussionsvotum von 1968 (A. M. Ritter, a. Anm. 13 a. O. S. 42—52, 236—239) abzu-
sehen war.

[34] S. dazu bes. C. Andresen, a. Anm. 22 a. O. S. 46 ff., 86 ff.

[35] Vgl. dazu K. H. Rengstorf in: derselbe — S. von Kortzfleisch, Kirche und Synagoge, I, Stuttgart 1968, S. 36, 52 ff.; C. Andresen, a. Anm. 22 a. O. S. 93 u. ö.; vor
allem aber M. Simon, Verus Israel, 2. Aufl., Paris 1964, S. 214 ff. („Les chrétiens dans
le Talmud"). Daß auch das „Nazarener und" kaum allzu lange nach der Synode
von Jamnia in die 12. Benediktion des „Achtzehnbittengebetes" eingefügt sein wird,
geht u. a. daraus hervor, daß Justin um die Mitte des 2. Jahrhunderts „mehrmals
und unwidersprochen durch seinen rabbinischen Gesprächspartner" erwähnt, „in den

Mit diesem Vorgang der Exkommunikation der „Ketzer" durch das Rabbinentum, das in und seit Jamnia das Heft an sich gerissen hatte, wird aber auch etwa zusammenhängen, daß im Johannesevangelium „die Juden" nur noch als „Repräsentanten der gottfeindlichen Welt" (R. Bultmann) in Erscheinung treten, während Jesus sich doch ausschließlich „zu den verlorenen Schafen des Hauses Israel gesandt" wußte (Mt 15, 24) und auch Paulus nicht nur den heilsgeschichtlichen Vorrang Israels betonte, sondern sich ihm gegenüber auch stets zu dem Gott bekannte, welcher sich „seine Gnadengaben und seine Berufung nicht gereuen" läßt (Röm 11, 26).

Ebensowenig wird man, um zu einem anderen Beispiel überzugehen, das Phänomen des christlichen Gnostizismus und seiner Vorformen und damit auch die mit dieser Entwicklung vermutlich in Wechselwirkung stehende Ausbildung „frühkatholischer" Strukturen ausschließlich „geistesgeschichtlich" interpretieren können. Vielmehr dürften bei der Entstehung des „gnostischen Weltgefühls" in den unter die Stiefel der römischen Legionen geratenen kleinen Ländern des westlichen Vorderen Orients auch sozio-ökonomische Faktoren mitgewirkt haben[36]. Und Analoges wird auch von der geschichtlichen *Wirkung* der Gnosis zu vermuten sein.

Ferner ist es schwerlich ein Zufall, daß dasjenige frühchristliche Dokument, welches der Kirchenverfassung erstmals nicht mehr nur „regulative", sondern „konstitutive" Bedeutung beimißt, das Gemeindeamt erstmals *theologisch* — in einer gottgesetzten Ordnung, wie sie nicht zuletzt an dem (auf Christus hin geschaffenen) *Kosmos* abgelesen wird! — zu begründen sucht, alle nicht-amtlichen Funktionen der Gemeinde aber mit Schweigen übergeht, nämlich der 1. Klemensbrief, aus Rom stammt: „in der Hauptstadt des Reiches trat die ständisch-hierarchische Gliederung der Gesellschaft am sichtbarsten in Erscheinung. Ob sie nun direkt auf den Klemensbrief ein-

---

Synagogen würden die Christgläubigen mit dem verfluchenden Anathema belegt" (C. Andresen aaO., mit Stellenangaben).

[36] Vgl. H.-G. Kippenberg, Versuch einer soziologischen Verortung des antiken Gnostizismus, in: Numen 17, 1970, S. 211—231. Allerdings dürfte dieser Ableitungs- oder „Verortungs"-Versuch ein wenig zu kurz geschlossen sein: s. K. Rudolph, Gnosis und Gnostizismus, in: ThR 38, 1973, S. 17 f., i. Vgl. m. ThR 36, 1971, S. 119 ff.; vgl. auch derselbe, Randerscheinungen des Judentums und das Problem der Entstehung des Gnostizismus, in: Kairos 9, 1967, S. 105—122, bes. 108 ff. Der Aufsatz von P. Pokorný, Der soziale Hintergrund der Gnosis, in: Gnosis und Neues Testament, hg. v. K.-W. Tröger, Berlin 1973, war mir leider noch nicht zugänglich.

gewirkt hat oder über die antike Philosophie, die ja einmütig die
Demokratie ablehnte, ist eine sekundäre Frage ... Entscheidend ist,
daß die Theorie des Briefes in einem ganz bestimmten historischen
Kontext entstanden ist, den man mit zu bedenken hat, wenn man sich
auf sie beruft" [37].

Über der Rolle, die die historische Umwelt für die Genese des
frühen Christentums, seines Selbstverständnisses und seiner „Strukturen", ohne Zweifel von Anfang an gespielt hat — man denke etwa
noch an das „Ältesten"-Institut der Synagoge oder an das Vorbild
der Stadtgemeinden der römisch-hellenistischen Welt samt deren
politisch-gesellschaftlicher Organisation, an das ja bereits der ἐκκλησία
— Name für nicht-jüdische Ohren erinnerte —, wird man allerdings
nicht übersehen dürfen, daß wesentliche Impulse auch aus den eigenen
Voraussetzungen des Christentums selbst herrührten. Am ehesten
greifbar werden diese „immanenten" Antriebe, auf die schon A. von
Harnack in seiner berühmten Kontroverse mit R. Sohm über Wesen
und Ursprung des kirchlichen Rechts [38] nachdrücklich hingewiesen hat,
beim „Prozeß der kirchlichen Institutionalisierung" [39]. Dagegen gelangen wir hinsichtlich der Entstehung des christlichen Gnostizismus und
seiner Gemeinschaftsformen über das „bloße Daß" kaum hinaus, über
die Feststellung nämlich, daß namentlich Paulus und Johannes an ihr
einen nicht unwesentlichen Anteil gehabt haben dürften [40]. Der Ent-
wicklungsgang aber von den im Neuen Testament begegnenden Präfigurationen zu den ausgebildeten christlich-gnostischen Systemen des
2. Jahrhunderts entzieht sich im einzelnen bis zur Stunde der Rekonstruktion. Erst wenn die Texte der gnostischen Bibliothek von
Nag-Hammadi vollständig ediert und ausgewertet sein werden,
könnte sich das grundlegend ändern.

Halten wir uns also an diesen uns verhältnismäßig am ehesten
durchschaubaren Prozeß, die Genese des „Frühkatholizismus", so
dürfte die Tatsache, daß im Neuen Testament — mit Ausnahme vielleicht der Pastoralbriefe — Fragen der Gemeindestruktur nirgends
zum zentralen Thema werden, gewiß nicht allein, aber doch auch

---

[37] J. Martin, a. Anm. 9 a. O. S. 75.
[38] Vgl. nur A. von Harnack, Kirchenverfassung und Kirchenrecht in den ersten
zwei Jahrhunderten, Leipzig 1910, S. 121—186.
[39] J. Martin, a. Anm. 9 a. O. S. 22.
[40] Vgl. dazu, der Einfachheit halber, nochmals den Forschungsbericht von K. Rudolph, Gnosis und Gnostizismus, in: THR 37, 1972, S. 295 ff., wo alle einschlägige
neuere Literatur verzeichnet und besprochen ist.

damit in Zusammenhang zu bringen sein, daß der Kirche, solange sie in der Spontaneität des Anfangs lebte und das Kommen ihres Herrn in Bälde erwartete, organisatorische Probleme weitgehend gleichgültig bleiben mußten. Überdies standen ihr ja fürs erste in den Aposteln und in anderen unmittelbaren Zeugen der Jesusgeschichte noch anerkannte Autoritäten zur Verfügung, die in Konflikts- oder Zweifelsfällen Entscheidungen treffen konnten, ein Recht, das auch Paulus bei allem Respekt vor der Freiheit der Gemeinde für sich in Anspruch genommen hat [41].

Das alles mußte sich nun mit dem Zurücktreten der Naherwartung, dem Aussterben der Apostelgeneration unter gleichzeitigem Rückgang der Prophetie zweifellos ändern. Entstand doch jetzt ein Vakuum, gleichsam ein „Autoritätsloch" (U. Luz), das die werdende „Großkirche" überwiegend durch den Rekurs auf den zur autoritativen Tradition geronnenen Geist der Vergangenheit und auf ein diese „apostolische" Tradition sicherndes Amt zu schließen bemüht war.

Die Antwort, die man so auf die Herausforderungen der Zeit nach dem Verschwinden der ersten Autoritätsträger fand, war insofern von Anfang an, schon im Jüngerkreis des historischen Jesus, vorbereitet, als die Kirche — anders als die Qumran-Gemeinde — „überweltlich" niemals qua Organisation war! Diese blieb daher frei, wandlungs- und anpassungsfähig. Und doch wird man immerhin fragen können, ob wirklich das Nachlassen der eschatologischen Spannung zwangsläufig in die Verstärkung der *Organisation* führen, ob sich die Kirche mit zunehmender Dauer den Tatsachen beugen und in der Welt einrichten *mußte*? Ist nicht vielmehr gerade das die Frage, ob sie dies — als Kirche — *durfte*? Blieb sie dabei noch Kirche? Wurde sie nicht darüber selbst zur „Welt", auch und gerade, wenn sie sich als Sonder-

---

[41] Vgl. zu dem kontroverstheologisch nach wie vor heftig umstrittenen Problem des Verhältnisses zwischen apostolischer Vollmacht und der Freiheit der Gemeinde bei Paulus die umsichtige Erörterung von J. Martin, a. Anm. 9 a. O. S. 30 ff. Vielleicht läßt sich in der Tat, wie schon K. Holl (Der Kirchenbegriff des Paulus in seinem Verhältnis zu dem der Urgemeinde 1921; wieder abgedruckt in: derselbe, Ges. Aufs. z. Kirchengesch., II, Tübingen 1928, S. 64) annahm, die hier zutage tretende Spannung gedankenmäßig nicht auflösen, „ohne daß entweder grundsätzlich die Freiheit der Gemeinde oder die Befehlsgewalt des Apostels eingeschränkt wird" (J. Martin aaO., S. 32). Wie auch dem Verfasser darin zuzustimmen sein wird, daß es keineswegs genügt, irgendwelche neutestamentlichen Theologumena, also auch diejenigen der paulinischen Charismatik, einfach zu reproduzieren, ohne daß man sich „klarmacht, ob und wie (sie) *im konkreten Fall*, d. h. in der alltäglichen kirchlichen Praxis, ... eingelöst werden können", wenn anders sie nicht „in die Nähe von Ideologien" geraten sollen (ebd., Anm. 41).

oder Gegenwelt zu „diesem verderbten Geschlecht" (Apg 2, 4) eta-
blierte?

Ebenso wird man es sicher nicht als illegitim, als einen Bruch mit
den Ursprüngen des Christentums ansehen können, wenn die Kirche
in nachapostolischer Zeit mehr und mehr ihre rückwärtigen Verbin-
dungen bedroht sah und infolgedessen auf die Bewahrung ihrer ursprünglichen Lehre und Tradition besonderes Gewicht legte. Gehört
doch zu den „Struktureigentümlichkeiten der christlichen Überlieferungsgeschichte" ganz wesentlich die „Identität des christlichen Gottes
mit dem der Juden und die normative Bedeutung der christlichen
Anfangszeit, die letztlich auf den eschatologischen Charakter des Auf-
tretens und der Geschichte Jesu selbst zurückgeht". „Jesus, die alttestamentlichen Überlieferungen, in deren Licht das Urchristentum
Jesu Bedeutung verstand, und die apostolische Botschaft (haben) den
christlichen Überlieferungsprozeß ausgelöst" und lösen ihn immer
wieder aus, „weil der Glaube jeder späteren Zeit als Glaube an Jesus
Christus immer wieder auf sie zurückverwiesen wird" [42]. Und doch
wird man fragen können, ob der „Frühkatholizismus", der sich so
entschlossen am „Apostolischen" orientieren wollte, dieser seiner
Intention auch wirklich gerecht geworden sei [42a]. War denn die „früh-
katholische" Bindung des Geistes an die Tradition der Vereinnahmung
der Tradition durch pneumatische Gnosis im prägnostischen Enthusiasmus und erst recht im ausgebildeten christlichen Gnostizismus, am
Maßstab des „Apostolischen" gemessen, wirklich *in jeder Hinsicht*
vorzuziehen? Kann das Pochen der Gnostiker auf die lebendige Offenbarung des Geistes in der Gegenwart so generell als die verabscheu-
ungswürdige „Neuerung" gelten, als die sie ihre „großkirchlichen"
Gegner hinzustellen pflegten? Kann man das „Apostolische" bewahren, ohne es zugleich jeweils neu zu „übersetzen"? Gibt es in der
„Nachfolge der Apostel" „Unterscheidung der Geister", ohne daß
man diese zuvor selbst beschworen und sich ihrer Bedrohung selbst
ausgesetzt hat?

Jedenfalls wird sich wohl jeder, der hinter diesem „Prozeß der
kirchlichen Institutionalisierung" eine geschichtliche Notwendigkeit
walten sieht und meint, es habe dazu ernsthaft gar keine Alternative
gegeben, „es sei denn den Verzicht auf Kirche als sichtbare Gemein-

---

[42] W. Pannenberg, Wissenschaftstheorie und Theologie, Frankfurt a. M. 1973,
S. 378, 380.
[42a] So auch U. Luz, a. Anm. 2 a. O., S. 107 f.

schaft"[43], mit der Tatsache auseinandersetzen müssen, daß die „Sicherung und Erhaltung der Apostolizität der Kirche und ihrer Lehre"[44], die als treibende Kraft auch hinter dem Vorgang der Konzentration aller entscheidenden kirchlichen Funktionen auf das Gemeindeamt stand und für die frühe Christenheit ganz gewiß eine Frage des Überlebens war, mit einem sehr hohen Preis erkauft worden ist, nämlich mit dem weitgehenden Verlust der charismatisch-diakonisch-missionarischen Dimension der Kirche[45].

III. Was folgt aus diesem historischen Befund, der natürlich in der oder jener Einzelheit angezweifelt werden kann, bei dem ich mich aber nach Möglichkeit darum bemüht habe, Auskünfte zu geben, die auf einem weitgehenden wissenschaftlichen Konsens basieren? Inwiefern könnte die Berücksichtigung der Geschichte des frühen Christentums, seiner Fragen, seiner Lösungsversuche, aber auch seiner unübersehbaren Aporien, von Bedeutung sein für die heutigen Strukturen der Kirche?

Daß wir nicht „beati possidentes", sondern „Bettler" (Luther) sind, in der Elementarschule des Verstehens auf die Anfangsgründe zurückgeworfen und also der Orientierung dringend bedürftig, darüber wird es, wie ich denke, zwischen uns kaum Meinungsunterschiede geben. Dann aber ist auch die Gefahr nicht übermäßig groß, daß uns die Geschichte im Grunde lediglich als „Legitimationsinstanz" dienen soll, von der wir uns einen „Verstärkereffekt" für die jeweils eigene Position erhoffen, während wir ihr eine kritische Funktion allenfalls im Blick auf die fremde Kirchenlehre beimessen.

---

[43] J. Martin, a. Anm. 9 a. O. S. 84. Ähnlich argumentierte auch etwa schon A. von Harnack gegen R. Sohm (a. Anm. 38 a. O. passim, bes. S. 148 f.); und er fand darin bis zur Gegenwart zahllose Nachfolger. Dabei schloß und schließt man sich zumeist, ob ausdrücklich oder nicht, der Theorie M. Webers über die drei „reinen Typen der legitimen Herrschaft" an, nach welcher ein spezifisches Gefälle „charismatischer" Herrschaftsformen, die, wo sie in reiner Form begegnen, in der Regel höchst instabil seien, über „traditionale" hin zu den Formen einer rein bürokratisch-„legalen" Herrschaft besteht. Doch dürfte diese Typologie der Herrschaftsformen, die M. Weber in nicht weniger als drei Fassungen überliefert hat (vgl. W. F. Mommsen, Max Weber, in: Deutsche Historiker III, hg. v. H.-U. Wehler, Kl. Vandenhoeck-Reihe 343—345, 1972, S. 81 ff.), dringend der wissenschaftstheoretischen Hinterfragung bedürfen und in keinem Falle mehr unbedenklich zu übernehmen sein!
[44] J. Gewiess, Art. Amt, I. Biblisch, in: Handbuch theologischer Grundbegriffe, hg. v. H. Fries (1962), Taschenbuchausgabe dtv Bd. 4055, 2. Aufl. 1973, S. 63.
[45] Vgl. dazu A. M. Ritter, a. Anm. 13 a. O. S. 67, 246 ff., sowie G. Hasenhüttl, a. Anm. 10 a. O. S. 283 ff. („Die Entwicklung zu einer Gemeindestruktur ohne Charismen").

Ich jedenfalls kann für meine Person nur bekennen, daß ich zwar
davon überzeugt bin, in der Reformation M. Luthers sei es zu einem
so grundlegenden ekklesiologischen Neuansatz gekommen wie in der
Kirchengeschichte wohl niemals zuvor und niemals wieder danach [46],
daß ich aber ebensowenig leugne, daß dieser Neuansatz in der weiteren Geschichte reformatorischen Kirchentums im großen und ganzen
nie in die Tat umgesetzt worden ist [47]. So kann ich leider auch der
Diagnose nur weitgehend zustimmen, wie sie jüngst das Soziologen-
ehepaar G. Bormann und S. Bormann-Heischkeil in dem wahrhaft auf-
regenden Buch „Theorie und Praxis kirchlicher Organisation. Ein
Beitrag zum Problem der Rückständigkeit sozialer Gruppen" [48] vorgelegt hat, oder auch der einigermaßen ernüchternden Bilanz, die der
inzwischen tödlich verunglückte Münsteraner Sozialethiker W.-D.
Marsch in seinem Traktat „Institution im Übergang. Evangelische
Kirche zwischen Tradition und Reform" [49] aus seinen langjährigen
Erfahrungen und Bemühungen um Kirchenreform gezogen hat, dabei
bemüht, einen realistischen Weg in die Zukunft ausfindig zu machen.

Marsch kommt darin u. a. zu dem Ergebnis, daß wir in einer Zeit
der „zweiten Aufklärung" leben, in der sich auch absehen lasse, daß
die Kirche als „Institution" wohl nirgends mehr als eine „dogmatische
Macht" einen lebens- und meinungsregulierenden Führungsanspruch
werde durchsetzen oder sich als „sakrale Macht" im Gegenüber zur
profanen Gesellschaft werde behaupten können. Ja, er stellt sogar in
Frage, ob die Kirche als „paradigmatische Macht" die Gesellschaft
werde reformieren und als ganze, als „Institution" eben, etwas werde
leisten können, was die Gesellschaft nicht zu leisten imstande ist, genau
das also, worauf heute die überwiegende Mehrzahl der Kirchen-
reformbestrebungen in allen Kirchen, jedenfalls aber in der evangelischen, abzielen [49a].

---

[46] S. A. M. Ritter, aaO.. S. 92 ff. (Lit.!).

[47] Ebd. S. 109 ff., 271; vgl. dazu jetzt vor allem E. Winkler, Die Gemeinde und
ihr Amt. Historische, empirische, hermeneutische Aspekte, Stuttgart 1973, S. 7 ff.

[48] Erschienen in der Reihe „Beiträge zur soziologischen Forschung", Bd. 3, Op-
laden 1971.

[49] Erschienen in der „Sammlung Vandenhoeck", Göttingen 1970; vgl. besonders
den die „Folgerungen für die Chancen von Kirchenreform" eröffnenden „Negativ-
Katalog" (S. 250 ff.).

[49a] Marsch will damit allerdings nicht in Abrede stellen, daß die Sehnsucht nach
einer „paradigmatischen" Funktion und Existenz der Kirche ihr „tiefes Recht"
habe, sondern nur bestreiten, daß die „Organisierung der Kirche als Paradigma von
Welt" möglich sei (S. 258). Wohl aber müsse es das Ziel von Kirchenreform sein,

Weil dies wohl so ist, darum sind auch seit langem Entwicklungen zu beobachten, „die es notwendig machen, von einer Krise des kirchlichen Amtes, ja der kirchlichen Strukturen insgesamt zu sprechen"[50]. Um so dringlicher wäre es daher, „zwischen den wandelbaren (und heute schon überholten) Strukturen ... und dem wesentlichen Auftrag" klar zu unterscheiden, „den die Kirche durch ihre Gemeinden und Ämter noch heute auszurichten hat"[51].

Hierbei könnte, wie ich meine, die Berücksichtigung des frühchristlichen Befunds in dreierlei Hinsicht bedeutsam werden: 1. könnte sie den Blick für die geschichtliche Bedingtheit heutiger kirchlicher Strukturen schärfen helfen, indem deutlich wird, in welchem Ausmaß die konkreten Lebensformen der Kirche bereits in frühchristlicher Zeit geschichtlichen Bedingungen unterworfen waren. Zumindest läßt sich die „spätere Behauptung, alle Gemeindegründungen und alle Gemeindeämter gingen in ununterbrochener Linie auf die Apostel" oder gar auf eine „Stiftung" des historischen Jesus „zurück", eindeutig als „eine historische Fiktion" erweisen[52]. Ja, es ist zu fragen, ob selbst die sehr viel vorsichtigere Formulierung des Malta-Berichts (Nr. 56), daß nämlich „das Amt konstitutiv zur Kirche" gehöre „und auch eine bleibende Grundstruktur" besitze, auch wenn „die konkreten Ausprägungen" situationsbedingt und wandelbar seien, insoweit es sich dabei um eine dezidiert *historische* These handelt, am frühchristlichen Befund verifizierbar ist. Denn wie verträgt sie sich z. B. mit den Nachrichten über den Jüngerkreis des historischen Jesus[53], die es doch wohl — unerachtet der auch mir durchaus geläufigen semantischen und historischen Differenz zwischen „Basileia" und „Ekklesia" — als Kriterium von Kirche mitzuberücksichtigen gilt? Oder wie läßt sie sich in Einklang bringen mit dem paulinischen Kirchenbild, das zwar eine Fülle von Diensten und Funktionen, bei denen zum Teil mindestens durchaus mit Stetigkeit gerechnet wird, aber keine „Ämter" im strengen Sinne kennt, oder gar mit dem der johanneischen Schriften, in denen

---

daß „die Kirche in unserer Gesellschaft Freiräume einer ‚symbolisch vermittelten Interaktion' [J. Habermas]" schaffe und erhalte (S. 265) oder — „traditioneller gesprochen" — daß sie ein „Ort der Versöhnung" sei (S. 268).

[50] Reform und Anerkennung kirchlicher Ämter. Ein Memorandum der Arbeitsgemeinschaft ökumenischer Universitätsinstitute, München-Mainz 1973, S. 13.

[51] Ebd. S. 15.

[52] J. Martin, a. Anm. 9 a. O. S. 66; vgl. auch S. 102 u. ö.

[53] Vgl. dazu A. M. Ritter, a. Anm. 13 a. O. S. 22 ff., 217 ff., i. Vgl. mit S. 42 ff., 236 ff.

noch in spätneutestamentlicher Zeit eine Gemeindeordnung vorzuliegen
scheint, welche „noch weit freier ist als die der Paulusgemeinden und
stark an die der heutigen Quäker oder des no-church-movement in
Japan erinnert"[54]? Diese These läßt sich, wie ich meine, aber auch nicht
so begründen, wie es der Malta-Bericht tut (Nr.48), daß nämlich „das
Heil ausschließlich der ein für allemal geschehenen Heilstat Gottes in
Jesus Christus, wie sie im Evangelium bezeugt wird", zu „verdanken"
sei, daß aber zum „Werk der Versöhnung... auch der Dienst der
Versöhnung" gehöre und das „Zeugnis des Evangeliums... als Vor
aussetzung" habe, „daß es Zeugen des Evangeliums" gebe. Denn so
richtig und biblisch gut begründet das alles auch ist, so wenig läßt sich
daraus ohne weiteres die Schlußfolgerung ziehen, daß der Kirche als
„creatura et ministra verbi" (ebd.) allererst konstituierende und er-
mächtigende Zeugendienst unbedingt „amtlich" geregelt sein müsse.
Eine solche Verallgemeinerung des Sendungsprinzips, wie sie freilich
in der Kirchengeschichte schon früh begonnen hat und dann auch von
den Reformatoren, speziell von Calvin, übernommen worden ist,
ließe sich vom Zeugnis Jesu, des Paulus und des Johannes her schwerlich rechtfertigen.

Wohl aber scheint sich mir aus dem frühchristlichen Befund zu
ergeben, daß es sowohl erlaubt sein müßte, nicht bei den vorhandenen
kirchlichen Traditionen stehen zu bleiben, sondern ganz neue, in der
bisherigen Kirchengeschichte noch nicht verwirklichte Strukturen zu
entwickeln, als auch die überkommenen Strukturen, die im römischen
Katholizismus wie im Luthertum am ehesten den „frühkatholischen"
Entwicklungslinien im frühen Christentum folgen, darauf zu über-
prüfen, inwieweit und unter welchen Modifikationen sie dazu dienen
könnten, daß der wesentliche Auftrag der Kirche *heute* nicht verfehlt
wird.

2. Daß überhaupt so nach dem „Wesentlichen" der Kirche und ihres
Auftrags gefragt werden kann, ist wiederum dem frühen Christentum
zu verdanken, das im „Kanon" des Neuen Testaments die historische
Ur-Kunde christlicher Offenbarung und darin — soll man sagen:
„errore hominum et providentia dei"? — auch das Zeugnis des Paulus
und des Johannes bewahrt und übermittelt hat, von denen es sich, wie
wir sahen, in seinem Selbstverständnis und in seinen Organisations-

---

[54] So E.Schweizer in seiner Rezension des Buches von K.Kertelge (s. oben
Anm.10) in: ThLZ 98 ,1973, Sp.344 f.; vgl. dazu derselbe, Gemeinde und Gemeindeordnung im Neuen Testament, 2.Aufl. 1962, S.105—124.

formen im ganzen schwerlich hat bestimmen lassen, ja, die, historisch gesehen, im Schnittpunkt später auseinanderstrebender Linien gestanden zu haben scheinen. Dieser „Kanonizität" des Neuen Testaments, allen künftigen Zeiten und Gestaltwandlungen der Kirche und ihrer Theologie gegenüber, stünde die Einsicht in seinen situationsbedingten Charakter, in das Faktum seiner Vermittlung in geschichtlichen Formen nur dann entgegen[55], wenn man die griechische Seinsmetaphysik, die das Sein des Seienden einzig als Nicht-Nichtsein zu bestimmen wußte und deshalb alle Bewegung und Veränderung als defiziente Seinsmodi denunzieren mußte, an Stelle des christlichen Offenbarungsverständnisses zum Maßstab nähme! Allerdings macht diese Einsicht den naiven Rückgriff auf das Neue Testament im Namen eines formalen „Sola-scriptura"-Prinzips unmöglich, „als gälte es einzig, die Strukturen neutestamentlicher Gemeinden samt den sie legitimierenden Ekklesiologien zu rekonstruieren, um sie dann als eine Art zeitloser Offenbarungswahrheit unvermittelt zum Maß heutiger Kirchenstrukturen zu machen"[56] (vgl. auch den Malta-Bericht, Nr. 42 ff., bes. 44). Sie diskreditiert aber nicht das Neue Testament als „Predigttext" der Kirche wie als — noch längst nicht ausgeschöpfte! — Quelle der Inspiration zu neuen Formen kirchlicher Lebenspraxis, auch und gerade zur Wiederentdeckung der Kirche als communio[57].

3. Nimmt man die sich bereits im Neuen Testament und erst recht in der Geschichte des frühen Christentums insgesamt wiederspiegelnde Ambiguität, geschichtliche Wandelbarkeit und Anpassungsfähigkeit kirchlicher Strukturen ernst, statt sie zu bagatellisieren oder aber ihre Vielfalt und nicht selten auch kontradiktorische Widersprüchlichkeit zu harmonisieren, so wird man darin der *Nicht-Identität zwischen Christus und Kirche* ansichtig, wie sie dem Neuen Testament neben der Solidarität der an Christus Glaubenden und der Kontinuität der Kirche mit ihrem Ursprung ekklesiologisch allein wesentlich gewesen zu

---

[55] S. dazu etwa J. Martin, a. Anm. 9 a. O. S. 16: „es widerspricht ... dem Sinn der Rede vom Wort Gottes, daß es auch geschichtlich bedingt ist"!

[56] H. Thyen, a. Anm. 9 a. O. S. 100.

[57] Vgl. dazu außer dem Beitrag von H. Thyen (a. Anm. 9 a. O. passim), dessen leitendes Interesse eben diesem „kommunialen" Aspekt gilt, etwa noch H. J. Kraus, Aktualität des „urchristlichen Kommunismus"?, in: Freispruch und Freiheit (Theologische Aufs. f. W. Kreck), hg. v. H.-G. Geyer, 1973, S. 306—327.

sein scheint[58]. Gerade in dieser „Zweideutigkeit" aber ist Kirche „Ver-
körperung des Neuen Seins" (P. Tillich), das mit Jesus von Nazareth
historisch manifest wurde — freilich sub contrario! Sie kann dies
jedoch nur sein, indem sie, als „Dienstgemeinschaft", als ecclesia crucis
nicht mehr sein wollend als ihr Herr, „das futurum des Auferweckten
weiter verkörpert"[59], indem sie „mit ihrem konkreten Sein inmitten
einer unversöhnten Welt als die Gemeinde der versöhnten Feinde das
Evangelium verkündet"[60].

---

[58] Vgl. dazu W.-D. Marsch, a. Anm. 49 a. O. S. 204 ff. Gerade auch die im Kolosser-
und Epheserbrief anscheinend aufgenommenen gnostischen Vorstellungen (Kol 1,
18. 24; Eph 1, 23; 5, 23. 29) verwehren, „was die Theorien des corpus mysticum
daraus haben ableiten wollen: Christus bleibt der Initiator des Lebens der Kirche
und ihre Zukunft" (S. 205).

[59] Ebd. S. 206 i. Vgl. m. S. 193 ff.

[60] H. Thyen, a. Anm. 9 a. O. S. 170.

Der ethische Kompromiß

Von Dietrich Rössler

Von ethischen Sätzen und Normen erwartet man Klarheit und
Eindeutigkeit. Sie sollen sagen, was gut und was richtig ist und wie
gehandelt werden und was sein soll, und sie sollen das unmißverständ-
lich und für jedermann begreiflich zum Ausdruck bringen. Gerade
deshalb aber beginnt mit der Realisierung derartiger ethischer Normen
eine eigene Dimension ethischer Problematik. Eine Antwort auf die
Frage, was gut sei, ist nicht zugleich schon eine Antwort auf die Frage,
wie dieses Gute denn im Handeln verwirklicht werden könne. Wolfgang Trillhaas hat das folgendermaßen beschrieben: „Das ganze Problem ist darum theoretisch nahezu unlösbar, weil die ethischen Grundsätze eben in ihrer idealen Unbedingtheit in kalter Abstraktheit über
den unverrechenbaren Situationen stehen. Das soll nicht im Sinne einer
laxen Ethik verstanden werden. Die Würde des menschlichen Lebens
ist hier nirgends bestritten. Dennoch zwingen eben die ethischen
Grundsätze immer zu einer Entscheidung zwischen Ja und Nein. Aber
die konkreten Fälle zwingen — nicht nur den Arzt — sehr oft zu
solchen Entscheidungen, die vom Standpunkt der absoluten Normen
aus als Kompromiß angesehen werden müssen. Es ist immer leicht, das
Prinzip hochzuhalten, es ist schwer, im konkreten Falle dem Menschen
in seiner unverwechselbaren Lebenssituation gerecht zu werden." [1]
Diese Formulierungen stehen im Zusammenhang von Erwägungen
über die Schwangerschaftsunterbrechung. Und es ist nicht zufällig, daß
gerade dieses Thema eine derartige Erörterung veranlaßt. Hier wird
in einer eklatanten Weise das Problem der Realisierung ethischer
Normen als ethisches Problem offenkundig. Man kann sagen, daß es
bei dieser Erörterung der Schwangerschaftsunterbrechung im ethischen
Zusammenhang um nichts anderes geht, als um eine derartige Reali-
sierungsproblematik. Denn hinsichtlich der fundamentalen Grundsätze, die hier zu gelten haben, gibt es keine Frage und kann es keine

---

[1] Wolfgang Trillhaas, Sexualethik, 1969, S 118 f.

Frage geben. Hier ist in der Tat alles klar und eindeutig. Die ethisch
oder moralisch positive Wertung eines Eingriffs in die Schwangerschaft ist grundsätzlich nicht denkbar. Es gibt weder vernünftige noch
ernstzunehmende Gründe dafür, derartiges zu wollen oder gar zu
wünschen. Einen solchen Standpunkt sollte man übrigens auch in der
allgemeinen politischen und strafrechtlichen Diskussion niemandem
unterstellen. Ein ethisches Problem entsteht hinsichtlich der Unter-
brechung einer Schwangerschaft nicht durch deren unterschiedliche
Würdigung oder Bewertung. Ein ethisches Problem entsteht vielmehr
durch die Frage, wie die grundsätzlich akzeptierten ethischen Normen
tatsächlich realisiert werden können.

Eines der relevantesten Beispiele für eine solche Realisierungs-
problematik ist der Konflikt, die Situation also, in der zwei verschiedene Auffassungen, Ziele oder Güter miteinander in Konkurrenz
treten.

Der bekannteste Fall eines solchen Konfliktes ist der, bei dem durch
das werdende Leben das Leben der Mutter gefährdet ist. Es handelt
sich also um den Sachverhalt der sogenannten medizinischen Indikation. Der Konflikt besteht darin, daß durch die ärztliche Hilfe
möglicherweise nur eines der beiden Leben gerettet werden kann.
Welche Entscheidung soll die Ethik befürworten? Vor allem aus der
älteren katholischen Ethik ist der Standpunkt bekannt, daß das werdende Leben auf jeden Fall den Vorrang besitze. Dieser Standpunkt
hat einiges für sich. Er kann auf seine Konsequenz verweisen und auf
die Eindeutigkeit, mit der er das werdende Leben schützt. Es ist nicht
zuletzt diese Klarheit und die Entlastung von Zweifeln und weiteren
Überlegungen, die diesen Standpunkt auch heute noch und nicht selten
empfiehlt. Freilich begegnet ihm in der ethischen Diskussion eine
erhebliche Kritik. Diese Kritik besteht aber nicht, wie man zunächst
annehmen könnte, darin, daß nach dieser Auffassung der Tod eines
Menschen, nämlich der Mutter, zugelassen oder gar befürwortet wird.
Auch die Billigung einer Schwangerschaftsunterbrechung rechnet ja
mit dem Tod eines menschlichen Lebens. Die ethische Kritik setzt vielmehr bei dem Begriff von „Leben" ein, der hier zugrunde gelegt wird.
Denn, warum verdient eigentlich das werdende Leben den Vorzug?
Offenbar deshalb, weil sich in ihm die natürlichen Kräfte, die Fort-
pflanzung der Menschheit, die elementaren Vorgänge von Wachstum
und Werden am deutlichsten abbilden. Die Mutter dagegen „schenkt"
das Leben, und sei es um den Preis ihres eigenen. Der Vorwurf, hier

werde im Grunde die Natur verehrt und heilig gesprochen und deshalb statt von einem religiösen von einem biologistischen Fundament
aus Ethik betrieben, ist kaum zu widerlegen.

Vor dieser Fragestellung hat sich nun freilich auch die andere
ethische Entscheidung auszuweisen, die also, die die medizinische Indikation zuläßt. Hiernach soll also ein Abbruch der Schwangerschaft
möglich sein, um das Leben der Mutter zu erhalten. Die ethischen
Gründe, das Leben einer Mutter höher zu stellen, liegen gewiß in
einem anderen Bereich als in dem der Natur. Denn hier spielt die
Bedeutung der Mutter für andere Menschen eine Rolle, für weitere
Kinder, für die Familie im ganzen. Das ausgereifte und fertige menschliche Leben, das seine Bedeutung für die eigene Umwelt und für die
Gestaltung der Sozialität bereits gewonnen hat, wird an die erste
Stelle gerückt. Dabei wird deutlich, daß die Befürwortung der „medi-
zinischen Indikation" durchaus nicht allein medizinisch begründet ist.
Ethisch gesehen handelt es sich hier um den primären Schutz eines
schon erreichten Standes in der Ausbildung und Durchgestaltung von
menschlichem Leben.

Dieser Standpunkt repräsentiert gewiß eine reflektiertere und quali-
fiziertere Ethik als der, der ausschließlich einer sogenannten „Natur"
ihren Lauf lassen will. Aber es ist deutlich, daß die Billigung der
medizinischen Indikation allein höchst inkonsequent erscheinen muß.
Von diesem Standpunkt aus legt es sich vielmehr nahe, nicht allein
das nackte Leben der Mutter, sondern deren Lebensfähigkeit, deren
Arbeitsfähigkeit und Gesundheit in einem weiteren Sinne für schüt-
zenswert zu halten. Der Weg von der medizinischen zur sozialen Indikation ist nicht mehr weit.

An der Gegenüberstellung wird bereits beispielhaft deutlich, daß
der ethische Standpunkt in dieser Frage, die ethische Beurteilung des
Problems und also der Konflikt von den leitenden Grundbegriffen her
verstanden werden muß. Und einer der wesentlichen dieser Grund-
begriffe ist „das Leben". Das Leben soll geschützt werden; niemand
bestreitet diesen Satz. Offenbar aber gibt es sehr unterschiedliche
Auffassungen von dem, was dieses Leben sein soll. Auf der einen Seite
fand sich bereits der einfache, allein von der Natur her definierte
Lebensbegriff. Ihm steht auf der anderen Seite eine Anschauung vom
Leben gegenüber, die im wesentlichen an der freien Individualität des
Menschen orientiert ist und an seinem Recht auf Selbstbestimmung.
Im ersten Fall wird die Schwangerschaft zu einem ebenso natürlichen

wie unabänderlichen Schicksal. Im anderen Fall dagegen ist sie ein
gewolltes oder zufälliges, erwünschtes oder störendes Ereignis, dem
mit jeweils entsprechenden Reaktionen zu begegnen ist. So setzt sich
die Differenz der Grundbegriffe fort zur Konkurrenz der Handlungs-
ziele, und die Einstellung zur Schwangerschaftsunterbrechung ergibt
sich im einen wie im anderen Falle zwangsläufig und von selbst. Auf
die christliche Ethik freilich wird sich keiner dieser Standpunkte zu
Recht berufen können. Denn die Forderung nach unbedingter Bewahrung werdenden Lebens stimmt mit der Forderung nach unbedingter Selbstbestimmung der Mutter in einer fundamentalen
Hinsicht überein, in der nämlich, daß damit jeweils das Prinzip absoluter Selbstverwirklichung des Menschen vertreten wird. Dieses
Prinzip aber ist in keiner Hinsicht ethisch akzeptabel und schon gar
nicht im Zusammenhang mit der christlichen Ethik. Einem derartigen,
am Ende anarchistischen Postulat stehen nicht allein die Verpflichtun-
gen und Verantwortungen des christlichen Liebesgebotes gegenüber,
sondern ebenso die Einsicht in die Angewiesenheit auf andere Menschen, auf die Zusammenarbeit mit ihnen, auf die Gemeinschaft, die
die Voraussetzung für die Begründung und Gestaltung des menschlichen Lebens bildet. Sind aber verantwortliche Mitmenschlichkeit und
der Verzicht auf die rigorose Selbstdurchsetzung konstituierende Sätze
der christlichen Ethik, dann sind Konfliktlösungen, die allein einem
der daran Beteiligten Recht gäben, nicht zu legitimieren. Deshalb bleibt
die ethische Überlegung in derartigen Fällen nur dann in ihren eigenen Grenzen, wenn es ihr gelingt, einen lösenden Kompromiß zu
suchen.

Man kann das an einem weiteren Beispiel aus der Debatte um den
Paragraphen 218 verdeutlichen. Zu den umstrittenen Indikationen
gehört bekanntlich diejenige, bei der eine Schwangerschaft durch ein
Verbrechen entstanden ist. Soll in einem derartigen Fall der Schwan-
gerschaftsabbruch möglich sein? Eine Reihe äußerer Schwierigkeiten,
wie etwa das Problem der Prüfung und Erhärtung des Sachverhalts,
spielen dabei keine Rolle. Wer die Frage verneint, tut das zumeist mit
der Begründung, daß ein begangenes Unrecht durch ein neues und
darauf folgendes Unrecht nicht wiedergutgemacht werde. Das ist
zunächst zweifellos ein überzeugendes Argument, das wesentlichen
ethischen Gesichtspunkten Rechnung trägt. Aber es bleibt die Frage,
ob dieses Argument hier das einzige sein kann oder sein darf. Immerhin sind Situationen denkbar, in denen die Schwangerschaft und ihre

Folgen für die betroffene Frau den Charakter einer Katastrophe haben können. Kann man die lebenslange Strafe für das Opfer eines Verbrechens in Kauf nehmen? Hier muß abgewogen werden und abgewogen werden können, und wer diese Möglichkeit prinzipiell bestreiten will, der leugnet einen Konflikt. Der ethische Umgang mit dem Konflikt aber besteht nicht darin, ihn zu leugnen. Er besteht vielmehr in der Suche nach einem abgewogenen Kompromiß.

Es war Wolfgang Trillhaas, der die ethische Funktion und die ethische Relevanz des Kompromisses untersucht und dargestellt hat. Nach Trillhaas ist der Kompromiß das Instrument, um angesichts der Unmöglichkeit von absoluten Lösungen dennoch menschliches Zusammenleben zu gestalten und diesem Zusammenleben eine Zukunft zu erhalten. „Die Ethik hat nicht an Gottes Statt zu rechtfertigen. Sie hat davon zu handeln, wie wir den Fragen unseres Menschseins standhalten können, in diesem Falle: wie wir in menschlicher Gemeinsamkeit immer aufs neue eine Zukunft gewinnen können, soviel an uns ist und soweit wir es in dem uns zugemessenen Raum des ‚Vorläufigen‘ verantworten können." Das Kompromißproblem ist „nur eine andere Form, in der wir der Ausweglosigkeit aller menschlichen Schuld ansichtig werden. Wir haben das uns offen einzugestehen, den Kompromiß, der als menschliche Möglichkeit ein unerlaubter Ausweg ist, als die von Gott geschenkte neue Möglichkeit zur Existenz im alten Äon zu wagen" [2]. Trillhaas hat die Gefährdungen und die Gefahren, die im ethischen Begriff und Gebrauch des Kompromisses liegen, deutlich und unübersehbar dargestellt. Aber er hat keinen Zweifel daran gelassen, daß der Kompromiß ein unverzichtbares Mittel zur Gestaltung menschlicher Ordnung und gemeinsamen menschlichen Lebens bleibt.

Der Kompromiß ist also die ethische Figur auch zum Umgang mit gleichwertigen menschlichen Interessen, Rechten und Bedürfnissen. Das aber hat einen Sachverhalt zur Folge, der seinerseits zu einem dauerhaften Problem der Ethik werden mußte und geworden ist. Dieser Sachverhalt ist der, daß der Kompromiß in sich nicht eindeutig ist. Der Kompromiß entsteht immer in einem Spielraum, er ist abhängig von der Situation, in der er geschlossen wird, er bleibt auch dann ein Kompromiß, wenn er ersetzt und verändert wird. Bei

---

[2] Wolfgang Trillhaas, Zum Problem des Kompromisses, Zeitschrift für evangelische Ethik, 1960, S. 355 ff., 364. — Vgl. auch ders., Ethik, 2. Aufl. 1965, bes. S. 407 ff.

Konfliktlösungen durch Kompromisse muß mit der Möglichkeit, ja mit der Wahrscheinlichkeit gerechnet werden, daß diese Lösungen unterschiedlich aussehen. Es ist selten, daß Kompromisse in der gleichen Frage unter sich völlig gleich sind, und es ist häufig, daß sie sich deutlich voneinander unterscheiden. Dieser Sachverhalt ist Ausdruck für einen ethischen Pluralismus, für einen Pluralismus also, der durchaus nicht mit Willkür oder Beliebigkeit gleichgesetzt werden kann, und der deshalb zur blanken sittlichen Anarchie führte, vielmehr für einen Pluralismus, der durch sein Adjektiv eben als „ethischer" definiert ist. Bei den Spielräumen, die im Zusammenhang des ethischen Pluralismus auftreten, geht es gerade darum, daß jeder der daran Beteiligten das sittlich Beste und das ethisch Richtige und Wünschenswerte vertritt, es freilich auf seine besondere und ihm eigentümliche Weise zu vertreten sucht. Die gesamte Diskussion über die Veränderung des Paragraphen 218, die breite Skala der verschiedenen Veränderungsvorschläge können insgesamt als Ausdruck eines derartigen ethischen Pluralismus angesehen werden. Denn alle eingebrachten Vorschläge wollen zweifellos das ethisch Richtige und das für die Gestaltung des menschlichen Lebens Wünschenswerte. Jeder dieser Vorschläge aber ist ein Kompromiß, gleichgültig, ob es sich um die Fristenlösung handelt oder darum, nur die medizinische Indikation zuzulassen. Für das theologische Urteil ist ein solcher Pluralismus Ausdruck derjenigen Freiheit, die durch Selbständigkeit und Verantwortungsfähigkeit des Menschen begründet wird.

Damit wird die Diskussion über eine Veränderung des Paragraphen 218 zum prägnanten Beispiel für eine wesentliche Aufgabenstellung innerhalb der christlichen Ethik. Mit der Einführung des Kompromisses bemüht sich die Ethik darum, im Fall eines Widerspruches, eines Konfliktes, einer Konkurrenz von Interessen oder Rechten, auf einseitige und rücksichtslose Entscheidungen zu verzichten. Mit einem derartigen Verzicht auf eindeutige Anweisungen überträgt sie die ethische Verantwortung auf alle Beteiligten und mutet ihnen Selbständigkeit im Umgang mit dieser Verantwortung zu. Bei kompromißlosen und eindeutigen Entscheidungsformeln dagegen ist jeder, der sich nach ihnen richtet, von der Verantwortung für ihre Gültigkeit und Richtigkeit befreit. Verantwortung ist in diesem Fall delegiert auf diejenigen, die die Entscheidung begründet haben. Hier waltet die Tendenz, die einzelne und individuelle Konstellation in einen allgemeinen Fall zu überführen. Ethik wird zur kasuistischen und syste-

matisierten Doktrin. Nach diesem Modell pflegt die katholische Lehrbildung bis auf den heutigen Tag zu verfahren. Für die evangelische
Ethik dagegen ist die Beteiligung jedes einzelnen Christen an der Verantwortung ein wesentlicher Grundsatz. Freilich setzt die evangelische
Ethik damit die Verantwortungsfähigkeit und die Verantwortungs-
bereitschaft der Christen voraus. Die theologischen Grundsätze der
reformatorischen Kirchen verpflichten die evangelische Ethik dazu.
Und damit verbindet sich die Einsicht, daß eine derartige Ethik sehr
viel leichter verletzlich ist und sehr viel eher korrumpiert werden
kann, als ein von Amts wegen eingesetztes und mit Sanktionen ge-
schütztes Anweisungssystem, das zwar den Kompromiß, aber auch die
Verantwortlichkeit des einzelnen weithin umgeht.

Zu den Konsequenzen, die sich aus derartigen ethischen Grundsätzen notwendig ergeben, gehört es, daß die Zahl der auftretenden
Konflikte und die der erwarteten Kompromisse ständig im Wachsen
begriffen ist. Diese Entwicklung pflegt aus einer bestimmten Sicht als
fortschreitende Destruktion und Auflösung vorhandener Ordnung
beschrieben und beklagt zu werden. Diese Beschreibung ist insofern
richtig, als in der Tat mit der Anmeldung von Konflikten immer mehr
dort gerechnet werden muß, wo bisher eindeutige und klare Vor-
schriften zu gelten schienen. Freilich ergibt sich die Beurteilung, die
darin in erster Linie den Verfall konstatiert, durchaus nicht von selbst
oder unabweisbar. Im Gegenteil müßte aus der Perspektive der evangelischen Ethik diese Entwicklung eher begrüßt werden. Denn im
Auftreten von Konflikten melden sich Rechte, Güter oder Interessen
zu Wort, die bis dahin offensichtlich unbeachtet geblieben waren. Eine
derartige Mißachtung wesentlicher menschlicher Bedürfnisse ist aber
ethisch durch nichts zu rechtfertigen. Das einfache Modell für diesen
Konfliktsfall bildet wiederum die Frage der medizinischen Indikation.
Hier entsteht der Konflikt tatsächlich erst in dem Augenblick, in dem
das Lebensrecht der Mutter als ein wesentliches Recht dem des werdenden Lebens gegenübergestellt wird. Sieht man die Entwicklung in
dieser Perspektive, dann handelt es sich in der Tat nicht um einen
Verfall oder um eine Auflösung geltender Prinzipien, sondern um
eine Zunahme der Sensibilität für das sittlich Gute und das menschlich
Notwendige, um ein Wachstum des ethischen Bewußtseins. Beim Problem der Schwangerschaftsunterbrechung sind auch die weiteren Konflikte dadurch entstanden, daß weitere und bis dahin hier nicht
beachtete Rechte oder zumindest Rechtsansprüche zur Geltung ge-

bracht worden sind. Das gilt nicht zuletzt für den so überaus kontro-
versen Anspruch der Mutter auf Selbstbestimmung. Dieser Anspruch
auf Selbstbestimmung darf allerdings nicht als Anspruch auf eine
radikale Willkür, als das Recht zur absoluten und allein an sich selbst
orientierten Selbstverwirklichung verstanden werden. Ethisch legiti-
miert ist Selbstbestimmung erst dann, wenn sie als Selbstverantwortung begriffen ist, als Selbstverantwortung für andere Menschen,
also auch für das werdende Leben, für sich selbst und für das Ganze.
In dem Maße, in dem man diesem Recht oder auch der Pflicht zur
Selbstverantwortung folgt, müssen Bevormundungen durch den Staat
oder auch durch den Arzt abgebaut werden. Das aber bedeutet zugleich einen Verzicht auf die Kontrolle des einzelnen durch die Gesellschaft. Es versteht sich, daß vor allem an dieser Stelle die Konfrontation gegensätzlicher ethischer Standpunkte unvermeidlich wird.

Der Kompromiß erweist sich damit als das entscheidende Instrument zur ethischen Bewältigung geschichtlicher Veränderungen. Er
ermöglicht die Aufnahme neuer Gesichtspunkte, die Rücksicht auf
Rechte, die bisher keine Rolle gespielt hatten, die Integration von
Einsichten, die sich neu und unüberhörbar zu Wort melden und deren
Unterdrückung nur gegen die Prinzipien der Ethik selbst möglich
wäre. Im Kompromiß konstituiert sich der Zusammenhang der ethischen Tradition mit den Gegebenheiten, den Aufgaben und den Möglichkeiten der Gegenwart. Verzicht auf diesen Kompromiß wäre nichts
anderes als ein Verzicht auf eben diesen Zusammenhang. Ohne den
Kompromiß müßten die Probleme der Gegenwart mit der ethischen
Tradition von Gestern bewältigt werden. Das aber hieße, daß die
Veränderungen entweder nicht wahrgenommen oder aber geleugnet
werden, daß also die Entfaltung menschlichen Lebens unter den Bedingungen der Gegenwart gerade nicht ethisch strukturiert zu werden
vermag, daß vielmehr eben diese Entfaltung gehindert wird und damit
die ethische Aufgabe im Prinzip verkehrt wird und unerfüllt bleibt.

So kann die ethische Überlegung in der Gegenwart nicht daran
vorübergehen, daß es tatsächlich Abtreibungen gibt, daß in einer
ungeheuren Zahl Abtreibungen vorgenommen werden, die nach den
geltenden gesetzlichen Bestimmungen illegal und kriminell sind. Der
Schutz schwangerer Frauen vor Kurpfuscherei und vor Gefährdung
der Gesundheit und des Lebens muß ein dringendes ethisches Gebot
sein. In keinem Fall und unter keinen Umständen ließe es sich rechtfertigen, daß abtreibungswillige Frauen dafür potentiell einer Todes-

strafe ausgesetzt würden. Deshalb tritt der Schutz dieser Frauen wiederum als ein Anspruch auf, der sich nicht ohne weiteres mit anderen Grundsätzen verbinden läßt, und aus dem sich deshalb erneut ein Konflikt bildet. So ist nicht nur durch unterschiedliche ethische Auffassungen, sondern vor allem durch die Konkurrenz verschiedener sittlicher Rechte und Güter das Problem der Schwangerschaftsunterbrechung außerordentlich vielschichtig und komplex. Damit ist dieses Thema aber zugleich in prinzipieller Hinsicht exemplarisch für die ethische Problemlage der Gegenwart überhaupt. Es gilt allgemein, daß eindeutige Entscheidungen immer seltener möglich sind, und daß Differenzierungen und Kompromisse immer häufiger nötig werden. Das ist neben anderem auch ein Ausdruck für den Sachverhalt, daß die evangelische Ethik nicht als Regelsystem zur Beseitigung von Sünde mißverstanden werden darf. Es ist die Aufgabe der evangelischen Ethik, die menschliche Lebenswelt unter den Bedingungen des christlichen Glaubens zu strukturieren, und das heißt in ständiger Erinnerung an den Sachverhalt, daß der Mensch ein Sünder ist, der stets neu der Gnade Gottes und der Vergebung bedarf. Deshalb hat, wie Wolfgang Trillhaas eindrücklich hervorhebt, die evangelische Ethik ihre Aufgaben nicht allein dort, wo zwischen dem absolut Guten und dem absolut Bösen unterschieden werden kann, sondern vor allem an den Stellen, an denen es um die Unterscheidung von relativ besseren und relativ schlechteren Möglichkeiten geht.

Das Problem der Schwangerschaftsunterbrechung, das ja in erster Linie ein Problem des Strafrechts ist, läßt die Parallele zwischen Ethik und Recht hervortreten. Die Entwicklung dieses Strafrechts in der Neuzeit pflegt zwar im allgemeinen als Säkularisierung beschrieben zu werden. Mit diesem Stichwort wird der Sachverhalt interpretiert, daß die Auffassung des Gesetzgebers und die der offiziellen Kirchen an vielen Stellen deutlicher auseinandertreten. Nun zeigt aber gerade die Diskussion über die Veränderung des Paragraphen 218, daß diese Unterschiede keineswegs prinzipieller Natur sind. Es ist vielmehr offenkundig, daß in der Strafrechtsreform dieselben Gesichtspunkte erörtert werden wie in der Ethik, und daß sich dort die gleichen Tendenzen zur Geltung bringen wie hier. In dieser Auseinandersetzung haben die offiziellen kirchlichen Verlautbarungen nur eine Stimme. Daß diese Stimme vor allem ein konservatives Votum ist, hat gute Gründe. Denn die offizielle kirchliche Stellungnahme, die schon nicht für sich in Anspruch nehmen kann, für sämtliche Standpunkte der

theologischen Ethik zu sprechen, muß dennoch bestrebt sein, einen
möglichst breiten christlichen Konsensus zu vertreten. Sie ist deshalb
konservativ in dem Sinne, daß sie Veränderungen erst dann zustimmt,
wenn die Gründe dafür allgemein geworden sind. Ein solcher Fall ist
zumindest prinzipiell in bezug auf die Veränderung des jetzt gültigen
Paragraphen 218 eingetreten. Zur Verteidigung des bestehenden
Wortlautes ist kaum eine Stimme zu hören. Es ist sozialethisch gesehen gewiß ein legitimes Verfahren, daß auch in dieser Frage die Entscheidung durch Mehrheiten bestimmt wird, daß also derjenige Kompromiß sich durchsetzen wird, der die größte Zustimmung findet.

Auch in der Debatte über die Rechtsreform ist die Überzeugung
selbstverständlich und einhellig, daß auch die Neuformulierung des
Paragraphen 218 dem Schutz des Lebens dienen soll. Die Kontro-
versen, die über die optimalen Maßnahmen zur Erreichung dieses
Zieles bestehen, sind ein Spiegel unterschiedlicher ethischer Beurteilungen im einzelnen. Sie sind aber darüber hinaus Ausdruck der Vielfalt eben des Lebens, das geschützt werden soll. Denn es kann ja nicht
allein der biologische Aspekt des Lebens zum Ansatzpunkt für die
notwendigen Schutzbestimmungen gemacht werden. Ebenso müssen
soziale und psychologische, ärztliche und politische Gesichtspunkte
Rücksicht finden. Keiner dieser Aspekte darf für sich und isoliert in
den Vordergrund gerückt oder zum Mittelpunkt gemacht werden.
Das Leben, das hier geschützt werden soll, darf nicht als ein Abstraktum mißverstanden werden. Es geht um das menschliche Leben und
darin auch um die Menschlichkeit dieses Lebens. Deshalb muß der
Schutz des Lebens, dem die Neuformulierung des Paragraphen 218
dienen soll, in gleicher Weise ein Schutz der Menschlichkeit dieses
Lebens sein.

In der Ethik wie in der Rechtsentwicklung also ist der Kompromiß
konstitutiv, wenn menschliches und soziales Leben gerade in seiner
Entfaltung strukturiert und gefördert werden soll. Es ist der Kompromiß, „der die Interessen der Menschen sowohl zusammenbindet als
auch teilt; er beruht darauf, daß Gott unser Schicksal zu einem gemeinsamen Schicksal zusammengebunden hat"[3].

---

[3] Wolfgang Trillhaas, Zum Problem des Kompromisses, aaO. S. 361.

Zwischen Bewunderung und Beleidigung

Reaktionen auf Augsteins Jesusbuch

Von Wilhelm Schmidt

„Respekt, Respekt!"[1]

Das immerhin ließ der frühere Landesbischof von Hannover Hanns Lilje in seine Beurteilung eines Buches einfließen, von dem ein katholischer Theologe seinem Publikum zu sagen wußte: „Dagegen ist es wissenssoziologisch notierenswert, daß im Zeitalter der Wissenschaft ein Spitzenjournalist ein saudummes Buch über jenen Gegenstand zu schreiben sich leisten kann, der wie kein anderer philologisch und historisch-kritisch gediegene Bearbeitung gefunden hat."[2]

Bewunderung hier, Beleidigung da, so zwiespältiges Echo hat sich Rudolf Augstein zugezogen, als die Heerschar der Rezensenten sich seines Buches Jesus — Menschensohn annahm. Aber die Gewichte sind nicht gleichmäßig verteilt. Die Beleidigung stellt sich gelegentlich in Reinkultur dar, besonders in dem Beitrag von Günter Stachel, Professor für Religionspädagogik, Katholisch-Theologische Fakultät, Universität Mainz:

„. . . daß im Zeitalter der Wissenschaft ein Spitzenjournalist ein saudummes Buch über jenen Gegenstand zu schreiben sich leisten kann . . ."

Stachel hat mit einem anderen katholischen Theologen von der Universität Frankfurt einige Rezensionen zusammengestellt und unter dem Titel Augstein's Jesus im Benziger Verlag veröffentlicht. Stachels Beitrag ist der bei weitem aggressivste. Aber auch Pesch zeigt in seinen Beiträgen „Dokument der Verwirrung" und „Augsteins Pseudo-Wissenschaftlichkeit", daß er das selbstgesteckte Ziel verfehlt hat:

---

[1] epd-dokumentation 54/72, S. 66.
[2] Pesch-Stachel, Augsteins Jesus, S. 135.

„Die Zusammenstellung soll dokumentieren, daß es uns nicht um
fachbornierte Rechthaberei geht."[3]

Mit Odilo Kaiser, einem anderen katholischen Professor geht er
dem Augstein nun doch mit den Methoden zu Leibe, mit denen studentische Seminararbeiten vor zwanzig Jahren jedenfalls professo-
raler Überlegenheit zum Opfer gebracht wurden. Ein Beispiel:

„Der Glaube an die Wiederkunft Jesu ist von Augstein nicht begriffen, ebensowenig die Vorstellung von seiner Himmelfahrt."[4]

Diese Zensur wird Augstein zuteil, weil er auf Seite 49 seines dicken
Buches folgendes resümiert:

„Damit er wiederkehren kann aus den Wolken, muß er vorher
aufgefahren sein zum Himmel."[5]

Dies ist sicher kein sehr tiefsinniger Umgang mit der Vorstellung
von Christi Himmelfahrt. Aber die Ableitung, Augstein habe sie nicht
begriffen, deckt sie auch nicht. Vermutlich will Augstein den hier
möglichen theologischen Tiefsinn gar nicht begreifen. Und dagegen
zu protestieren ist nun doch fachborniert. Aber dieser fachbornierte
Protest wird nicht nur von diesen drei katholischen Theologen ein-
gelegt. Auch der Protestant Ulrich Wilckens erhebt namens der Zunft
den Zeigefinger:

„Es ist allerdings nicht Beckmesserei, wenn der Fachmann gegen
einige folgenreiche methodische Grundsätze seines neugewonnenen
Kollegen Augstein Verwahrung einzulegen sich genötigt sieht — und
zwar nicht im Namen einer Schule, sondern im Namen aller verschiedenen, an der exegetischen Forschung Beteiligten. Allzu naiv zum
Beispiel ist es, wenn allein das Markusevangelium als Quelle für die
Erkundigung nach dem historischen Jesus anerkannt wird und die
nichtmarkinischen Stoffe der anderen kanonischen Evangelien aus-
rangiert werden, einfach weil sie später entstanden sind als das
Markusevangelium und dieses zum Teil voraussetzten. Mag auch die
Hypothese einer Matthäus und Lukas zugrunde liegenden Spruchquelle Q trotz ihrer sehr weiten internationalen Anerkennung an-
fechtbar sein, so leidet es doch nicht den geringsten Zweifel, daß die
Stoffe fast in jedem Fall älter sind als die literarischen Quellen."[6]

---

[3] Ebd. S. 7.   [4] Ebd. S. 96.
[5] R. Augstein, Jesus — Menschensohn, 1972, S. 49.
[6] Pesch-Stachel, S. 24 f.

Mag sein! Aber was beweist das gegen Augstein, dem es doch darum geht:

„Demonstriert werden soll, mit welchem Recht die christlichen Kirchen sich auf einen Jesus berufen, den es nicht gab, auf Lehren, die er nicht gelehrt, auf eine Vollmacht, die er nicht erteilt, und auf eine Gottessohnschaft, die er selbst nicht für möglich gehalten und nicht beansprucht hat."[7]

Hier wird der Angriff vorgetragen, und der ist mit Erörterungen zur Spruchquelle Q — gab es sie, gab es sie nicht — nicht abzuwehren. Denn bei allem Respekt vor dem Bienenfleiß neutestamentlicher Forschung: eins ist doch ganz sicher: nicht für ein einziges überliefertes Jesuswort kann diese Forschung garantieren, daß es auch tatsächlich auf Jesus zurückgeht. Aber wie dem auch immer sei! Es ist ja nur bedingt der historische Jesus, auf den sich die Kirchen berufen. Der berufene Jesus ist der der Dogmatik, der der kirchlichen Lehre, der des Katechismus. Und daß es den nicht gab, den von der Jungfrau geborenen, den von den Toten aufgestandenen, den gen Himmel gefahrenen, den Gottessohn, das braucht Augstein nicht aus den Quellen zu lernen, das weiß er als aufgeklärter Zeitgenosse, an dessen Aufklärung just die Theologen mitgewirkt haben.

„Zwar stimmt es, daß Theologen, neuerdings sogar katholische, nahezu alle Probleme ihrer Religion behandelt und untersucht haben. Aber ebenso stimmt, daß die Kirchen nach wie vor keine Konsequenz aus den Erkenntnissen ihrer Theologen ziehen, und daß diese selbst ihre Fracht lieber einkellern als unter die Leute bringen ... Von den Dogmen zu den Fakten hängt eine Strickleiter, die aber bei Bedarf jederzeit eingeholt wird."[8]

Die Beobachtung ist so saudumm gar nicht, und Ulrich Wilckens weist in seiner Rezension auf eben diesen Tatbestand hin: „Da jedoch einerseits die Kirchen auf die Arbeit der ihr zugeordneten Fakultäten faktisch angewiesen sind, andererseits dieser Praxisbezug wiederum auch für die theologische Wissenschaft unveräußerlich ist, ist die Spannung zwischen Frömmigkeit und Forschung, zwischen Dogma und Kritik eine unleugbare, aber notwendige Belastung. Freilich bedurfte es kaum des ‚Spiegel'-Herausgebers, um dies schonungslos herauszustellen."[8a] Richtig, nur schaden kann es ja auch nicht,

---

[7] Augstein, S. 7.
[8] Ebd. S. 7 f.   [8a] Pesch-Stachel, S. 24.

wenn der Spiegelherausgeber es einmal mehr tut. Und wie sehr das immer noch schmerzt, zeigen ja die Bemühungen, die Absichten Augsteins zu unterlaufen. So ist Günter Stachel ernsthaft der Meinung: „Hätte Augstein Schweitzer gelesen, so wäre sein Buch nicht geschrieben worden. Innerhalb der Geschichte der Jesus-Forschung ist es darum völlig überflüssig." [9]

Ja, hätte doch dieser Professor Stachel Augsteins Einleitung gelesen, dann hätte er sich seine ganze Rezension sparen können. Augstein sagt es nämlich selbst:

„In diesem Buch wird kaum eine Erkenntnis verbreitet, die nicht öffentlich zu haben wäre, sei es seit hundertzwanzig oder seit zwei Jahren. Auch wird der Anzahl von Theorien über Jesus keine neue hinzugefügt." [10]

Um einen Platz in der Geschichte der Jesus-Forschung geht es dem Augstein also gar nicht. Er hat gar kein theologisches Buch geschrieben, sondern ein politisches. Darum geht jede Kritik am Kern der Sache vorbei, die ihm Pseudo-Wissenschaftlichkeit, Unexaktheit und dergleichen vorwirft. Gisela Uellenberg ist in ihrer Rezension in der Süddeutschen Zeitung — nachgedruckt in Augsteins Jesus — diesem Aspekt am nächsten gekommen:

„Zunächst ist — sicher unter Zustimmung Augsteins — nur zu sagen, daß die Entsakralisierung, Säkularisierung, Rationalisierung der Mächte, die sich für befugt halten, Unterwerfung unter ihr Gesetz zu fordern, keineswegs verhindert hat, daß sie mit Menschen so verfahren, als ob der Status der Absolutheit von Gott auf sie übergegangen sei. Daß damit für die Vermenschlichung des Menschen nichts gewonnen ist, liegt mittlerweile auf der Hand." [11]

Nur, als das alles noch sakraler, weniger säkularisiert und rationalisiert gemacht wurde, gings dem Menschen auch nicht besser. Da hat Karlheinz Deschner, Berufsgegner des Christentums und nicht ohne Witz Augstein schon besser verstanden:

„Augstein betont, daß die geschichtliche Wirkung des Christentums mit der konstantinischen Schwenkung begann, und daß sie nicht grundsatzloser hätte beginnen können: statt Pazifismus Krieg, und statt Fürsorge für die Armen die Ausbeutung..." [12]

---

[9] Ebd. S. 135.
[11] Pesch-Stachel, S. 22.
[10] Augstein, S. 7.
[12] Ebd. S. 76.

Es ist das religionspolitische System, dem Augstein an den Kragen
will, und Deschner charakterisiert dieses Motiv und seine Umsetzung
in die Tat zu Recht mit den Augen eines Sympathisanten:

„Augstein hat sich (oder wer immer für ihn, das tut man auch
anderwärts, in Hochschulkreisen etwa, und ist legitim) ausreichend
informiert, und manchmal mehr als das. Er verwendet die wichtigsten
Quellen und einen bescheidenen Teil zumindest der — unübersehbaren
— Sekundärliteratur, einschließlich der neuesten, die freilich nicht
immer die beste ist. Auch kann er sein Material kritisch sichten, wozu
man, er beweist es, nicht unbedingt von der Zunft sein muß; hindert
dies doch nur, die einzig vernünftige Konsequenz aus dem monu-
mentalen Debakel zu ziehen. Denn noch immer will man auf dem
Ast sitzen, den man selber abgesägt hat. Man sitzt auch darauf,
aber am Boden, und macht eine traurige Figur. Gott ist tot, doch seine
Diener wollen leben — mit einer Professur, einem Bischofshut, und
es darf auch etwas mehr sein: ein westdeutscher Kardinal verdient —
verdient? — heute hunderttausend pro Jahr ...

Wer verstünde es also nicht, das Zechen, wie schon der tapfere
Münzer schrieb, ‚auf Christi Kreide‘? Augstein versteht es nicht. Er
ist zu redlich oder doch berufsfremd dafür. Er glaubt, in puncto reli-
gionis müßte es besser zugehen als in andern Handelsbranchen, solider,
ehrlicher — als wäre irgendwo mehr gelogen als da, aktenkundig
gefälscht vom Neuen Testament bis heute. Augstein empört dies, und
so tut er, was hier allein zu tun noch übrig bleibt, er zieht aus den
Resultaten der Theologie die Schlüsse, die sie selber nicht zu ziehen
wagt."[13]

Die Frage ist: bedeutet es wirklich etwas, wenn Augstein diese
Schlüsse zieht? Hat er den Beifall derer gefunden, die wie er die
Kirchen gerne entmachten möchten? Deschner ja, aber sonst? Selbst
die so kluge und verständige Gisela Uellenberg funktioniert den
Augstein zu einem innerkirchlichen Faktor um:

„Denn gerade überzeugte Christen hätten allen Grund, Augstein
dankbar dafür zu sein, daß er sie zwingt, sich den ihren Theologen
längst bekannten Forschungsergebnissen zu stellen. Er hat die über-
fällige Abdeckerarbeit übernommen, die offenbar von den Kirchen
nicht zu erwarten und ihren Theologen nicht bis zur letzten Konsequenz zuzumuten war."[14]

---

[13] Ebd. S. 74.   [14] Ebd. S. 67.

Auch Schalom Ben Chorin, jüdischer Schriftsteller in Jerusalem, schätzte in „Die Zeit" — auch in Augsteins Jesus nachgedruckt — Augsteins Buch als bedeutendes kirchliches Ereignis ein:

„Das Buch behält seinen Wert, wird weite Kreise, wenn auch polemisch, mit den Ergebnissen und der Problematik heutiger Theologie vertraut machen: ein Buch von Augstein liest, wer Bultmann nie zur Hand nehmen wird, ist lesbar für Menschen, für die theologische Fachliteratur nicht existiert. Die Theologen aber werden durch Augstein sich selbst konfrontiert, und darin liegt eine Variante von Augsteins tiefstem Impuls, den Menschen zu seiner eigenen Identität zu führen, wobei er meint, der Hilfe eines synthetischen Jesus-Leitbildes entraten zu können." [15]

Ja, das ist wohl das Ergebnis. Schalom Ben Chorin hat seiner Rezension einen entsprechenden Titel gegeben: „Augstein wider die ganze Theologie." [16]

Und weit und breit ist da nur Eugen Kogon zu lesen, der nun für diese Theologie in die Bresche sprang. Einen Beitrag im Publik-Forum vom 23. Februar 1973 nannte er „Rudolf Augsteins Herausforderung". Er leitet ihn mit zwölf Zitaten aus Rezensionen ein, überwiegend von Theologen und überwiegend negative. Die Lektüre der Rezensionen hat ihn offensichtlich betroffen gemacht. Der streitbare Ton vor allem der Fachtheologen, denen wieder der streitbare Rudolf Augstein in seiner Antwort in „Die Zeit" nichts schuldig blieb, sie sind die Voraussetzungen für einen anderen Ansatz, der Herausforderung Augsteins zu begegnen.

„Versuchen wir es anders. Nicht um Streit geht es dann, sondern um Besinnung. (In ihr selbstverständlich auch darum, wer ‚rechthat' — jedoch nicht, um rechtzuhaben.)" [17]

Kogon macht sich zunächst einmal die Mühe, mögliche Leserschaften zu charakterisieren. Er findet drei Gruppen: „die, von denen Karl Rahner sagt, daß sie sich ‚nur zu gläubig in der Allergie gegen ein kirchlich-institutionelles Christentum bestätigt fühlen, in einer Allergie, die sie zur Lektüre dieses Buches schon mitbringen; ihnen gegenüber die starr Beharrenden, die lediglich Ärgernis an Augstein nehmen und durch die Lektüre noch mehr von der Richtigkeit, ja Notwendig-

---

[15] Ebd. S. 35.   [16] Ebd. S. 28.
[17] epd-dokumentation 16/73, S. 11.

keit ihrer eifernd-bekennenden Abwehr überzeugt werden; schließlich jene, die mit zahlreichen kirchlichen Formeln und Bildern, mit mancherlei Gepflogenheiten von vormals heutzutage nicht mehr zurechtkommen, die die Wirkung der christlichen Botschaft erneuert sehen möchten, die Augsteins Buch daher, auch wenn es ein Angriff ist, als einen der Anstöße empfinden, die alten Verkündigungen und die modernen Erkenntnisse einander zu konfrontieren, sie — nicht künstlich, so schwierig es sein mag — unter Bewahrungen und Preisgaben miteinander in Einklang zu bringen, den Sinn der Existenz, das Ziel der Geschichte zeitspezifisch und doch sub specie aeternitatis zu bedenken." [18]

Kogon hält die negativ Allergischen für die Mehrzahl und stellt die Prognose:

„In dem Maße, wie sie ... der Kirche und dem christlichen Glauben insgesamt sich entfremden, nimmt die Zahl derer zu, die auch ein Buch wie das von Augstein nicht mehr lesen werden, weil diese Thematik sie in keiner Weise noch interessiert." [19]

Dieser drohende Rückgang des Interesses am Christentum überhaupt ist der erste Fixpunkt in Kogons Besinnung. Ihn nimmt er ins Visier. Augsteins Buch ist offenbar das Signal dafür, daß dieser Trend noch nicht unaufhaltsam geworden ist, daß es aber darum geht, ihm jetzt entgegenzuwirken. Kogon erwägt:

„Es sollte möglich sein — unter Mithilfe des Schulfaches Theologie, aber notfalls auch ohne sie —, durch einsichtige Erwägungen und durch Ausbreitung überzeugender Praxis dem ‚Trend‘ entgegenzuwirken, von dessen Fortgang oder Stillstand wahrlich mehr abhängt als nur die Zukunft bestimmter kirchlicher Einrichtungen." [20]

Einsichtige Erwägungen, überzeugende Praxis, wohl kaum, um Augstein zu überzeugen. Gisela Uellenberg meint, er suche einen Gegner, der ihn überzeugt [21]. Kogon nimmt das nicht an. Wenn er Rudolf Augstein erwidern will, dann nicht für Rudolf Augstein sondern für die Zweifler, die Unsichergewordenen, die Suchenden [22]. Ihnen ent-

---

[18] Ebd.
[19] Ebd.
[20] Ebd. S. 12.
[21] Pesch-Stachel, S. 71.
[22] epd-dokumentation 16/73, S. 13.

wirft Kogon einen kurzen Abriß des Evangeliums und der Kirchengeschichte, wie er sie sieht. Darin heißt es über Jesus:

„Das ganz und gar Neue an der Botschaft Jesu ... war — und ist —
die Mitteilung, daß Gott den Menschen liebt. Uralt bei allen Völkern
war die Überzeugung von der Furchtbarkeit der Götter, vom angst-
erregenden Schicksal des Menschen; man mußte, um den Himmel gütig
zu stimmen, Opfer bringen, unablässig Opfer. Weder die Natur noch
die gesellschaftlichen Verhältnisse legten und legen es nahe, Liebe als
die befreiende Kraft im Geschehen anzusehen. Da hat gegen allen
Anschein Jesus von Nazareth verkündet: Ihr dürft Vertrauen haben!
Vertraut! Und denkt entsprechend um: Überwindet ‚die Welt‘ durch
die Liebe, die in Gott gründet; laßt ‚das Reich‘, das als das Ziel der
Existenz gemeint ist, durch euer mit Gottes Hilfe verändertes Verhalten Wirklichkeit werden! — Noch nie bis dahin war jemals so
gesprochen worden.“ [23]

Wer die moderne Theologie kennt, erkennt hier einiges wieder. Wer
nur die Bibel oder gar nur den Katechismus kennt, mag bei Kogons
Jesus von Nazareth seine Zweifel haben, ob er mit dem kirchlichen
identisch ist. Aber Kogon will denn auch gar nicht dem kirchlichen
Christentum gegen Augstein Hilfestellung leisten. Er scheint es fast
so zu beurteilen wie sein Herausforderer, nur wo Augstein das Ende
der Kirchen sieht, sieht Kogon eine Alternative: „Die Kirchen stehen
vor der Alternative, entweder allmählich zu erstarren und die Möglichkeiten ihrer Wirkung zu verlieren, oder, indem sie sich aus souve-
räner Distanz in ganz neuer Weise der Welt von heute zuwenden, sich
und sie auf das eindringlichste zu vitalisieren. Das setzt ein radikal
evolutionäres Denken voraus: es müssen ausnahmslos alle Formulierungen, alle Praktiken von der zentralen Botschaft Jesu und vom
modernen Verständniserfordernis aus auf die Wirksamkeit beider hin
geprüft werden. Augstein hat darin recht: ‚Wenn alles sinnbildlich
gemeint ist, müssen die Bilder doch Sinn machen, und dazu fehlt
ihnen heute die Kraft.‘ Ist es wenigstens möglich, wennschon, leider,
nicht gerade wahrscheinlich, daß eine solche Regeneration der Sinngebung, derer die Menschheit nicht entraten kann, erfolgt? Wenn ein-
gesehen wird, daß die Evolution ja nicht zu Ende ist, sondern daß sie
lediglich am Ende eines ihrer Abschnitte, am Beginn eines nächsten

---

[23] Ebd.

sich befindet — Abschnitte, die jeweils über Jahrhunderte hindauern — dann ist die Möglichkeit, sich aus ehemaligen, unter den damals gegebenen Voraussetzungen begreiflichen Erprobungssackgassen zu befreien und eine neue Potentialität zu erweisen, nicht Illusion. Rudolf Augstein, der in nicht wenigem seines Buches nachweisbar und auch schon nachgewiesen nicht recht hat, wird dann auch in dem, worin er bis jetzt recht hat und recht haben könnte, glücklicherweise nicht recht behalten." [24]

Aber noch hat er recht. Und da nicht konkret wird, was Kogon meinen könnte, ist zu befürchten, daß Augstein recht behalten wird mit den Bildern, denen heute die Kraft fehlt, Sinn zu machen, es sei denn, man nimmt sie poetisch. Da drängt sich Böll ins Gedächtnis, der sich mit Augsteins Buch im Spiegel befaßt hat. Es ist eine eigene Abrechnung mit der katholischen Kirche oder nur mit ihrer Theologie?

„Es erscheint mir als typischer Theologenirrtum (und Augstein ist hier eindeutig unter die Theologen gegangen), Kirche und Theologie gleichzusetzen. Es gehört doch mit zu den erstaunlichsten Wundern, daß sich nicht nur Religion, auch Glaube *trotz* der Theologie erhalten haben, und daß sogar noch Ansätze von ‚Kirche‘ da sind." [25]

Böll sieht die Leiden des katholischen Volkes unter den Theologen, er exemplifiziert sie drastisch, um Augstein zugleich zu verteidigen und zu kritisieren. Er verteidigt:

„Diese Abrechnung eines katholisch erzogenen Zeitgenossen war fällig, auch die Provokation der Theologie, in die das Buch mündet. Bloßer Ärger, Gekränktheit über Augsteins Buch wären eine peinliche Reaktion seiner ‚Kollegen‘." [26]

Böll kritisiert:

„Leider ist auch Augsteins Buch so gar nicht vulgär und populär und der Streit wird wieder einmal zu einem Theologenstreit." [27]

Böll kritisiert in der Sache:

„Augsteins Irrtümer sind fast die gleichen wie die der klassischen Theologie. Wenn er feststellt, daß Jesus Dämonen immer nur mit

[24] Ebd. S. 14.
[25] Der Spiegel 15/73, S. 158.
[26] Ebd. S. 163.
[27] Ebd. S. 161.

Worten ausgetrieben habe, so kann ich nur boshaft fragen: Na und? Worte können eben heilen, auch Zärtlichkeiten, Speichel, Handauflegen, Liebe. Es ist ebenfalls ein Irrtum anzunehmen, schriftliche Überlieferungen seien zuverlässiger als mündliche. Auch schriftliche Überlieferungen können redigiert, manipuliert, gefälscht werden, und wenn Augstein, um die historische Zuverlässigkeit eines Textes anzuzweifeln, sagt, es seien eben ‚Dichter am Werk‘ gewesen, so ist die unterstellte Voraussetzung Dichtung gleich Unwahrheit oder Ungenauigkeit schlichtweg falsch.“ [28]

Gleichwohl verabschiedet sich der Rezensent von seinem Gegenstand mit Sympathie:

„Dieses Buch, von einem Zeitgenossen geschrieben, der wahrscheinlich ungefähr der gleichen Erziehung wie ich teilhaftig geworden ist, hat mich angeregt, und was man mir wahrscheinlich als unsachlich ankreiden möchte in dieser Rezension, kommt aus einer möglicherweise noch nicht erkannten ganz anderen Sachlichkeit und Vernunft. Die Geringschätzung des Poetischen, das seine eigene Sachlichkeit und seine eigene Vernunft hat, ist ein grober Irrtum der Theologen. Was sonst könnte sich denn als wahr erweisen und erhalten an den Evangelien und an dem, dem sie zugeschrieben worden sind, als die Poesie an ihnen und an Ihm?“ [29]

Nicht der Poesie will eine andere Kritikerin, Dorothee Sölle, die Fortbedeutung des Evangeliums anvertrauen. Sie konfrontiert Augsteins Buch mit dem des Tschechen Milan Machovec „Jesus für Atheisten“:

„Menschensohn oder Gottessohn? — Es ist uninteressant. Während die Frage: „Soll man lieber Akten oder Kinder mit Napalm verbrennen?“ . . . eine christliche Frage ist. Aber sie spielt in Augsteins Buch nicht die geringste Rolle, während Machovec‘ Buch, vom Reich Gottes und den neuen Menschen handelnd, genau zu dem Punkt führt, von dem aus die heute notwendigen Fragen aus den gegenwärtigen Schmerzen erwachsen. Kann man ein schmerzfreies Buch über Jesus schreiben? Es scheint mir unmöglich und ohne allen Sinn.“ [30]

---

[28] Ebd.
[29] Ebd. S. 163.
[30] Junge Kirche 2/73, S. 86.

Schmerzvolle Teilnahme also als Zukunft der Bedeutung des Jesus von Nazareth? Vielleicht ist das ein individueller Ausweg. Freilich, das sei erinnert, sucht Augstein nach dem Recht, mit dem die Kirchen sich auf diesen Jesus berufen. Aber wie er da sucht, das kritisiert Dorothee Sölle auch, und zwar unter der Überschrift: Bürgerliche Fragemethode:

„Augstein fehlt die für jedes Verstehen von Geschichte fundamentale Unterscheidung von Fakten und ihren Deutungen. Für ihn gerinnt dieses Problem sofort zur banalen Alternative: Entweder ist Jesus nachweislich auferstanden oder eben nicht." [31]

Diese Einstellung Augsteins, die ja wohl solider historischer Forschung zuliebe verteidigt werden muß, nennt schließlich Götz Harbsmeier „historischen Fundamentalismus" [31a]. Im Unterschied zu Dorothee Sölle macht er daraus allerdings dem Augstein keinen Vorwurf, sondern gesteht ihm zu, daß er damit genau das Wirklichkeitsverständnis der Amtskirchen trifft:

„Trotz dieser Gegensätzlichkeit in den Konsequenzen sollte nicht übersehen werden, daß Augstein — ganz genauso wie seine offenbarungspositivistischen Widersacher in der Kirche — jeden Christusglauben ablehnt, der nicht durch nachweisliche historische Fakten einwandfrei gesichert ist." [32]

Harbsmeiers Reaktion auf Augsteins Buch bestätigt das Recht dieses Buches gegenüber der evangelischen Kirche wie Bölls gegenüber der katholischen. Daß in der Kirche der Katechismus-Jesus als historisch wirklich gewesene Erscheinung gilt, sollte auch eine moderne Theologie ihm zugestehen, die mit bewunderungswürdiger Interpretationskunst ihre Einsicht, daß es diesen Jesus nie gegeben hat, mit dem kirchlichen Alltag des apostolischen und anderer altkirchlicher Glaubensbekenntnisse versöhnt. Daß Augstein sich ihrer Interpretationskunst nicht anschließen mag, ist sein gutes Recht. Und die Kirchen sind sicher gut beraten, wenn sie sich Harbsmeiers Rat zu eigen machen:

„Nicht als Zielscheibe für das Sperrfeuer gegen unliebsame Kirchenkritik, sondern als enorm lehrreiche Fundgrube für das Empfinden

---

[31] Ebd. S. 84.
[31a] epd-dokumentation 16/73, S. 16.
[32] epd-dokumentation 16/73, S. 16.

und das potentielle Denken der Masse getaufter Menschen in unserer
Gesellschaft sollte dieses Jesus-Buch gelesen werden ... Es könnte ja
sein, daß Augstein und die, für die er spricht, durchaus nicht schuld
daran sind, wenn sie so vom Ursprung und vom Wesen der Kirche
sprechen. Es könnte doch sein, daß sie es ist, die den welthistorischen
Offenbarungspositivismus selbst gelehrt, gepredigt und praktiziert
hat, der eines Tages sich als Trug erweisen *mußte*."[33]

Es könnte sein? Ach nein! Es war und es ist so.

---

[33] Ebd. S. 15.

Einige Bemerkungen zur Mitteilung und Mitteilbarkeit von Religion

Von Hans-Walter Schütte

1. Der Begriff der Religion, der ohne Frage die Würde des Alters für sich in Anspruch nehmen kann und dessen Geschichte sich kaum in eine Formel zusammenfassen läßt, rückt erst unter den Bedingungen neuzeitlichen Denkens in das Zentrum der Theologie. Er hat diese Stelle freilich nicht unbestritten eingenommen, aber den konkurrierenden Begriffen gegenüber, die das Ganze der Theologie zu organisieren versprachen, zeigte er sich von eigentümlicher Überlegenheit. Seine nahezu selbstverständliche und noch in den entstehenden Konflikten anerkannte Geltung beruhte auf einem Einverständnis, das sicherlich auch von den eingespielten Regeln der Kommunikation getragen war.

Die unausdrückliche Präsenz der Religionsthematik im Bewußtsein der Theologie macht freilich von einer Unbestimmtheit Gebrauch, die nicht von ungefähr eine Reihe von Definitionsversuchen ausgelöst hat. Der klassischen Formulierung entsprechend, nach der sich in der Definition die begriffliche Fassung eines Sachverhaltes durch Angabe des genus proximum und der differentia specifica vollzieht, sollte auch der Religionsbegriff diejenige Bestimmtheit erlangen, die für das Zustandekommen eines Eindeutigkeit in Anspruch nehmenden Konsenses erforderlich schien. Das Interesse an der Bestimmung des Religionsbegriffs orientiert sich zweifellos an der Verminderung der Vieldeutigkeit; aber indem der Begriff der Religion zwar eine Reduktion der Merkmale, aber nicht ihre Negation anstrebte, kam die Überführung von Unbestimmtheit in Bestimmtheit in einer Fülle miteinander konkurrierender Definitionen zum Ausdruck. Die Grenzen der Definition machten sich als Grenzen der Verständigung bemerkbar[1].

---

[1] W. Trillhaas, Religionsphilosophie, Berlin-New York 1972, 30.

2. Religion ist der Begriff für einen Sachverhalt, der sich im Begriff nicht vollständig darstellen läßt. Auch diese Formulierung kann nicht diejenige Bestimmtheit für sich beanspruchen, die von dem Gebrauch umstrittener Begriffe erwartet wird. Sie macht allenfalls darauf aufmerksam, daß im Begriff der Religion der eigentümliche Fall vorliegt, wonach der zu ermittelnde Sachverhalt und die über ihn erfolgende Mitteilung ständig aufeinander verweisen. Im Begriff der Religion wird auf eine Einheit Bezug genommen, die ihre Entsprechung in der Wirklichkeit besitzt, die sich freilich durch keinen einzelnen Inhalt zur Darstellung bringen läßt. Das verleiht ihr den Charakter einer Unanschaulichkeit, die sich auch auf die Theorie erstreckt, der sich ihre Beschreibung widmet.

Daß sich „Religion" als die Organisation von Wirklichkeit und Begriff in ihrer Einheit wahrzunehmen versucht, spricht sich in folgenden Sätzen auf eindrucksvolle Weise aus: „Eine Schrift, die von Religion handelt, soll mit Religion, d. i. gewissenhaft geschrieben sein, und wünscht auch also gelesen zu werden. Warum sollte sie dies nicht hoffen dürfen? Religion spricht das menschliche Gemüt an; sie redet zur parteilosen Überzeugung. In allen Ständen und Klassen der Gesellschaft darf der Mensch nur Mensch sein, um Religion zu erkennen und zu üben. In alle Neigungen und Triebe des Menschen greift sie, um solche mit sich zu harmonisieren und sie auf die rechte Bahn zu führen. Wenn die Religion sich von Lehrmeinung scheidet, so läßt sie jeder ihren Platz; nur sie will nicht Lehrmeinung sein. Lehrmeinungen trennen und erbittern; Religion vereinet; denn sie ist in aller Menschen Herzen nur Eine."[2] In dem Begriff der Religion, der selber Ausdruck von Religion ist, der sich also in seinem Zustandekommen auf sich selbst bezieht, gelangt das Verhältnis von unmittelbarer Wirklichkeitserfassung und dem begrifflichen Vollzug dieser Wirklichkeitserfassung in ein Gleichgewicht, in dem die gegenseitige Teilhabe als „Harmonie" und Einheit gewußt wird. Die Formel „Wesen der Religion" wird dementsprechend zur theoretischen Fassung dieser von der Religion bewirkten Einheit. Sie verbirgt insbesondere den Ablauf der Mitteilungsakte, weil sie selber Mitteilung ermöglicht.

Die in dem Begriff der Religion repräsentierte Einheit, die die „Klassen der Gesellschaft", ebenso zu umfassen beansprucht, wie sie

---

[2] J. G. Herder, Von Religion, Lehrmeinungen und Gebräuchen (1798) Werke XLIII: Religion und Theologie, Karlsruhe 1829, 251 f.

die Lehrmeinungen in die Indifferenz setzt, trägt freilich die Merkmale einer vorgegebenen Einheit. Der Charakter ihrer Unableitbarkeit findet seinen Ausdruck in dem selber als unableitbar vorliegenden Begriff des „Gemüts" und der „Überzeugung". Was solchermaßen als Einheit gesetzt ist, bedarf indes der gedanklichen Rekapitulation, um als Einheit bewußt zu werden. Damit wird der Begriff der Religion aber nicht nur Ausdruck der Einheit, sondern Prinzip der Herstellung von Einheit. Und das hat zur Folge, daß er als Organisationszentrum der Theologie zu fungieren beginnt.

3. Der sich unter den Bedingungen des Religionsbegriffs vollziehende Aufbau der in der Religion präsenten Einheit orientiert sich in der Tradition an der Klärung miteinander streitender Etymologien. Die etymologische Rekonstruktion des Religionsbegriffs, die bis an die Schwelle unseres Jahrhunderts in Geltung stand, bezog sich trotz mannigfacher Herleitungsversuche auf die durch Cicero, De natura deorum II, 28 und Lactanz, Divinae institutiones IV, 28 klassisch gewordenen Etymologien. Durch die „Etymologien" des Isidor von Sevilla sind sie zum festen Bestand der Dogmatiken geworden[3]. Das Interesse an der etymologischen Herleitung des Religionsbegriffs entsprang aus der Annahme, durch die Rekonstruktion der Urworte des elementaren Sachverhalts selber ansichtig zu werden, der es bewirkt, daß das Bezeichnete und die Bezeichnung zusammenfallen. Die Faszination, die dieses Verfahren ausübte, beruht auf der Einsicht, daß um die Einheit der Religion herzustellen, Erklärtes und Erklärung sich wechselseitig bestimmen lassen müssen. Daß sich im Begriff der Religion wiederholt, was den religiösen Grundakt konstituiert, schien die Meinung nahezulegen, ein Maximum an allgemeiner Verbindlichkeit erreicht zu haben. „Denn es ist nicht willkürlich, mit welcher Wortbildung ein Begriff von einem Volk bezeichnet werde; das Wort selbst ist nicht etwa ein willkürliches Zeichen für einen Begriff, und es bildete sich die Sprache nicht nach Gesetzen welche dem Menschen bewußt gewesen, oder gar von ihm gegeben worden wären, sondern es ist die Entstehung und Bildung einer Sprache eine

---

[3] „Religio appellata, quod per eam uni Deo religamus animas nostras ad cultum divinum vinculo serviendi." 8. Buch Kap. II. „Religiosus a relegendo appellatus; qui retractat et tamquam relegit ea quae ad cultum divinum pertineant." 10. Buch R 235. Vgl. E. Heck, der Begriff Religio bei Thomas von Aquin, München-Paderborn 1971, 29 ff.

Natursache, die nach Naturgesetzen vor sich geht, das Produkt eines
Geistes, welcher vom Schöpfer mit Kräften und Fähigkeiten ausgestattet wurde, von denen er selbst bei ihrem Gebrauch keine
Ahnung hatte. Erst nachher, nachdem des schaffenden Geistes Reichtum sich bereits offenbart hat, mag er sich selbst an seinen Früchten
erkennen, und kann der denkende Verstand es sich zur Aufgabe
machen, die Gesetze zum wissenschaftlichen Bewußtsein zu bringen,
nach welchen unbelauscht die Seele eines Volkes seine Begriffe dem
Worte bekleidet hat."[4] Die Übertragbarkeit von Religion in Formen
der Mitteilung konnte als erwiesen gelten, wenn in den Urworten
der religiöse Code gleichsam verschlüsselt war und damit aller Mitteilung schon eingestiftet. Freilich, dieses etymologische Entziffe-
rungsverfahren litt unter einer Mehrdeutigkeit, die durch die etymologische Rekonstruktion selber heraufgeführt wurde. Es erwies sich
deshalb als kontrovers, weil die es leitenden unterschiedlichen sachlichen Gesichtspunkte als Voraussetzung in die Herstellung des
Religionsbegriffes eingingen. Die Rekonstruktion der Religion, die
sich im Begriff der Religion vollzog, verlief als eine Rekonstruktion
von Inhalten, und löste damit den Streit um den Begriff der Religion
vollends aus.

4. Der Streit um den Begriff der Religion, der den allgemeinen
Charakter von Religion ebenso betrifft wie die Bestimmung ihres
Wesens, ist ein Streit, der um die Konstitution von Religion selber
geführt wird. Mit der Frage nach der Konstitution von Religion
verbindet sich aber die Einsicht, daß die Bezugnahme auf mögliche
Inhalte der Religion nur im Rahmen ihrer Kritik und ihrer Begründung erfolgen kann. Kritik der Religion übt dabei die Funktion aus,
die sich im Begriff der Religion repräsentierende Einheit auf ihre
Bedingungen zu beziehen und sie von diesen Bedingungen her zu
legitimieren. Die Begründung der Religion stellt das gleichsam um-
gekehrte Verfahren dar, aus den kritisch ermittelten Bedingungen
den Begriff der Religion aufzubauen. Kritik und Begründung sind
aber Akte, in denen die kritische wie die begründende Tätigkeit sich
durchsichtig werden. Daß die Akte das Aktzentrum mitthemati-
sieren, bedeutet für Kritik und Begründung: sie als Leistungszusam-

---

[4] J.G. Müller, Über Bildung und Gebrauch des Wortes Religio, ThStKr 1835,
122 f.

menhang zu begreifen, in dem sich die Tätigkeit des Aktzentrums wahrnehmbar macht. Dieses Aktzentrum bezeichnen wir mit Selbstbewußtsein. Dementsprechend ist Kritik nicht mehr eine Kritik von Gegenständen, Systemen und Büchern, sondern eine Kritik, die das Selbstbewußtsein im Blick auf sich selber ausübt. Und ebenso ist Begründung nicht mehr eine Begründung in Inhalten, sondern deren Ermöglichung durch die Begründung des Selbstbewußtseins. Kritik wie Begründung von Religion sind die Handlungen, in denen das Selbstbewußtsein die Bedingungen der eigenen Konstitution thematisiert. Der Religionsbegriff läßt sich als der theoretische Modus dieser Frage nach der Konstitution des Selbstbewußtseins als des Subjekts der Theologie begreifen. Der in der Theologie geführte Streit um den Religionsbegriff erscheint damit als Streit um das Subjekt der Theologie.

5. Der Begriff des Selbstbewußtseins gehört nun aber zweifellos selber zu den umstrittenen Begriffen. Anlaß zu solcher Bestreitung ist in besonderer Weise der aporetische Charakter des Selbstbewußtseins. Was nämlich alles zu erklären beansprucht, sich selber aber der Erklärung entzieht, weil es sich schon immer voraussetzt, das bringt seine eigene Grundlosigkeit zum Vorschein. Freilich, diese Problematisierung ist nicht ohne verborgene Ironie. Der Vorwurf, Selbstbewußtsein müsse auf die eigene Begründung verzichten, ist nichts anderes als die Formulierung der Entdeckung, die es an sich selber macht. Der Konflikt, in den Selbstbewußtsein bei dem Versuch der Selbstbegründung gerät, und in dem sich die Struktur von Selbstbewußtsein abbildet, befähigt es zu den Handlungen, in denen es sich und seine Welt aufbaut. Nicht von ungefähr überführt es seine Tätigkeiten in ein Wissenssystem, das der exemplarische Ausdruck der Konfliktlösung ist. Im Systemgedanken begreift es seine aporetische Beschaffenheit als die intimste Form seiner Wirklichkeitserfahrung. Daß sich die Schwierigkeiten, die sich bei der Selbstbegründung zeigten, in der Konstruktion von Systemen wiederholen, besagt für unseren Zusammenhang: die Mitteilbarkeit von Selbstbewußtsein erschließt sich nicht primär an den Folgen, an dem Kommunikationsverkehr und an dem Funktionsmechanismus von Interaktionen, sondern sie findet ihre Ermöglichung in der Art und Weise, wie Selbstbewußtsein sich seiner Teilhabe an der Wirklichkeit versichert.

Mitteilbarkeit des Selbstbewußtseins beruht auf der Struktur von
Selbstbewußtsein; Selbstbewußtsein trägt den Charakter einer Selbstvoraussetzung, und diese Selbstvoraussetzung erfährt es als Wirklichkeit.

6. Indem sich Selbstbewußtsein in den von ihm vollzogenen Akten
zur Darstellung bringt, verhilft es dem Nichtdarstellbaren zur wenigstens indirekten Präsenz. Nicht darstellbar ist die Darstellung des
Selbstbewußtseins. Und diese Nichtdarstellbarkeit bezeichnet die
Grenze der Mitteilbarkeit, die lediglich durch erneute Bezugnahme
auf Selbstbewußtsein als allgemeiner und unverzichtbarer Voraussetzung den Abbruch der Kommunikation verhindert. Die Duplizität des Selbstbewußtseins macht aber die Grenze ebenso sichtbar wie
sie sie unter die Bedingungen von Mitteilung rückt. Der Religionsbegriff bezeichnet den Ort, an dem die Grenze des Selbstbewußtseins
als dessen Grund gewußt wird. Darstellung des Selbstbewußtseins
erfolgt deshalb als Mitdarstellung des Grundes, auf den Selbstbewußtsein sich bezogen weiß. Was aber als Grund des Selbstbewußtseins in die Darstellung des Selbstbewußtseins fällt, vermag sich als
solcher Grund nur dadurch zur Geltung zu bringen, daß es selber
Selbstbewußtsein ist. Im Rahmen des Religionsbegriffs legt sich die
Duplizität des Selbstbewußtseins in der Unterscheidung von beding-
tem und unbedingtem Selbstbewußtsein aus. Das unbedingte, das
absolute Selbtbewußtsein wird dabei verstanden als die durch keine
Grenze gehinderte, uneingeschränkte Selbstdarstellung. Ihm kommt
deshalb auch die prinzipielle Ermöglichung von Mitteilbarkeit zu.

7. Die vergleichsweise abstrakte Fassung der Selbstbewußtseins-
thematik gewinnt in der Theologie ihre Konkretion. Was diese Konkretion problematisch erscheinen lassen könnte, ist der Widerstand,
den das auf Anschaulichkeit bezogene Material der Theologie auf so
selbstverständliche Weise ausübt. Gestützt auf das Gewicht der Tatsachen erweckt sie den Eindruck, als entzöge sich die von ihr wahr-
genommene Sache der Theoretisierung. Sie bringt freilich damit diejenige Faktizität in Erinnerung, die sich das Selbstbewußtsein in den
Gedanken des Absoluten übersetzt. Die vom Selbstbewußtsein intendierte Vermittlung, die Mitteilbarkeit ermöglichen soll, gelangt
an ihr Ziel durch die vollbrachte Selbstvermittlung des absoluten
Selbstbewußtseins, derentsprechend die mögliche Prädikation des

Göttlichen nur als Selbstprädikation denkbar ist. Begrifflichen Ausdruck erhält dieses absolute Selbstbewußtsein, das sich als Einheit von Grund und Folge, von göttlichem und menschlichem Selbstbewußtsein darstellt, in der Christologie. Der Anspruch der Christologie, Mitteilbarkeit zu ermöglichen durch die Vermittlung von göttlicher und menschlicher Natur in der einen Person, hat seine Einlösung in einem theologischen Lehrstück gefunden, das vielleicht gerade seiner abseitigen Stellung wegen Beachtung verdient: in dem Begriff der communicatio idiomatum. Über den Gleichklang der Termini communicatio und Kommunikation hinaus vermag dieser dogmatische locus deshalb die Aufmerksamkeit auf sich zu lenken, weil er weniger an den Gestalten zwischenmenschlicher Interaktionen interessiert ist als vielmehr daran, die Teilhabe des menschlichen Bewußtseins an dem hier gegenwärtig werdenden Ganzen der Wirklichkeit zu thematisieren. Der Gedanke der communicatio idiomatum bezeugt die Anstrengung der Theologie, die in der Person Christi gewußte Einheit aus den zunächst different gesetzten Faktoren von Gottheit und Menschheit durch eine synthetische Konstruktion hervorzubringen und die prinzipiell vollzogene Vermittlung mitteilbar zu machen. Die dieser Bewegung innewohnende Logizität orientiert sich an dem Akt der göttlichen Tätigkeit, von dem her gleichsam aufzuschlüsseln versucht wird, was sich in seinem Resultat, der Einheit der Naturen in Christus, zusammengefaßt hat. Der jeweilige Modus der Übertragbarkeit der Idiome regelt sich aus dem Vermittlungsprozeß der in der Person Christi sich darstellenden Tätigkeit. Die Grenze der Mitteilbarkeit, die sich in dem Gedanken der communicatio idiomatum als nicht überschreitbar erweist, liegt in einem Mangel des endlichen Selbstbewußtseins, das sich nicht in absoluter Reinheit hervorzubringen vermag und das selber als ein in Christus zur Vollendung gebrachtes seine Bestimmung von dem absoluten Subjekt der Tätigkeit empfängt. Deshalb hat die lutherische Theologie, die sich der Entfaltung der Lehre von der communicatio idiomatum mit besonderem Interesse widmete, auf die logisch mögliche Ausbildung des 4. genus, indem die Idiome der göttlichen Natur von der menschlichen Natur Christi hätten ausgesagt werden können, mit guten Gründen verzichtet. Die unter den Bedingungen einer „christologischen Logik" stehende Reflexion setzt das menschliche Selbstbewußtsein in den Zustand der Faktizität und läßt es begründet sein in einem Faktum,

das freilich dadurch ausgezeichnet ist, daß es sich selber dazu gemacht
hat. Menschliches Selbstbewußtsein bedarf zu seiner Erklärung des
absoluten, sich in der Person Christi darstellenden Selbstbewußtseins.
Beider Beziehung aufeinander drückt sich im Schema der Teilhabe
aus, die Mitteilbarkeit möglich macht.

8. Menschliches Selbstbewußtsein bedarf immer schon des Selbstbewußtseins, um sich als Kommunikationszusammenhang begreifen
zu können. Ist Mitteilbarkeit begründet durch die Teilhabe an dem
absoluten Selbstbewußtsein, so vollzieht sie die Mitteilung in dem
vergleichsweise konkreten Zusammenhang von Tun und Leiden. Das
Selbstbewußtsein legt sich den Charakter seiner Faktizität und d. h.
den Charakter der Selbstvoraussetzung im Begriff der Mitteilung aus.
Es setzt sich als Selbstbewußtsein dadurch voraus, daß es sich auf
anderes Selbstbewußtsein bezieht. Selbstbewußtsein, das sich in der
Gestalt von Selbstbewußtsein gegenwärtig wird, findet sich vor als
Tradition. Im Begriff der Tradition bezieht es die Erfahrungen, von
denen es sich abhängig weiß, auf die Tätigkeit, mit der es sich seine
Gegenwart aufbaut. Insofern ist sein Umgang mit geschichtlicher
Überlieferung ein produktiver Umgang. Überlieferung ist tätiges
Selbstbewußtsein im Zustand der Ruhe. Der Konflikt von Über-
lieferungsdeutungen ist ein Konflikt, der von dem Selbstbewußtsein
heraufgeführt ist und in dem es um die Bestimmung geht, unter der
sich Selbstbewußtsein durchsichtig wird oder nicht.

9. Sollte die These, daß der Religionsbegriff der Ort sei, an dem die
Thematisierung des Selbstbewußtseins erfolgt, auf Zustimmung
stoßen, dann ergeben sich für die Charakterisierung von Mitteilbarkeit und Mitteilung nicht unerhebliche Folgen. Der Streit um die
Inhalte der Religion sowie der Streit um die Methoden, die zur Gewinnung eines Religionsbegriffs führen sollen, hat sich als ein endloser
Streit erwiesen. Er hat sich nicht von ungefähr in dem Streit um die
Mitteilungsformen von Religion fortgesetzt. Man mag diese Konflikt-
situation, die sich in den Kommunikationstheorien wiederholt, für
wünschenswert halten. Aber der Begriff der Religion läßt sich nur
dann unter den Bedingungen von Mitteilung erörtern, wenn Mitteilung als eine Folgebestimmung der vom Selbstbewußtsein vollzogenen Selbstvermittlung verstanden wird. Diese Vermittlung aber
ist selber eine Gestalt der Teilhabe des Selbstbewußtseins an der Wirk-

lichkeit. „Wirklichkeit ist selbst ein religiöser Begriff. Er ist schwer zu handhaben, weil er nicht eindeutig ist und nicht in einem Satz definiert werden kann. In dem Begriff der Wirklichkeit überschreiten wir das, was wir als ‚Umwelt' kennen, was der Mensch vor sich und um sich hat, zu einer Einheit, die ‚Jenseits' aller Einzelerscheinungen liegt. Insofern ist der Begriff von Wirklichkeit immer mehr als das jeweils Gegebene, er beschreibt eine unabschließbare Erfahrung von Transzendenz."[5]

---

[5] Wolfgang Trillhaas, aaO. 102.

Heinrich Ewalds Biblische Theologie

Hinweis auf ein vergessenes Buch

Von Rudolf Smend

Seit einigen Jahren wird mit zunehmender Stärke der Ruf nach einer Biblischen Theologie laut, die das Alte und das Neue Testament umfassen soll. Zumindest ein eindrucksvoller programmatischer Entwurf liegt bereits vor, auf dessen weitere Ausführung man gespannt sein darf[1]. Eine große Hilfe für alle Arbeit an dem in vieler Hinsicht schwierigen Gegenstand hat H.-J. Kraus in einer umfangreichen Monographie geleistet, die geschickt die bisherige Geschichte des Problems vorführt und von dort aus die heutigen Perspektiven diskutiert[2]. In der erstaunlichen Fülle des Materials, das diese Monographie vor dem Leser ausbreitet, fehlt überraschenderweise die einzige ganz ausgeführte Biblische Theologie, die je ein historisch-kritischer Exeget des ersten Ranges vorgelegt hat: Heinrich Ewalds vierbändige „Lehre der Bibel von Gott oder Theologie des Alten und Neuen Bundes" (1871—1876).

Oder auch nicht überraschenderweise. Denn Ewalds Buch, schon zur Zeit seines Erscheinens wenig beachtet und in der Folge so gut wie wirkungslos, darf seit langem als verschollen gelten. Einer der wenigen, die es positiv aufnahmen, nicht zufällig ein Engländer, würdigte es als „grandly conceived work on one of the subjects of the future, Biblical Theology"[3]. Es ist heute, hundert Jahre nach dem Erscheinen des Werkes, offenbar keine ganz müßige Frage mehr, ob das ein richtiges Urteil war. Sie mit sicheren Gründen positiv oder negativ zu

---

[1] H. Gese, ZThK 67, 1970, S. 417 ff.; kritisch dazu G. Klein, ZNW 62, 1971, S. 44 ff.

[2] H.-J. Kraus, Die Biblische Theologie. Ihre Geschichte und Problematik, 1970.

[3] T. K. Cheyne, Founders of Old Testament Criticism, 1893, 115. — Teile von Ewalds Werk sind durch den Baptisten Th. Goadby ins Englische übersetzt worden: Revelation: its Nature and Record, 1884; Old and New Testament Theology, 1888; vgl. T. Witton Davies, Heinrich Ewald. Orientalist and Theologian, 1903, S. 141.

beantworten, ist freilich kaum schon die Zeit. So braucht unser kurzer Hinweis auch keinen größeren Anspruch zu erheben als den, das letzte Buch eines sehr merkwürdigen Mannes, das nach dessen eigener Meinung die Krönung seines Lebenswerkes war, in die Erinnerung zu rufen. Eine ausführliche Analyse und Würdigung könnte ohnehin nur unter Heranziehung dieses ganzen Lebenswerkes im Rahmen seiner Zeit gegeben werden, wofür hier nicht der Platz ist. Wichtiger ist mir der plastische Eindruck, um dessentwillen ich Ewald möglichst ausgiebig selbst zu Wort kommen lasse.

In der Vorrede, die, obwohl schon am 1. September 1871 verfaßt, erst dem letzten Bande beigegeben wurde, schreibt Ewald, er habe an diesem Werk „im geiste nun fast ein halbes jahrhundert" gearbeitet. Nach Ausweis der Vorlesungsverzeichnisse las er über Biblische Theologie in Göttingen in den Wintersemestern 1833/34, 1835/36, 1837/38, in Tübingen im Sommersemester 1840 und dann wieder in Göttingen in den Sommersemestern 1851, 1853 und 1857[4]. Zur endgültigen Niederschrift kam es erst spät. „Da der inhalt dieses werkes dér art ist daß er die sichere erkenntniß des sinnes aller einzelnen theile der Bibel vom größten bis zum kleinsten ebenso wie die genaueste wissenschaft der Geschichte des volkes Israel und seines schriftthumes voraussetzt, so erklärt sich leicht warum ich diese lezte und höchste aller

---

[4] Die Niedersächsische Staats- und Universitätsbibliothek in Göttingen besitzt eine studentische Nachschrift der Vorlesung des Wintersemesters 1837/38 (Biblische Theologie von Professor Ewald nachgeschrieben von A. Kuthe Göttingen Wintersemester 1837/38). Die Nachschrift bricht im zweiten, geschichtlichen Hauptteil vor der neutestamentlichen Epoche ab; hier fand die Vorlesung durch Ewalds Amtsenthebung ein vorzeitiges Ende. Die Nachschrift wurde aber von ihrem Schreiber später (1839 in Jena) „aus einem älteren Hefte von Ewald" ergänzt, so daß sie die damalige Gestalt der Biblischen Theologie einigermaßen vollständig wiedergibt, soweit das bei einer derartigen Nachschrift möglich ist. In seinen Grundzügen ist das spätere Buch in dieser Vorlesung bereits überall erkennbar. Gegen Anfang (S. 6 f. der Nachschrift) enthielt die Vorlesung einen Überblick über die Geschichte der Disziplin, der leider im Buch fehlt. Über eine ganz kurze Charakteristik der wichtigsten Werke scheint Ewald freilich auch in der Vorlesung nicht hinausgegangen zu sein. Dabei bekommt de Wette (in der Nachschrift bei der ersten Erwähnung zu „Ritter" verschrieben) immerhin das Lob größerer Tiefe im Verhältnis zu seinen Vorgängern, während es von Vatkes Biblischer Theologie I heißt, sie sei „mehr als Übung zu betrachten" (das klingt negativer als die Rezension in den Jahrbüchern für wissenschaftliche Kritik 1836, S. 81 ff.); beiden wird vorgeworfen, daß sie „neuere Philosophie" (also Fries und Hegel) zugrunde legen. Bei v. Cölln wird die Abhängigkeit von de Wette (die bei Kraus aaO. S. 60 ff., 70 ff., nicht zuletzt infolge der Umkehrung der Reihenfolge, nicht in den Blick kommt) hervorgehoben. Ein summarischer Hinweis über die Grenze der Disziplin hinaus gilt am Ende des Überblicks immerhin den Werken Lessings und Herders.

sich um die Bibel drehenden einzelnen wissenschaften erst nach vollendung meiner hieher gehörenden früheren werke veröffentlichen
wollte" — so die Vorrede[5]. Dem Schicksal so vieler „Theologien", ein
posthumes Werk zu sein, ist die Ewalds gerade entgangen. Der erste
Band erschien 1871, der zweite 1873, der dritte 1874, der vierte 1876.
Ewald starb am 4. Mai 1875; noch zwei Tage vor seinem Tode hatte
er Korrekturen des letzten Bandes gelesen. „It is not often that a
man's time is so exactly proportioned to the life-work which he has
set himself to do", meint der englische Verehrer[6].

H.-J. Kraus bemerkt zu Recht, daß die Biblische Theologie sich im
späteren 19. Jahrhundert nur in der Form des Kompendiums behaupten konnte[7]. Aber in der Geistesgeschichte gibt es kaum eine Regel
ohne Ausnahme, und die ist hier nicht zum einzigen Mal Ewald. Sein
Werk läßt, das ist die schmerzliche Erfahrung wohl jedes Lesers, nicht
nur die Nachteile, sondern auch die Vorzüge des Kompendienhaften
in geradezu monumentaler Weise vermissen. Es umfaßt 1598 Seiten.
Neben der, öfters inkonsequent durchgeführten, systematischen
Gliederung läuft die in 460 Pragraphen her, die keine Überschriften
tragen. Sekundärliteratur, gar solche von anderen Autoren als Ewald
selbst, wird so gut wie nicht angegeben. Register fehlen. Gedankengang und Stil sind schwerfällig, die Sätze unübersichtlich, auch durch
die Kleinschreibung der meisten Substantive. Die meisten der Haupt-
gedanken werden durch das ganze Werk hindurch immerfort wiederholt. So sehr Ewalds Pathos überzeugt und ergreift, wenn man sich
einzelne Partien vornimmt — den Genuß des Ganzen droht es zu
verderben. Von der Biblischen Theologie gilt in hohem Maße, was
J. Wellhausen über Ewalds Spätzeit sagt: „Im ganzen ... sind die
Werke aus dieser Periode schwer lesbar, die Eigentümlichkeiten
nehmen zu."[8]

Zu den Eigentümlichkeiten Ewalds gehörte aber auch eine große
Kraft produktiver Integration; sie hat sich kaum irgendwo stärker
ausgewirkt, ja ausgelebt als in diesem letzten Buch. Es vereinigt in
sich auf unverwechselbar Ewaldsche Art mehrere Disziplinen, ja

---

[5] Bd. IV, V.

[6] Cheyne, aaO. S. 115. — Die drei ersten Bände hat Ewald noch selbst angezeigt
in GGA 1872, S. 81; 1873, S. 1201 f.; 1874, S. 1253 ff.

[7] AaO. S. 82.

[8] In: Festschrift zur Feier des hundertfünfzigjährigen Bestehens der Königlichen
Gesellschaft der Wissenschaften zu Göttingen, 1901, S. 76 (= J. Wellhausen, Grund-
risse zum Alten Testament, 1965, S. 133).

Gattungen: es ist alt- und neutestamentliche Theologie[9], will damit aber zugleich das Geschäft von Dogmatik und Ethik besorgen und ist nebenbei eine politisch-kirchenpolitische Kampfschrift.

Das „nebenbei" hätte Ewald allerdings schwerlich anerkannt. Die Biblische Theologie war kaum weniger für die Situation bestimmt als die Broschüren, mit denen er seit Jahrzehnten und besonders in den sechziger Jahren polemisch Stellung bezog. Ewald war wirklich, was man heute engagiert zu nennen pflegt, und zwar nicht der jeweiligen Mode folgend, sondern gegen den Strom und unter Opfern. Er bezahlte zweimal mit dem Verlust seines Göttinger Lehrstuhls, das erste Mal 1837 als einziger Theologe — auch er freilich außerhalb der Theologischen Fakultät — unter den Göttinger Sieben, die gegen den Verfassungsbruch des hannoverschen Königs protestierten, das zweite Mal 1867/68 wegen seiner Haltung gegenüber der neuen preußischen Obrigkeit. In den Kämpfen der folgenden Jahre, die ihn als Abgeordneten der Stadt Hannover in den Reichstag führten, hat er die Biblische Theologie niedergeschrieben. „Die ächte wissenschaft", so heißt es wiederum in der Vorrede von 1871, „ist auch dáran zu erkennen daß sie überall ihre vollkomne ruhe und unabhängigkeit von allen tagesunruhen zu wahren weiß: und so hält sich dieses werk. Aber sie soll sich auch nicht zu vornehm für die wirklichen mängel und übel einer zeit dünken, welche zu heben sie doch zuletzt allein arbeitet."[10]

Unter diesem Gesichtspunkt erachtet es die Vorrede „beinahe für ein glück", „wenn dieses werk erst jezt erscheint, da es nun umso ausdrücklicher und offener auf zeitlagen rücksicht nehmen kann welche mit dem ungeheuern gewichte welches sie für unsre ganze zukunft haben erst jezt deutlich genug hervorgetreten sind". Und dann entwirft Ewald ein Bild, in dem Motive, die der Leser aus früheren Streitschriften, Vorworten und Einzelbemerkungen des Verfassers kennt, auf die Gegenwart hin variiert sind: auf der einen Seite ein nie dagewesener hoher Stand der biblischen Wissenschaft und gute kirchliche Verhältnisse, namentlich im Lande Hannover, auf der anderen Seite die „niemals einig werdende doppelköpfige partei" des Berliner Oberkirchenrats und des Protestantenvereins, die beide „die K. Preuß. Unionskirche als ihr gemeinsames gut doch nicht wahrhaft gemeinsam

---

[9] In der Trennung beider sieht Ewald „eine leider in unseren Zeiten sehr eingerissene Zerspaltung und Verdunkelung des Inhaltes dieser Wissenschaft", die er „nie gebilligt hat" (GGA 1874, S. 1254).

[10] AaO. S. XIV.

lieben" können, „da die einen sie nur lieben weil sie in ihr herrschen
und sie auch zur ausbreitung der bekannten außerkirchlichen d. i.
politischen zwecke weiter benuzen wollen, die andern aber weil sie in
ihr zu herrschen wünschen". Damit wird in drei Richtungen Schaden
angerichtet: gegen das deutsche Volk, in dem Strauß, Ruge, Feuerbach
„und seitdem viele hunderte ähnlicher schriftsteller und zeitungs-
schreiber das Christenthum verwerfen" — „eine folge verkehrter
gelehrsamkeit und philosophie, zusammenhängend mit allen schweren
irrthümern und entsprechend schädlichen bestrebungen die in Deutschland eingedrungen sind" —, gegenüber der römischen Kirche, die nun,
angesichts der päpstlichen Unfehlbarkeit, „weder vorwärts noch rück-
wärts" kann, die aber anders als die kritisierten Protestanten „wenigstens den *schein* eines von der weltmacht unabhängigen Christen-
thumes" bewahrt, und schließlich im Verhältnis zum neuen Deutschen
Reich: die Verbindung mit ihm „führt über unsre Kirche eine gefahr
herbei welche sich noch weit über sie hinauserstreckt und bedrohet den
gesammten zustand des (wie wir überzeugt sind) besseren Christen-
thumes in der heutigen welt". „Das will nun auch unsere ganze Kirche
auf dieselbe spize des schwertes stellen auf welche in Europa jezt alle
die übrigen dinge gestellt sind, und kann mit éinem tödlichen schlage
wenigstens für unsere Deutschen tage und unser Deutsches volk alle
die wirklichen güter zertrümmern welche wir in langer schwerer
arbeit . . . gewonnen haben." [11]
Leute wie Strauß und seine näheren und ferneren Gesinnungs-
genossen „können durch bessere wissenschaft leicht zum schweigen
gebracht, am besten durch die werke gläubiger Christen beschämt werden" [12]. Zumindest als das erste, als bessere Wissenschaft also, versteht
sich Ewalds Biblische Theologie, und sie ist sicher, dem Gegenstande
nach wie nichts sonst die große Aufgabe zu erfüllen. Handelt es sich
doch in ihr „um das Höchste selbst welches alles unser geistiges leben
leiten soll und welches die Bibel uns soweit eine alte schrift es vermag
so vollkommen zeigt daß wir nur genau zuzusehen haben was diese
für viele schwerlesbare mannichfachste schrift wirklich enthalte und
wie es von uns zusammenzufassen, aber auch wie es heute anzuwenden
sei" [13]. Das hermeneutische Grundproblem der Disziplin, dem ihr
erster Theoretiker, J.Ph.Gabler, durch die Unterscheidung einer

[11] AaO. S. VI ff.
[12] AaO. S. X.
[13] AaO. S. V.

historisch „wahren" und einer durch philosophische Kritik ermittelten, zur Grundlegung der Dogmatik bestimmten „reinen biblischen
Theologie" beikommen wollte [14] und das die Theologie seitdem bis hin
zu den theoretischen und praktischen Verhältnisbestimmungen von
Biblischer bzw. Neutestamentlicher Theologie und Dogmatik in den
großen Entwürfen K. Barths und R. Bultmanns und gewiß auch über
sie hinaus beschäftigt, ist für Ewald ganz einfach gewesen, ja beinahe
kann man sagen, es habe für ihn überhaupt nicht existiert. Er hat wohl
ohne den „garstigen breiten Graben" gelebt. So sehr ihm — wie denn
auch nicht? — in zahllosen Einzelheiten vor Augen stand, daß die
Bibel „eine alte schrift" ist und daß man darum sozusagen nicht alles
von ihr verlangen kann, so wenig steckte doch dahinter für ihn eine
grundsätzliche Schwierigkeit, diese freilich „für viele schwerlesbare
mannichfachste schrift" im vollen Sinne zu verstehen. Daß die Bibel
uns „das Höchste selbst welches alles unser geistiges leben leiten soll"
zur Genüge zeigt, dazu bedarf es „nur" — in diesem „nur" steckt
viel — des genauen Zusehens, und darauf folgen dann die Zusammenfassung und die Anwendung. Dieser dreifachen Aufgabe konnte sich
Ewald dank seiner ungebrochenen Naivität hinsichtlich der Grund-
satzfrage in einem beispiellos arbeitsreichen Gelehrtenleben mit der
Aussicht auf imposante Ergebnisse widmen. Die Biblische Theologie
kann exegetische Arbeit ihres Verfassers an allen Teilen der Bibel
voraussetzen; sie tut es im summarischen Hinweis und in gelegent-
lichen Erinnerungen daran, daß dies oder jenes früher „hinlänglich
bewiesen" wurde. Ewald legt freilich Wert darauf, daß er jetzt nicht
nur eine Zusammenfassung, sondern auch in Einzelheiten Neues
bietet [15].

Eins der älteren Hauptwerke wird expressis verbis in die Biblische
Theologie einbezogen, nämlich die achtbändige Geschichte des Volkes
Israel, die ihrerseits die Literaturgeschichte „und damit den wichtigsten theil der gewöhnlich sogenannten Einleitung in die Bibel mit-
enthält" [16]. Die Biblische Theologie umfaßt für Ewald drei Haupt-
teile. Das eigentliche Ziel ist der dritte von ihnen, der den Zusammenhang bzw. das System der Biblischen Theologie darstellt. Ihm gehen

---

[14] Vgl. R. Smend, EvTheol 22, 1962, S. 347 ff.; O. Merk, Biblische Theologie des
Neuen Testaments in ihrer Anfangszeit, 1972, S. 97 ff.

[15] GGA 1872, S. 81.

[16] Vorrede S. V[1]. Zu Ewalds Behandlung des Einleitungsstoffes im Rahmen der
Geschichte vgl. Ed. Schwartz, Gesammelte Schriften I[2], 1963, S. 335. Vgl. auch Ewald,
Lehre I, S. 315[1].

zwei voran, ein erster, der wie der dritte Lehre enthält, nämlich die
Lehre vom Worte Gottes, und ein zweiter, der im Unterschied zum
ersten und zum dritten erzählender Natur ist, eben die Geschichte des
Volkes Israel. Sie läßt sich im Zusammenhang der Biblischen Theologie nicht entbehren, weil zu den biblischen Wahrheiten notwendig
ihre geschichtliche Bedingtheit und Bedeutung gehört. Die vier Bände
von 1871—76 enthalten nur den ersten und den dritten Hauptteil;
um dem Werk gerecht zu werden, muß man sich gegenwärtig halten,
daß in seiner Mitte die früher erschienene Geschichte des Volkes Israel
zu denken ist[17].

Vom Stoff der Geschichte des Volkes Israel ist viel in die Lehre vom
Worte Gottes eingegangen, die den ersten Band der Biblischen Theologie bildet. Sie behandelt drei „Hauptfragen": das Wesen der Offenbarung des Wortes Gottes (ihr Verhältnis zur „Gottesfurcht" oder
„Gottesscheu" = Religion, ihre Stufen, ihre Folgen), die Offenbarung
im Heidentum und in Israel, die Offenbarung in der Bibel.

Der zweite und der dritte Band enthalten die Lehre von Gott und
Welt oder Glaubenslehre. Sie gliedert sich in drei Teile: Gott (Geist
und Gott, Gott und Mensch, Die drei Grundwahrheiten über Gott:
Gott ist Geist, Gott ist Liebe, Gott ist einer — Bd. II), Welt und Gott
(Die Welt ihrem Wesen nach, Die Welt und die Welten, Der göttliche
Zweck der Welt und dessen Erfüllung), Mensch und Gott (Der Weg
des Menschen zu Gott, Der Weg zu Gott durch Christus und den
H. Geist, Das Ende aller menschlichen Wege zu Gott — Bd. III).

Es ist Ewald sehr darum zu tun gewesen, über den damit umschriebenen Fragenkreis und also das, was man als „Biblische Dogmatik"
abzuhandeln pflegte, hinauszugehen[18]. So folgen auf die Glaubenslehre im letzten Band (IV) die Lebenslehre (Das höchste Gut des
Menschen, Pflichtenlehre, Tugendlehre) und die Reichslehre (Der Herr
und die Herrschaft, Das weltliche Reich = der Staat, Das Gottesreich,
Das Christusreich, Das richtige Verhältnis zwischen den beiderseitigen
Reichen).

Dieses Schema — eine genauere Inhaltsangabe muß unterbleiben —
stammt natürlich im wesentlichen aus der Schuldogmatik. Das bedeutet aber nicht, daß Ewald der Schwierigkeiten, die sich der Gewinnung
eines derartigen Lehrzusammenhanges aus der Bibel entgegenstellen,

---

[17] Vgl. Die Lehre der Bibel von Gott I (im folgenden werden die Bände nur
mit der römischen Bandzahl zitiert) S. 15 ff.
[18] Vgl. GGA 1874, S. 1253 f.

überhaupt nicht ansichtig geworden wäre und sich nicht auf seine Weise mit ihnen auseinandergesetzt hätte. Er sieht viele Widersprüche in der Schrift und will sie „immer zunächst ganz so wie sie sind auslauten lassen, um bei dem streben sie in einklang zu bringen nicht immer in neue irrthümer zu verfallen". Aber dem steht doch eine Einheit gegenüber oder nicht nur gegenüber: „Stimmt der gesammte inhalt und zweck der Bibel in gewissen vielleicht der zahl nach wenigen aber der bedeutung nach allumfassenden und unveränderlichen grundwahrheiten überein, so verhält sich dieses ganze bunte farbenspiel der vielen wechselnden aussprüche zu ihnen nur wie die strahlenbrechung des reinen sonnenlichtes; und jeder strahl kann uns zu diesem großen lichte zurückführen." [19] Ebenso sind die Lücken, die sich freilich finden, „durch eine sichere anwendung der allgemeinen wahrheiten leicht zu heben", zumal wir „in den alles umfassenden allgemeinen wahrheiten ... keine wirkliche lücke in der Bibel finden", ja, „sogar diese reihe allgemeiner wahrheiten auf eine einzige grundwahrheit zurückgeht welche ... mit der wahren religion selbst in der Bibel gegeben ist und alle ihre theile durchzieht" [20]. Die Herstellung des Zusammenhanges ist auch ganz im Sinne der Bibel, die zwar kein System bietet, aber doch eine Reihe von Zusammenfassungen wie den Dekalog, das Deuteronomium, das Vaterunser und die Sprüche des Herrn [21]. Das Lehrhafte ist aus der ganzen Bibel unter Berücksichtigung der Verschiedenheit ihrer Stoffe (Prophetie, Worte Christi, Sendschreiben des Neuen Testaments, Dichterisches, Geschichte, sinnbildliche Erzählungen) zu gewinnen und „im einzelnen in sein rechtes fachwerk einzuweisen" [22].

Für Ewald bedeutet die Suche nach der Einheit der Bibel in ihrer Verschiedenheit kein mechanisch abstrahierendes Schalten mit einem gegebenen Stoff, sondern eine höchst lebendige, beglückende Arbeit des „täglichen Forschens in der Schrift" — seine Freude daran teilt sich dem willigen Leser an unzähligen Stellen des Werkes mit [23]. Der Weg geht zwischen Einheit und Vielfalt ständig hin und her, an Hand der

---

[19] II, S. 1 ff., Zitate 3.
[20] II, S. 5 ff., Zitat 9; vgl. auch II, S. 271 f. — Zur „Grundwahrheit" bzw. dem „Grundgedanken" bei Ewald R. Smend, Die Mitte des Alten Testaments, 1970, S. 7 f., 28 f.
[21] II, S. 9 ff.
[22] II, S. 12 ff., Zitat 20.
[23] Man lese etwa als beliebiges Beispiel ein kurzes Stück aus der Gotteslehre: II, S. 102—106.

„lebendigen zeugnisse und urkunden", aus denen „man erkennen kann
wie alles auch das mannichfachste zu jenem gipfel sich erhebt aber auch
von ihm herab sich wieder in seine mögliche mannichfaltigkeit ergießt.
Finden wir nun in der fast unerschöpflichen mannichfaltigkeit dieser
lebendigen zeugnisse welche uns die Bibel gewährt, irgend etwas ein-
zelnes was an sich wahr ist aber durch seine besondere fassung leicht
wieder für uns zu einseitig wirken kann, so steht es uns nicht bloß
frei sondern wir sind auch verpflichtet das einzelne aus den anderen
stücken von erkenntniß und wahrheit zu ergänzen was sich ebensowohl
in der Bibel findet. So daß es zulezt für uns eine wohlthat ist daß die
Bibel uns nicht schon wie eine in sich abgeschlossene abgezogene an
sich kahle und kalte Lehre gegenübertritt, sondern als ein garten nie
versiegender lebendiger quellen der verschiedensten und doch für den
höchsten zweck gemeinsam nüzlicher stoffe, die wir immer neu um
das einseitige zu ergänzen oder das unpassende zu verwerfen benuzen
können"[24].

In den Programmen einer Biblischen Theologie tritt nicht selten das
Moment der Geschichte über Gebühr in den Hintergrund[25]. Daß das
auch in Ewalds Werk so sein könnte, legt der flüchtige Blick nahe, den
wir auf das Schema seiner drei letzten Bände warfen, und was wir
über das Verhältnis von Einheit und Vielfalt in der Bibel anführten,
spricht noch nicht zwingend dagegen; die Lebendigkeit dieses Verhältnisses könnte zur Not ungeschichtlich gedacht sein. Ewalds Absicht
und Bemühen wären damit freilich grob verfehlt. Wir sahen ja bereits,
daß er seine Geschichte des Volkes Israel in die Biblische Theologie
einbezogen wissen wollte. Aber auch die Annahme wäre falsch, er
habe damit seine Schuldigkeit nach dieser Seite hin getan geglaubt und
sei nun in der Darstellung der Lehre mehr oder weniger ohne den
geschichtlichen Aspekt verfahren, wie es ja bei derartigen Zweiteilun-
gen immer die Gefahr ist. Gegen diese Gefahr stand sein Wissen, daß
die Bibel „das deutlichste gepräge der geschichtlichkeit an sich" trägt,
daß sie „durch und durch geschichtlichen wesens und geistes" ist[26].
Und diese Geschichtlichkeit bot ihm in der Tat den Hauptschlüssel zu
den Unterschieden der biblischen Lehraussagen[27]. Der exegetischen
Arbeit Ewalds ergab sich demgemäß fast überall eine Darstellung der

---

[24] II, S. 33; vgl. ferner etwa I, S. 462 ff., IV, S. 15 f.
[25] Vgl. Kraus aaO. S. 11 u. ö.
[26] I, S. 418.
[27] II, S. 3 f., vgl. auch II, S. 26 ff.

einzelnen Lehrgegenstände nach „Zeitaltern", „Wendungen", „Stufen", vorwiegend drei oder vielmehr fünf, in Anlehnung an die Geschichte des Volkes Israel, die zugleich seine Religionsgeschichte ist.

Als Beispiel für das dabei zutage tretende Bild von Kontinuität und Wandel sei der Abschnitt „Der name und die namen Gottes" angeführt, mit dem als einer Art zusammenfassender Nachholung der zweite Band schließt[28]. Es gibt danach auf der einen Seite von Urzeiten an bis zum Ende für Gott „einen einfachen und höchst ursprünglichen namen", welcher dessen „reine ursprünglichkeit und unvergleichbarkeit unveränderlichkeit und gleichmäßigkeit umso heller darstellt je mehr ... während der langen laufbahn der vollkommenen ausbildung des begriffes des wahren Gottes noch viele andere allmählig entstanden und einige von diesen sogar für lange und scheinbar ewige zeiten im höchsten ansehen und beständigen gebrauche standen". Es handelt sich um das hebräische Wort Eloah, das für Ewald in der semitischen Ursprache Macht, also den Herrn im Unterschied zum Menschen als dem schwachen Geschöpf bedeutet und so darauf hinweist, „daß gerade bei diesem Semitischen urvolke in urzeiten welche für uns kaum berechenbar sind eine höhere ansicht vom Göttlichen mächtig geworden war welche von den gewichtigsten folgen für die späteren zeiten der Semitischen völker wurde, am nächsten sich aber unter den Hebräern fortsetze". Das Problem des Nebeneinanders einer Konstanten in Gestalt dieser Gottesbezeichnung und einer Variablen in Gestalt all der anderen Gottesnamen löst sich, wenn man bedenkt, „durch welche und durch wieviele ungemein große zeitliche wechsel die wahre Gottesscheu hindurchgehen mußte bis sie im äußern und innern kampfe ihre lezte vollendung erreichte. Diese art von Gottesscheu welche im volke Israel durch Mose und die lange reihe der größten Propheten bis Christus hin so viele und so gewaltige wandelungen erfuhr, muß von jenem uranfange an einen festen grund empfangen haben den sie nie wieder verließ und auf dem weil er schon so fest war sich die reihe der folgenden gewaltigen wandelungen vollzog: zeuge davon ist eben der unerschütterliche feste bestand jenes urnamens für Gott. Allein von der größe und dauer der vielen kämpfe welche diese Gottesscheu nach außen und nach innen zu bestehen hatte bevor sie ihr rechtes ziel vollkommen erreichte, zeugen ebenfalls die vielen anderen namen für Gott welche in der

---

[28] II, S. 327 ff.

langen zwischenzeit entstanden und die man sämmtlich im unterschiede von jenem einfachen namen für Gott als *eigennamen* bezeichnen kann". So verblaßten die Gottesnamen der ersten Periode, der
der Erzväter, „der allmächtige Gott" (El schaddai) und „der höchste
Gott" (El eljon), „sobald mit Mose die wandelung wie des ganzen
volkes so vorzüglich seiner Gottesscheu eintrat welche nicht bloß
für dieses sondern zuletzt auch für alle Völker ohne ausnahme die
höchste wendung des geschickes aller Gottesscheu in sich schloß welche
das höhere Alterthum bringen konnte". Fortan steht Israels Geschichte
und Religion für ein Jahrtausend im Zeichen des Namens Jahwe. Der
besondere Gottesname der dritten Periode, der der späteren Richter
und der „von krieg und sieg erdröhnenden Königsherrschaft" ist
„Jahwe der Heere" (Zebaoth). In der vierten Periode, vom Ausgang
des Königtums an, tritt der Name und Begriff des Heiligen in den
Vordergrund, vor allem aber führt die wachsende Scheu vor dem
Gebrauch des immer heiliger werdenden Jahwenamens zum Verbot,
ihn auszusprechen, und zu seinem Ersatz durch „den Namen", „Gott",
„den Himmel" und besonders Adonai „unser Herr"[29]. Durch diese
„späterhin völlig mißverstandene stellvertretung" wurde das Hebräische „um sein wahres höchstes hauptwort ärmer", aber „ohne alles
zuthun oder wollen eines menschen ergab sich zuletzt daraus eine der
größten wohlthaten für die geltung und verbreitung der wahren
Gottesscheu selbst", in der Wiedergabe von Adonai mit „der Herr"
in der LXX, die damit freilich die merkwürdige Jerusalemer Doppel-
heit eines aussprechbaren und eines dumpf verdeckten, unaussprech-
baren Gottesnamens, der einst der „heiligste aber auch lauteste" gewesen war, nur künstlich verbarg. Die fünfte Periode, das Christentum, schließt sich an die LXX an und hat wie die älteste Zeit keinen
besonderen göttlichen Eigennamen. „Die sondernamen Gottes an
welchen einst Israel mit so hoher inbrunst wechselnd gehangen und
die die höchsten gedanken zu ihrer zeit fest in sich getragen hatten,
der Allmächtige Gott, Jahve der ewige hort seiner gemeinde, Jahve
der auch der herr aller himmlischen mächte ist, haben dadurch im
Christenthume nicht ihre bedeutung eingebüßt; und vonselbst versteht
sich daß wir jeden nach seinem richtigen sinne fassen, auch den seit
über 2000 jahren vor der welt wie verläugneten ja wie vergrabenen
Jahve in seinen ächten lauten wiedererwecken. Aber sie alle sind nur

---

[29] Nach Ewald aus Adonainu verkürzt.

noch die unvergeßlichen zierden eines höchsten allumfassenden und zugleich einfachsten namens." Bei diesem spricht Ewald auch von einem „faden", der nie abgerissen sei; „auch die bewegtesten zeiten und die kühnsten thaten brachten hier immer nur höhere entwickelungen derselben an diesem worte wie an keinem andern haftenden grundwahrheit, bis diese bei dém ziele angelangt war bei welchem sie nun ewig ruhen kann".

In vielem ähnlich, aber als einen Ablauf von noch größerer Folgerichtigkeit sieht Ewald die „Stufen der Offenbarung". Auch hier sind es fünf: die Offenbarung des Einzelnen, die des Propheten, die des Mose, die Christi und schließlich die Vollendung aller Offenbarung[30]. Im Hintergrund steht dabei der Begriff, der wie kaum ein zweiter das ganze Werk durchzieht und der die in ihm vorausgesetzte Theologie in mehrfacher Hinsicht entscheidend bestimmt, der des Geistes. Dabei tritt geradezu klassisch zutage, was W. Trillhaas[31] das Oszillieren des Geistbegriffs genannt hat, in bezug auf den menschlichen Geist wie auf den göttlichen[32]. Nicht die unwichtigste Funktion des Begriffs bei Ewald ist die, daß sich mit seiner Hilfe die Überbrückung des „garstigen breiten Grabens" und also die Lösung dessen, was für andere das hermeneutische Problem war, zu einem großen Teil umschreiben läßt. Das Geistige bzw. der Geist kann von einem Menschen zum anderen übergehen und dabei allerlei Veränderungen hervorrufen und erfahren. „Allein auch nach jahrhunderten und jahrtausenden kann der einzelne menschliche geist alles das geistige welches einst aus einem andern hervorstrahlte völlig mit derselben schärfe und richtigkeit wiedererkennen in welcher es zuerst erschienen war; noch der späteste durch tausend anderweitige erfahrungen von dem früheren getrennte geist begegnet in demselben lichte dem ältesten, und weder ein abstand der längsten zeit noch eine verschiedenheit der irdischen lage und volksthümlichkeit hindert dieses ineinanderfließen alles Geistigen. Wo ist das ewigste was das A. T. enthält nach vielen jahrhunderten immer schwerer sich anhäufenden dunkels lebendiger und wahrer wiedererkannt als im N. T.? oder wo ist die ganze Bibel nach dem reinsten und erhabensten was sie enthält und was sie will nach vielen neuen jahrhunderten solcher verdunkelung heller und erheben-

---

[30] I, S.71 ff.

[31] Dogmatik ²1967, S.434, 440; vgl. Religionsphilosophie, 1972, S.137 ff.

[32] Die wichtigsten Partien: I, S.31 ff., 286 ff.; II, S.57 ff., 125 ff.; III, S.390 ff. — Lehrreich der Vergleich mit H. Schultz, Alttestamentliche Theologie ¹1869 I, S 277 ff., ⁴1889, S.502 ff.

der wiederbelebt als unter den völkern so ganz verschiedenen blutes
wie die des Germanisch umgebildeten Europa? Und doch ist es hier
überall nichts als der geist der unter menschen sich kundthut sich ausbreitet sich trübt und in seiner unzerstörlichen (so können wir an
dieser stelle richtig sagen) klaren wahrheit sich immer wieder findet."[33]
Orthodoxere Kritik schon unter den Zeitgenossen hat nicht völlig
zu Unrecht gemeint, Offenbarung sei bei Ewald „das Aufleuchten
neuer religiöser Gedanken und Anschauungen in dem Gott suchenden
Geiste des Menschen", die Offenbarung werde hier „mehr errungen
als empfangen", erscheine „mehr als ein psychologischer Vorgang
denn als That Gottes"[34]. In diesen Dingen ist Ewald ein Mann, der
auf der Straße des 19. Jahrhunderts wandert, wo sie am breitesten
ist. Man mag ihm eine philosophische Ahnenreihe zusammenstellen[35],
muß sich aber dabei vor Augen halten, daß er philosophisch wenig
belesen, geschweige denn besonders geschult war[36] und daß er sich
gegen die Mehrzahl der Philosophen, an die man zu denken pflegt,
ausdrücklich mit großer Schärfe abgegrenzt hat[37], was in englischen
Augen ein Pluspunkt für ihn war[38]. Er fühlte sich in seinem Verhältnis
zur Philosophie als Göttinger und verteidigte seine Vaterstadt gegen
den Vorwurf, sie „befördere keine philosophie", mit den Worten:
„an jener ächten philosophie ohne welche keine einzelne wissenschaft
getrieben werden kann die aberauch aus ihr selbst hervorgeht, hat es
in Göttingen in welchem unser Leibniz seine beste stiftung erkannt
haben würde nie gefehlt; wieviel aber die schulphilosophie seit Schelling und nochmehr seit Hegel den Deutschen geschadet hat birgt im j.
1848 kein schleier mehr"[39].
    Der heutige Exeget kann nur mit gemischten Gefühlen auf Ewald
zurückblicken. Er weiß zugleich viel mehr und viel weniger. Ewald
lebte in einem beneidenswerten Optimismus, was die seiner Zeit
und speziell ihm selbst mögliche Erkenntnis anging[40]. Er war als Alt-

---

[33] II, S. 73 f.
[34] G. F. Oehler, Theologie des Alten Testaments [3]1891, S. 60.
[35] Nach H.-J. Kraus wurden „seine Grundideen bei Kant und Schiller geboren"
(Geschichte der historisch-kritischen Erforschung des Alten Testaments [2]1969,
S. 208) bzw. bei Schelling, wobei sich Ewald dann jedoch in der Terminologie stark
an Hegel anschloß (Die Biblische Theologie S. 209[60], vgl. auch S. 313).
[36] Vgl. Cheyne, aaO. S. 117.
[37] Vgl. II, S. 45[1], 55; IV, S. 125[4]; zahlreiche Belege in älteren Schriften.
[38] Vgl. Cheyne, aaO. S. 117[1].
[39] Jahrbücher der Biblischen wissenschaft I, 1848, S. 27.
[40] Vgl. etwa I, S. 4, 462 ff.; II, S. 7 f., 33.

testamentler wie als Neutestamentler im ganzen konservativ und sah
„aus dem feuer der schärfsten untersuchung nur die geschichtliche
zuverlässigkeit der Bibel mit neuer gewißheit hervorgegangen"[41] —
so etwa hinsichtlich des Lebens Jesu, „nachdem der gelehrte schwindel
welcher gerade nach dieser seite hin soviele oberflächliche geister der
lezten 70 bis 80 jahre erfaßt hatte, in unsern neuesten zeiten endlich
wieder (und wir wollen hoffen auf die dauer) geheilt" sei[42]. Ewalds
Darstellung Jesu[43] erinnert im Verhältnis zu den Quellen an die
K. Barths[44], unterscheidet sich aber von ihr durch den wichtigen Um-
stand, daß sie nicht wie diese grundsätzlich nachkritisch[45] verfährt,
sondern nur die konservative Reaktion auf eine radikale Strömung
innerhalb der Kritik darstellt[46]. Diese Reaktion blieb Episode, in der
neutestamentlichen Wissenschaft fast noch mehr als in der alttestamentlichen, wo Wellhausens Werke, die einen neuen Grund legten,
noch im selben Jahrzehnt erschienen wie die Biblische Theologie des
Lehrers. Die erdrückende Mehrzahl der Neutestamentler hat Ewald
nie recht ernstgenommen. H. J. Holtzmanns vernichtendes Urteil
über die Biblische Theologie[47] erklärt fast alles in ihr, was nicht das
Alte Testament berührt, für Beiwerk, das für die Wissenschaft nicht
in Betracht komme. In der Tat hat Ewald es der von ihm leidenschaftlich bekämpften „Strauß-Baur'ischen schule mit allen ihren schlangen-
artigen windungen und wendungen"[48] leicht gemacht, wohl leichter,
als es nötig gewesen wäre. Im Bemühen, den „täuschenden schein ...
irrthümlich gefundener sei es feinerer oder gröberer selbst widersprüche der Bibel ... zu zerstreuen" und in die „mißklänge", die sich
auch nach seiner Meinung in der Bibel fanden, „dennoch einen höheren einklang zu bringen"[49], tat er dem Stoff an vielen Stellen Gewalt
an. Den wenigsten Beifall konnte er, wie die Dinge lagen, für seine
Sicht des Verhältnisses beider Testamente finden. Die Biblische Theologie lief für ihn überall wie die Geschichte des Volkes Israel auf Jesus
Christus als ihren Vollender zu. „Ist jedoch das Christenthum ...

---

[41] I, S. 423.
[42] I, S. 349[2].
[43] III, S. 304 ff. — Vgl. auch die „Geschichte Christus'" im fünften Band der
Geschichte des Volkes Israel.
[44] KD IV/2, S. 173 ff.
[45] Vgl. R. Smend in: Parrhesia, Karl Barth zum 80. Geburtstag, 1966, S. 215 ff.
[46] Vgl. auch das II, S. 30 f. gegen die „schule der ungeschichtlichkeit" Gesagte.
[47] Lehrbuch der neutestamentlichen Theologie, 1897, I, S. 7.
[48] II, S. 3[1].
[49] II, S. 3.

nichts als die vollendung alles dessen was in der gemeinde Israel schon
längst vor dieser ihrer verklärung mit klarem bewußtseyn und allem
ernste erstrebt wurde, was strenggenommen in jenem geiste schon
liegt der sich in ihrer stiftung und in ihrem einfachen urgeseze (dem
Zehngebote) schöpferisch ausspricht, und was tausendmahl verlezt
oder verdunkelt immer in ihr noch mächtiger und sicherer sein gegen-
theil bekämpfte, auch nur in ihr vollendet werden konnte so wie es
zulezt Christus vollendete: so ist keine ansicht so unrichtig als die
es sei zu seiner zeit durch eine einwirkung sowohl des in unsern zeiten
oft so genannten Judenthumes als des Heidenthumes entstanden, sei
also eine art mischung von beiden. Eine solche ansicht konnte erst aus
der ungeheurn verwirrung der geschichtlichen vergleichungen welche
man in unsern zeiten so gerne und meist noch so ganz verkehrt anstellt,
und der nicht minder weiten verirrung in der erkenntniß aller der drei
hier verglichenen großen geistigen mächte entstehen, ist aber daneben
vorzüglich aus der feigen vorliebe für das Heidenthum entsprungen
an welcher neuere Gelehrte unter uns leiden."[50] Wellhausen hat sich
1901 auf Ewalds Seite gestellt, aber damit natürlich nicht die einfache
Sicht Ewalds voll bestätigt und ebensowenig die modifizierte Konzeption Baurs außer Kurs gebracht[51].

Für einen Gegenstand, der heute so aktuell ist, wie er es zu Ewalds
Zeit jedenfalls für diesen selbst war, bietet das Alte Testament un-
streitig das weit umfassendere Material, wenngleich Ewald auch hier
die notwendige Rolle des Neuen Testaments hervorhebt[52]. Es ist der
Gegenstand, den er im vierten Band, noch erheblich weniger als in den
vorangegangenen Bänden auf die Bibel konzentriert und von ihr
ausgehend[53], als „Reichslehre" behandelt. Hier findet sich, was man
heute seine „politische Theologie" nennen würde, und hier findet sich
das Bekenntnis: „O welche göttliche freude und erhebung sich als
lebendiges mitglied eines reiches zu fühlen in welchem allein die
göttlichen wahrheiten und antriebe rein herrschen, dagegen alle
menschliche willkür und ungerechtigkeit grundsäzlich entfernt seyn
soll, wo auch die Mächtigsten nur nach dem maße beurtheilt werden
je wie sie jene achten und diese verachten; und welche wonne auch nur
sicher zu wissen daß es ein solches unzerrüttbares reich auf erden und

---

[50] I, S. 274 f.
[51] Wellhausen aaO. S. 76 f. (133 f.). Vgl. dazu E. Bammel, ZKG 80, 1969,
S. 231 ff.
[52] IV, S. 176 f.
[53] Vgl. die Kritik von W. Baudissin, ThLZ 1, 1876, S. 53 f.

dazu mitten in den unsicherheiten und zerstörungen der weltreiche für jeden gibt der mit ganzer seele in ihm leben will und niemand in ihm daran gestört wird!"[54] „Poor dreamer", möchte man, ein letztes Mal T.K.Cheyne zitierend[55], dazu sagen. Cheyne dachte an die öffentliche Wirkung, die sich Ewald von seinem Buch versprach. Fast ist man versucht, das Wort auch auf die Möglichkeit einer Biblischen Theologie überhaupt anzuwenden, jedenfalls solange Theologie auf dieser Erde und nicht im Himmel getrieben wird. Ist Biblische Theologie, wie sie Ewald versuchte, „ein Wunschtraum und Phantom"[56]? Auch und womöglich gerade durch die Lektüre Ewalds wird sich nicht so leicht jemand davon abbringen lassen, diese Frage mit Ja zu beantworten. Aber es wird auch kaum jemand das Buch lesen können, ohne von ihm ergriffen zu werden und vielleicht auch ein wenig Inspiration aus ihm zu empfangen.

---

[54] IV, S. 257 f.

[55] AaO. S. 116.

[56] E. Käsemann, Exegetische Versuche und Besinnungen II, 1964, S. 27, zitiert bei Kraus, Die biblische Theologie S. 1, 380.

Prolegomena zu einer Religionsphänomenologie als einer systematischen Religionswissenschaft

Von Gernot Wiessner

Eine Analyse der meisten aus dem Kreise der sogenannten verstehenden Religionswissenschaft vorliegenden „Religionsphänomenologien" führt zu dem Ergebnis, daß sie zwar alle eine unvoreingenommene Wiedergabe und Ordnung religiösen Tatsachenmaterials anstreben, daß sie aber auch alle mehr oder weniger durch die Vorlage dieses Tatsachenmaterials eine Antwort auf metaphysische Fragen — etwa durch den Ausweis des dem Material entnommenen Erkenntnisweges der Religion als eines Zugangs zur letzten Wirklichkeit — vorlegen wollen[1]. Demgegenüber bedeutet es eine Befreiung für die Religionswissenschaft, wenn sie jetzt durch die Neuauflage des epochemachenden Werkes von Geo Widengren „Religionens Värld" unter dem Titel „Religionsphänomenologie"[2] erneut auf die Möglichkeit verwiesen wird, eine unvoreingenommene Erforschung und systematische Ordnung des im Bereich z. B. der Religionsgeschichte und der historischen Religionsethnologie erarbeiteten Phänomenbestandes des Gegenstandsbereiches Religion vornehmen zu können, ohne daß sich

---

[1] Vgl. z. B. die Religionsdefinition bei F. Heiler, Erscheinungsformen und Wesen, der Religion, Stuttgart 1961, S. 1, oder bei G. Mensching, Die Religion, Stuttgart 1959, S. 18 f., aber auch die Tatsache einer massiven realistischen Ontologie, wie sie in der Definition des „Phänomens" vorliegt bei G. van der Leeuw, Phänomenologie der Religion, 3. Aufl., Tübingen 1970, S. 768. Die von van der Leeuw als „Zeugen" oder „Zeugnis" formulierte letzte Aufgabe dieser Religionsphänomenologie ist die Konsequenz dieser Definition. Die letzte Wirklichkeit kann man nicht mehr unvoreingenommen beschreiben, auch wenn man mit dem Begriff der „Macht" sie in einer ontischen Realität erfaßt. Und das Zeugnis stellt sich sprachlich dar als Verkündigung (S. 780). Zum Begriff der „Macht" bei van der Leeuw ist alles Entscheidende schon gesagt von P. Radin, Die religiöse Erfahrung der Naturvölker, Zürich 1951, S. 61—76. Für das Verständnis der selbstgestellten Aufgabe der verstehenden Religionswissenschaft programmatisch J. Wach, Vergleichende Religionsforschung, Kap. II, Stuttgart 1962, S. 53—78.
[2] G. Widengren, Religionsphänomenologie, Berlin 1969. Vgl. die Beurteilung durch K. Rudolph, Religionsgeschichte und „Religionsphänomenologie", ThLZ 96, 1971, 242—250.

in den Vollzug dieser Aufgabe eine metaphysische Fragestellung und Antwort, auch nicht in der Art eines metaphysischen Kausalitäts-denkens, wie in weiten Kreisen funktionalistischer oder materialistischer Religionsforschung, einzuschleichen braucht. In ähnlicher Weise ist die Religionsphilosophie in jüngster Zeit durch W. Trillhaas[3] aus dem Banne der Metaphysik in der Art einer theoretischen Religionsbegrün-dung befreit worden. Beiden Entwürfen weiß sich der Verfasser gleichermaßen verpflichtet, wenn er im folgenden einige Überlegun-gen zur Aufgabe und Methode der Religionsgeschichte und einer systematischen Religionswissenschaft vorlegt, die beide nichts anderes bezwecken dürfen, als eine exakte Wiedergabe und sachadäquate Deu-tung eines Phänomenbestandes vorfindlicher Wirklichkeit. Es geht dabei nur um Überlegungen über die Art und Weise, in der sich dieser besondere Phänomenbestand wissenschaftlich exakt erschließen und in der Art eines abgeschlossenen Darstellungsgebäudes mit der ihm entsprechenden Systematik beschreiben läßt. Der Anspruch des neuen Weges wird ausdrücklich nicht erhoben. Er ist durch die Werke von Geo Widengren und W. Trillhaas für den Verfasser vorgezeichnet[4].

Für das Folgende erscheint es notwendig, eine Gebrauchsdefinition des Gegenstandsbereiches „Religion" wenigstens zu versuchen[5] und zwar unter den Bedingungen, jeden Ausdruck, der als metaphysisch (im Sinne einer ontologischen Aussage im Rahmen einer realistischen Erkenntnistheorie) verdächtigt werden kann, zu vermeiden und den Gegenstand allein im Bereich der empirisch verifizierbaren Tatsachen festzumachen. Unter diesen Voraussetzungen läßt sich definieren „Religion" = Df ein besonderer geistiger Gegenstandsbereich, dessen Manifestationen und Dokumentationen eine bestimmte Art inter-subjektiv aneignungsfähiger Wirklichkeitsdeutung zum Zwecke der Wirklichkeitsaneignung aufweisen und die es als empirisch vorfindliche Phänomene gestatten, diese Art der Wirklichkeitsdeutung von ande-ren abzuheben.

---

[3] W. Trillhaas, Religionsphilosophie, Berlin 1972.

[4] In den folgenden Ausführungen artikuliert sich weithin ein Unbehagen der Aufgabe und Methode der verstehenden Religionswissenschaft gegenüber. Die Skizze beansprucht für sich selbst das Prädikat der Vorläufigkeit und Unabgeschlossenheit. Deshalb wird hier auch auf jede weitergehende Bezugnahme auf eine bestimmte Forschungssituation oder auf die Auseinandersetzung mit ihr verzichtet.

[5] Zur Problematik einer Religionsdefinition vgl. aber auch Trillhaas aaO. 19—36, speziell 31—36.

Die in dieser Definition getroffene Feststellung eines besonderen
Gegenstandsbereiches, einer besonderen Sphäre des menschlichen Aus-
drucks- und Aneignungsvermögens der Wirklichkeit, ist durch die
Ergebnisse z. B. der modernen Konstitutionstheorien oder aber der
Denkpsychologie gesichert. Ihre Leerstellen bedürfen darüber hinaus
vorläufig keiner weiteren Ausfüllung: Der für die empirische Forschung zum Zwecke der Sphärenabgrenzung notwendige Tatsachen-
bestand an Manifestationen und Dokumentationen wird der „Reli-
gions"-wissenschaft durch Konvention und Wissenschaftstradition ge-
liefert. Erst im Vollzug der empirischen Erforschung dieses grundsätzlich vorgegebenen Gegenstandes lassen sich die Leerstellen der Definition
als verifizierbare Aussagen über die präzise Sphärenabgrenzung aus-
füllen. Nur am Rande sei darauf hingewiesen, daß das Problem der
Sphärenvermischung in diesem Zusammenhang ausgeklammert wird
und auch im folgenden, der Klarheit der Ausführungen auf begrenz-
tem Raum zuliebe, nicht angegangen werden soll. Damit bleibt auch
das Problem der Synonyma und der Homonyma eingeklammert.

Es ist eine Selbstverständlichkeit, darauf hinzuweisen, daß die
Erforschung dieses Gegenstandsbereiches zuallererst mit den Mitteln
einer undogmatischen, d. h. einer hier aller metaphysischen Wesens-
aussagen und Wertaussagen sich enthaltenden philologisch arbeitenden Geschichtswissenschaft erfolgen muß. Es soll nur versucht werden,
in der Art einer Gegenstandsmeditation die von Geo Widengren in
seiner „Religionsphänomenologie" gelieferte Aussage „die Religionsgeschichte gibt die historische Analyse, während die Religionsphänomenologie die systematische Synthese liefert"[6] im Hinblick auf die
Frage zu überdenken, wie auf der Grundlage der „historischen Analyse" die „systematische Synthese" erfolgen kann, in der der Anspruch
erhoben wird und erhoben werden muß, über den Bereich des in der
Regel einzelsprachlich und einzelkulturell gebundenen Faktums
„Religion" als Einzelreligion hinaus in der Form materialordnender
Aussagen und Aussagehierarchien systematisch ordnende Feststellungen über den Gegenstandsbereich „Religion" überhaupt treffen zu
können. Diese Forderungen an eine systematische Religionswissenschaft können als petitio principii mißverstanden werden, da die
von uns geforderte Materialanalyse im Bereich der Einzelreligionen, die
die Berechtigung für die Annahme einer rekonstruierbaren allgemein
auffindbaren besonderen Form religiöser Wirklichkeitsaneignung

---

[6] G. Widengren, aaO. 1.

liefert, noch nicht abgeschlossen ist. Wir glauben aber, daß das bereits erarbeitete Tatsachenmaterial selbst den Beweis dafür liefert, daß sich bestimmte Arten von Wirklichkeitsaneignung, eben die religiösen, von anderen überall in der Menschheitsgeschichte abheben lassen, und daß es auch beweiskräftig genug für die These ist, von der Religion als einer besonderen Art dieser Wirklichkeitsaneignung überhaupt zu sprechen. Der systematische Versuch Geo Widengrens spricht für sich selbst. Die Annahme einer einheitlichen „praelogischen" oder „magischen" Weltaneignung der „Primitiven" sollte als überholte pseudowissenschaftliche Behauptung im Orkus der Wissenschaftsgeschichte begraben bleiben. Unsere Überlegungen sind dabei weitgehend sprachanalytisch und sprachtheoretisch bestimmt. Einseitigkeiten werden im Rahmen dieser Skizze ebenso in Kauf genommen, wie der Verzicht auf die Auseinandersetzung mit verschiedenen modernen Theorien. Wir glauben jedoch, daß sich auch ihre Ergebnisse in die Systematik unserer Fragestellung am rechten Ort einbeziehen lassen.

Die Erforschung eines bestimmten geistigen Gegenstandsbereiches findet ein sachadäquates Mittel in der Analyse der Sprache, in der sich die ihn konstituierende besondere Art der Wirklichkeitsaneignung im Modus der Wirklichkeitsdeutung verobjektiviert hat. Die menschliche Sprache ist das Instrument, mit Hilfe dessen sich individuelle und soziale Wirklichkeitsaneignung durch die Zuordnung von Namen zu Dingen und Sachverhalten selber darstellt. Diese Wirklichkeitsaneignung (immer → -deutung) vollzieht sich im Medium der Sprache unter den Bedingungen einer Dominanz der existentialen Wirklichkeitsaussagen im Modus der Intersubjektivität. Sie erfolgt unter den Bedingungen einer weitmöglichen Aneignungsfähigkeit durch Reproduzierbarkeit der gleichen Inhalte, damit die Zeichenproduktion in der sozialen Situation zu einer bleibenden Erweiterung der gemeinsamen reproduzierbaren Wirklichkeitsaneignung führt. Namen-Gebung als Zeichen- oder Symbolfindung ist daher immer auch das Ergebnis einer Abstraktion, damit ein Konkretum überhaupt als intersubjektives Zeichen fungieren kann. Besonders interessant ist dabei, daß vieles darauf hindeutet, daß in allen Sprachen die Namen-Gebung (und klassifizierende Begriffsbildung) von einer abstrahierenden Verarbeitung wahrgenommener Beziehungsverhältnisse ausgegangen ist, also von dem Bestreben geleitet war, die Wirklichkeitsaneignung in der Form einer Festschreibung von wahrgenommenen

Beziehungen zwischen Gegenständen und Sachverhalten selbst, sowie
zwischen diesen und dem(n) Aneigner(n) vorzunehmen. Das Prinzip
der intersubjektiven Abstraktion in der Sprache legt sich damit gleichzeitig aus als das Prinzip einer existentialen Ordnung von Beziehungen, um die Gegenstände und Sachverhalte einer auch praktischen
Aneignung unterwerfen zu können.

Über diese Feststellungen werden, ebenso wie über die folgenden,
kaum Meinungsverschiedenheiten bestehen. Sprachliche Wirklichkeitsaneignung — wie auch immer sie sich auf der Primärstufe vor der
Reproduktion ereignet — ist für die uns hier allein interessierende
Art von Wirklichkeitsaneignung die Grundvoraussetzung. Von ihr
aus gesehen, stellen sich viele andere neben und jenseits des Sprach-
phänomens beobachtbare Wirklichkeitsaneignungen, andere Arten
geistiger und auch physischer Gegenstände, dar als Umsetzungen des
sprachlichen Aneignungs- und Deutungsvorgangs in nicht-sprachliche
Gestalt. Bei dieser Feststellung können wir, vom Prinzip der Sphären-
trennung aus, von weiteren Formen der menschlichen Weltaneignung
absehen, z. B. von den primär biologischen Formen, auch den speziell
eigenpsychischen, wenn ihre Gegenstände nicht in die Sphäre geistiger
Gegenstände übernommen oder übertragen sind.

Die Beobachtung des Vorgangs der Wirklichkeitsaneignung durch
das Medium der Sprache und der ihr entsprechenden Gestaltungen
führt außerdem aber zu der Erkenntnis, daß sich diese Form von
Wirklichkeitsaneignung als ein eine Ordnung von Wirklichkeit produzierendes, d. h. als ein systematisches Phänomen darstellt. Sowohl
die existentiale Bezogenheit der Benennungen in der natürlichen
Sprache, wie auch das Prinzip einer intersubjektiven Verwendbarkeit
der gefundenen Zeichen erfordert eine ordnende Systematik beim
Aneignungsvorgang, in welchem Erfahrungshorizont aktueller Art
er sich auch abspielt, mit dem Ergebnis einer Bedeutungshierarchie der
Zeichen und der Zeichenverbindungen als einzelnen Bedeutungs-
trägern. Wenn diese Tatsache nicht schon durch das feststellbare Prinzip der abstraktiven Relevanz in der Sprache (Bühler) hinreichend
belegt erscheint, dann liefern die Ergebnisse der sprachwissenschaft-
lichen Feldtheorie ebenso wie das Nebeneinander von parole und
langue einen weiteren Beweis. Jede Benennung eines Gegenstandes
oder eines Sachverhaltes ist nur möglich innerhalb eines Bedeutungsfeldes. In ihm findet sich der Bedeutungsinhalt und läßt sich innerhalb des Feldes intersubjektiv und transsubjektiv reproduzieren. Jedes

Bedeutungsfeld sprachlicher Ausdrücke aber ist zugleich von dieser Aufgabe her, daß sich in ihm eine bestimmte Benennung als Wirklichkeitsaussage ereignet und reproduzieren lassen soll, ein Feld bestimmter Bedeutungsvalenzen, die in bestimmten Beziehungen zueinander stehen und dadurch hierarchisch, ihrem Wert für die Zeichengebung und Zeichenordnung entsprechend, geordnet sind. Nur dadurch läßt sich die Einzelaussage mit gleichem Bedeutungsinhalt reproduzieren. Das Bedeutungsfeld ist grundsätzlich ähnlich strukturiert wie ein Einzelsatz, z. B. die Wirklichkeitsaussage nach dem Schema S → P. Auch er ist beschreibbar als ein Feld von geordneten Valenzen, deren Einzelwert und Beziehung untereinander sich an den grammatischen und syntaktischen Phänomenen, z. B. am indogermanischen Kasussystem, ablesen läßt. Wirklichkeitsaneignung ist, vom Satz her gesprochen, systematisch ordnende Konstruktion der Wirklichkeit im Bedeutungsfeld der deutenden Zeichen. Die Vorgabe des Konstruktionsfeldes und damit des systematischen Zusammenhangs ist an jedem unmittelbaren Sprechakt der natürlichen Sprache zu erheben[7].

Menschliche Wirklichkeitsaneignung stellt sich im Phänomenbestand von Sprache also selbst dar als abstrahierende, mit dem Anspruch der konkreten Bezeichnung auftretende Zeichengebung im Rahmen der Bedeutungssystematik eines bestimmten Bedeutungsfeldes. Von diesem Sachverhalt her werden auch alle anderen nichtsprachlichen, aber mit bestimmter Bedeutung versehenen und damit letztlich auf Sprache zurückführenden Manifestationen und Dokumentationen eines (geistigen) Gegenstandsbereiches verständlich (Kontextphänomen).

Die Folgerungen, die sich daraus für eine wissenschaftliche Erforschung eines bestimmten, in Sprache und Gestaltungen manifesten geistigen Gegenstandsbereiches ergeben, scheinen auf der Hand zu liegen und dürften der Plausibilität nicht entbehren. Die Erforschung so eines Phänomenbestandes wird sich primär der bekannten Mittel der Semasiologie (oder Semantik) bedienen mit dem Akzent, eben die besondere Form der Wirklichkeitsdeutung nachvollziehen zu wollen, die in diesem Phänomenbereich vorliegt, was sowohl die Erkenntnis ursprünglicher Bedeutungsinhalte der Sprachzeichen, ihres Stellenwertes und ihrer Beziehungen untereinander im Bedeutungs-

---

[7] Vgl. hierzu sowie zur Aufgabe einer vergleichenden Semasiologie die jüngste Arbeit von W. Eilers, Über Sprache aus der Sicht von Einzelsprachen, Sitz. Ber. Österr. Akad. d. Wiss. phil.-hist. Kl. 287 Bd. 3, 1, 1973.

feld sowie ihres Schicksals innerhalb des Prozesses dieser besonderen
Art von Wirklichkeitsaneignung mitbeinhaltet. Letzter Bezugspunkt
einer derartigen semasiologischen oder semantischen Erforschung der
Sprache eines besonderen Gegenstandsbereiches ist dabei die Aufgabe,
den ursprünglichen Bedeutungsinhalt eines Wortes (Zeichens) innerhalb desselben verständlich zu machen und damit gleichzeitig seine
Beziehungen zu anderen Bedeutungsaussagen, um das System zu rekonstruieren — und die Aussagen über es empirisch verifizierbar zu
machen —, als das sich diese besondere Art geistiger Gegenstände als
eine besondere Art hierarchischer Wirklichkeitsdeutung neben
anderen darstellt. Da es sich bei jedem System geistiger Gegenstände
immer um ein historisches Gebilde handelt, sind alle Formen der
Semasiologie, die statische und die dynamische oder evolutive Semasiologie, aber auch die Pragmatik in diesem Zusammenhang, die sachadäquaten Mittel, methodisch einwandfrei nicht nur einen besonderen
Gegenstandsbereich gegen andere abzugrenzen (und auch seine Beziehungen zu anderen aufzudecken), sondern ihn zugleich als ein historisches Phänomen, d.h. als ein lebendiges, produzierendes und repro-
duzierendes System von Valenzen durchsichtig zu machen. Die sprach-
philosophischen Zugänge zur Semasiologie interesssieren hier nicht
weiter. Wichtig ist bei einer semasiologischen Erforschung der geistigen
Gegenstandsbereiche allerdings die Feststellung, daß der jeweils
gegenwärtige Zeichenwert einer Benennung dem etymologischen
Bedeutungsinhalt, dem ursprünglichen Zeichenwert im Bedeutungsfeld, nicht mehr zu entsprechen braucht. Das Bedeutungsfeld als ganzes
aber sorgt grundsätzlich dafür, das die Feldkonstanz eines Einzel-
wortes (wenn auch oft nur latent) erhalten bleibt, zum mindesten aber
die Feldkonstanz des Bezeichneten selber, wenn sich keine grundsätzlich neuwertenden Verschiebungen von Zeichen und Bezeichnetem
innerhalb des Bedeutungsfeldes im Prozeß der fortschreitenden Wirklichkeitsaneignung ereignet. Das Bedeutungsfeld kann außerdem historisch notwendige Gegenstands- und damit Bedeutungs- und Wert-
verluste ausgleichen. Das Phänomen der sogenannten Volksetymologie
(die sich auch am nicht-sprachlichen Gestaltungsbereich ereignet) innerhalb eines Bedeutungsfeldes liefert z.B. hinreichend Material, um
die Konstanz der in einem geistigen Gegenstandsbereich vollzogenen
Wirklichkeitsdeutung durch Produktion und Reproduktion von Valenzen hinreichend verständlich zu machen, wenn die wertfordernde

existentiale Bezogenheit dieser besonderen Form von Wirklichkeitsaneignung bestehen bleibt.

Die Aufgabe der Religions-Geschichte läßt sich demnach formulieren als die Aufgabe, mit den methodischen analytischen Mitteln auch
der Semasiologie, unter Einbezug der neben-sprachlichen Gestaltungs-
phänomene in die Analyse der primären Sprachphänomene, die
besondere Art der als „Religion" bezeichneten Wirklichkeitsaneignung
innerhalb eines bestimmten geschichtlichen Erfahrungshorizontes als
Wirklichkeitshorizont zu erschließen mit dem Ziel einer Rekonstruktion dieses hierarchischen Bedeutungssystems (Bedeutungsfeldes) von
untereinander in einer bestimmten Beziehung stehenden und mit
bestimmten Valenzen ausgestatteten Sprachzeichen innerhalb des
jeweiligen historischen Kontextes.

Es ist deutlich, daß sich die nichtdogmatische Religionsgeschichte
dieser Aufgabe immer verpflichtet gesehen hat und sie dann auch mit
diesen Mitteln in Angriff genommen hat, unter „phänomenologischer
Reduktion, Einklammerung" der metaphysischen, ontologischen
Fragestellung. Die metaphysische Problematik — auch die erkenntnistheoretisch realistische Antwort auf die Seinsproblematik — ist vom
Gegenstandsbereich „Religion" jeweils selbst schon bewältigt worden.
Die gegebene Antwort liegt jeder sprachlichen Äußerung innerhalb
dieses Gegenstandsbereiches schon zugrunde. Jeder Versuch, durch die
Untersuchung dieses Gegenstandes die metaphysische Frage nach der
(letzten) Wirklichkeit erneut zu beantworten, verfälscht nicht nur die
wissenschaftliche Aufgabe der empirischen Analyse und Rekonstruktion, sondern beansprucht auch ein Leistungsvermögen, das nur innerhalb des zu untersuchenden Systems, nicht aber von seinem Betrachter
her, bewältigt werden kann. Der Religionshistoriker ist ex officio
kein Religiöser und kein Theologe. Die Religion umgekehrt bedarf
nicht des analysierenden und rekonstruierenden Wissenschaftlers, um
sich die bereits vollzogenen Leistungen der Wirklichkeitsdeutung in
ihrer Berechtigung bestätigen zu lassen.

Die bisherigen Ausführungen dienten nur einer genaueren Bestimmung der Aufgabe, die die Religionsgeschichte als wissenschaftliche
Disziplin zu unternehmen hat, waren nur eine Reflexion über den
ersten Teil der Widengrenschen Definition. Wie läßt sich im Anschluß
daran die Aufgabe einer Religionsphänomenologie als einer systematischen Wissenschaft und wie die ihr entsprechende Methode präzisieren, wenn hier im Modus des Überschreitens des einzelreligiösen

Bereichs der Versuch einer Rekonstruktion der besonderen Form religiöser Wirklichkeitsaneignung überhaupt, man könnte auch sagen der besonderen Strukturerkenntnis unternommen werden soll? Der großartige Versuch von Geo Widengren ermuntert mehr als andere, von ontologischen Fragen und Aussagen mitbestimmten, letztlich auf sie Antwort gebende Vorlagen dazu, sich hierüber Gedanken zu machen. Zum andern zeigt er aber auch die Richtung der Überlegungen selbst an. Ohne eine Kritik an Geo Widengren ausziehen zu wollen, soll daher im folgenden die Präzisierung der Aufgabe einer systematischen Religionswissenschaft am Problembereich der ihr adäquaten Objektsprache aufgezogen werden.

Die wissenschaftliche Religionsgeschichte bedient sich, wie jede ernstzunehmende Wissenschaft, ihres wissenschaftlichen Lexikons, ihrer wissenschaftlichen Objektsprache, nach demselben Muster — im Idealfall der konstatierenden $S \rightarrow P$-Sätze —, in dem sich auch die Wirklichkeitsauslegung innerhalb des von ihr untersuchten Gegenstandsbereiches selbst sprachlich artikuliert. Sie kann gar nicht anders vorgehen, weil auch sie in ihrem sprachlichen Ausdruck mit demselben Anspruch der Wirklichkeitsaneignung als einer realistischen Wirklichkeitsbeschreibung (-deutung) auftreten muß, wie der geistige Gegenstandsbereich selbst. Der Unterschied zwischen der Wissenschaft und der „Religion" besteht nur darin, daß erstere nur eine Wiedergabe der in letzterer schon vollzogenen Wirklichkeitsaneignung beabsichtigt, während die Religion die Wirklichkeitsdeutung als primären existentialen Akt vollzieht. Wenn dieser existentiale Bezug in der Wissenschaft allerdings selber nach- und mitvollzogen werden soll, hört sie auf, Tatsachenwissenschaft zu sein. Auch die $S \rightarrow P$-Sätze der Religionsgeschichte erheben den Anspruch der Deckung des bezeichneten Gegenstandes oder Sachverhaltes mit der Wirklichkeit. Deshalb ist es im Bereich des Lexikons dieser Objektsprache nicht unangemessen, sich im Regelfall sogar der gleichen Termini technici zu bedienen, wie sie im Lexikon des geistigen Gegenstandsbereiches selbst zur Verfügung stehen. Anders als die Religion wird sie ihre Begriffe allerdings in der Form von Gebrauchsdefinitionen abdecken, während die Abdeckung im Bereich der Religion durch den ihr immanenten Anspruch erfolgt, daß die Zeichen die Gegenstände und Sachverhalte in ihrer hierarchischen Ordnung und ontischen Gegebenheit treffen.

Es erscheint jedoch von verschiedenen Überlegungen her bedenklich, in einer vergleichenden Religionswissenschaft mit der oben beschriebenen Aufgabe, ohne weitere Prüfung mit denselben Begriffen als termini technici der hier notwendigen Objektsprache zu operieren, wie die spezielle Religionsgeschichte. Diese Bedenken werden schon bei einer Durchsicht der vorgelegten Phänomenologien begründbar. Exemplarisch für die fast bedenkenlose Verwendung des Lexikons einer bestimmten Religion — ein Verfahren, das dazu noch abgedeckt wird durch eine scholastische realistische Erkenntnistheorie —, ist die „Religionsphänomenologie" von F. Heiler. In ihr wird weitgehend das christliche Lexikon zur systematischen Ordnung des Phänomenbestandes der Weltreligionen verwandt. Jede Analyse des vorgelegten, unter diesen Begriffen systematisch geordneten Materials, die vom semasiologischen Standpunkt aus vorgenommen wird, führt zu der Feststellung, daß eine Deckungsgleichheit zwischen Begriff und Phänomen nicht erreicht ist. Die Materialien, die z. B. mit dem Begriff „heilig" abgedeckt werden sollen, widerstreben von ihrem eigenen Bedeutungsinhalt her allen Bemühungen, sie in der Form von deckungsgleichen Bedingungssätzen für die Aufstellung einer Gebrauchsdefinition des Begriffs „heilig" zu formulieren (vgl. z. B. die Bedeutungsinhalte von ar. $\sqrt{}$ b r q/k und deutsch „heilig"!). Bedenken gegen die unreflektierte Verwendung des Lexikons einer Einzelreligion für die allgemeine systematische Ordnung lassen sich aber auch z. B. aus der lang anhaltenden, immer noch nicht abgeschlossenen Debatte in der Religionswissenschaft um die Art und Weise begründen, in der der Terminus technicus „Gott" zur Bezeichnung eines (vielleicht) überall in der Religionsgeschichte anzutreffenden Phänomens verwandt werden kann. Die Debatte führte im Grunde zur Aufspaltung des christlichen Nomen proprium in eine Menge von differenten attributiven oder prädikativen Bildungen mit eigenen Bedeutungsinhalten und belegt damit deutlich, wie problematisch es ist, die besondere Art religiöser Wirklichkeitsaneignung überhaupt mit Hilfe des Lexikons einer Einzelreligion allein systematisch darzustellen, religiöse Weltaneignung überhaupt mit Hilfe des bereits systematische Valenzen spezieller Art mitliefernden Lexikons einer Einzelsprache zu beschreiben und zu rekonstruieren.

Jede Art von religiöser Terminologie ist das Lexikon einer bestimmten Art von Wirklichkeitsaneignung, die sich als Wirklichkeitsdeutung in einem jeweils besonderen Erfahrungshorizont in örtlicher und zeitlicher Hinsicht abspielt. Das Bedeutungsfeld der religiösen Sprache spiegelt das jeweils Besondere dieses Erfahrungshorizontes mit ab.

Das bedeutet für die übergreifende Systematik aber, daß selbst auf
den ersten Blick gleichartige Phänomene in verschiedenen Religionen
nicht denselben Stellenwert haben müssen. Sie werden prima facie
sogar einen je verschiedenen Stellenwert, einen verschiedenen Bedeutungsinhalt in ihrem je eigenen Bedeutungsfeld haben, wenn nicht —
dazu unten — die Erfahrungshorizonte selbst aufgrund ihrer prinzipiellen oder speziellen Gleichartigkeit untereinander im Prozeß ihrer
Aneignung gleiche Bedeutungsinhalte in der menschlichen Wirklichkeitsaneignung bedingen. Die daher zumindestens von vornherein
methodisch anzusetzende verschiedene Bedeutungswertigkeit auch bei
augenscheinlicher, letztlich nur durch Abstraktion zu gewinnender
Gleichartigkeit von Phänomenen in verschiedenen Religionen zwingt
zur Vorsicht bei der Verwendung eines bestimmten Lexikons eines
bestimmten religiösen Systems als Begriffsapparat bei der Aufgabe
einer systematischen Ordnung der sprachlichen und außersprachlichen
Phänomene religiöser Wirklichkeitsaneignung überhaupt.

Die Aufgabe einer systematischen Religionswissenschaft zwingt
jedoch zur Entwicklung eines Begriffsapparates, der in gleichem Maße
den Aufgaben der Wirklichkeitsbeschreibung in der Art von S→P-
Sätzen zu entsprechen hat, wie sie vom Begriffsapparat zur Erforschung einer einzelsprachlichen oder einzelkulturellen Religion geleistet werden. Wir glauben, daß dieser Begriffsapparat in ähnlicher
Weise gewonnen werden kann, wie in der historischen Religionswissenschaft, und zwar mit den Mitteln einer vergleichenden semasiologischen Untersuchung der Lexika, deren sich die religiöse Wirklichkeitsaneignung im Bereich der Einzelreligionen bedient. Diese Annahme wird sachlich gestützt durch den sogenannten Bastianschen
Grund- und Völkergedanken der Ethnologie, durch den Gedanken
einer selbständigen Entstehung gleicher kultureller Phänomene —
und dazu gehört ja wohl auch die Religion — an voneinander unabhängigen Orten, aber unter gleichen inneren und äußeren Voraussetzungen. Gleiche Vorstellung führt zu gleichanschaulicher — auch zu
bedeutungsgleicher — Ausdrucksweise innerhalb eines Bedeutungsfeldes, ein Gedanke, der methodisch sauber auch umgekehrt zu formulieren ist, daß eine gleichanschauliche Ausdrucksweise auf die gleiche
Vorstellung, also auf eine bedeutungsgleiche Wirklichkeitsaneignung
innerhalb eines Bedeutungsfeldes schließen läßt[8]. Durch eine ver-

---

[8] Vgl. Eilers, aaO. S. 12 f.

gleichende Semasiologie, durch vergleichende semasiologische Untersuchungen der Bedeutungsinhalte sprachlicher Ausdrücke innerhalb der Lexika einzelreligiöser Bedeutungsfelder könnte es möglich sein, bedeutungs- und dann auch valenzgleiche Phänomene zu erschließen, die sich bei einer Ordnung dieser Valenzen zum mindesten im Kontext paralleler Erfahrungshorizonte erneut zu einer Hierarchie zusammenschließen lassen bzw. die Parallelen und die Unterschiede deutlich werden zu lassen, in der sich religiöse Wirklichkeitsaneignung als systematische, selbst ordnende Wirklichkeitsaneignung darstellt.

Das Material für eine derartige vergleichende Untersuchung bietet sich, wie betont, der systematischen Religionswissenschaft in gleicher Weise durch konventionelle oder traditionelle Phänomenbenennungen in den Einzelreligionen dar, wie der speziellen Religionsgeschichte. Daß sich am Ende der Arbeit einer derartigen systematischen Disziplin nur noch ein Strukturmodell oder aber verschiedene Strukturmodelle religiöser Wirklichkeitsaneignung ergeben werden, sei ein hier nicht weiter auszuführender sachlich programmatischer Hinweis, dessen Berechtigung sich aber ebenso durch die modernen konstitutionstheoretischen Modelle ergibt, wie aus dem konsequenten Vollzug der Aufgabe, die Trillhaas für die Religionsphilosophie formuliert hat.

Die Leistungsfähigkeit der mit Geduld zu betreibenden vergleichenden Semasiologie ist am Beispiel vieler anderer Bedeutungsfelder der menschlichen Sprache bereits erwiesen. Die Berechtigung dafür, sie als Schlüssel zur Findung eines sachadäquaten Lexikons der Gebrauchssprache einer systematischen Religionswissenschaft anzubieten, ergibt sich aber abschließend auch aus der negativen Beobachtung, daß Standardbegriffe der heutigen Religionswissenschaft, wie z.B. „Mana, Orenda, Wakanda, Manitu, Baraka", ja der „Macht"-Begriff überhaupt den Bedeutungsinhalt und damit den Stellenwert im Rahmen einer systematischen Beschreibung, den sie heute noch weithin einnehmen, nicht einer semasiologischen Untersuchung verdanken, sondern durch sekundäre Bedeutungsverleihung semasiologisch nicht geschulter Forscher erhalten haben[9]. Hier täuscht eine künstlich erzeugte Bedeutungsgleichheit eine Gleichartigkeit der Gegenstände immer noch weithin vor. Ähnlich liegen die Dinge aber auch bei den Termini technici „heilig, Gott, Geist, Dämon" usw.

---

[9] S. oben Anm.1.

Zum Schluß dieser Skizze sei es jetzt gestattet, noch auf einige Ergebnisse der Sprachwissenschaft hinzuweisen, deren Wert für die systematische Erkenntnis und Ordnung der sprachlichen Bedeutungsinhalte und Bedeutungsfelder religiöser Wirklichkeitsaneignung fruchtbar gemacht werden konnten. Im Rückbezug auf das schon eingangs erwähnte Prinzip der abstrakten Relevanz bei der Zeichengebung und die damit eröffnete Möglichkeit, die Zeichen gleichzeitig im intersubjektiven Prozeß der Wirklichkeitsaneignung als Zeichen für konkrete Gegenstände und Sachverhalte zu verwenden, scheint es möglich zu sein, ein Schlüsselphänomen religiöser Wirklichkeitsaneignung zu erkennen und damit zum mindesten Ansätze für die Ausfüllung der „Leerstellen" der oben gegebenen Gebrauchsdefinition des Gegenstandsbereiches „Religion" zu liefern.

Das Prinzip der abstraktiven Relevanz des Sprachsymbols bedeutet die für die intersubjektive Kommunikation mit Hilfe des Zeichensystems entscheidende Tatsache, daß nur Einzelmomente des Gegenstandes oder Sachverhaltes, für den ein Zeichen stehen soll, in das Nennwort eingehen. Weder der Gegenstand als Sinnending noch als Beziehungsphänomen geht in der ganzen Fülle seiner konkreten Eigenschaften in die semantische Begriffsbildung ein, sondern nur diejenigen Elemente an ihm, an denen sich der Stellenwert des Zeichens im Sprachfeld (Bedeutungsfeld) festmachen läßt. Dadurch wird nicht nur eine situationsbedingte Wahrnehmung und Erkenntnis in einen gemeinsamen Wahrnehmungs- und Erkenntnishorizont eingefügt. Das Zeichen kann auch von verschiedenen Sprachträgern bei verschiedenen Situationen mehrseitig sinnvoll verwandt, in den eigenen Erfahrungs- und Deutungshorizont eines Feldes eingefügt werden, wobei es auch bei seiner Reproduktion nichts von seiner Bedeutung einbüßt, Wirklichkeitswiedergabe zu sein. Produktion und Reproduktion sind gleichermaßen dem erkenntnistheoretischen Realismus der natürlichen Sprache untergeordnet.

Das bedeutet aber auch, daß sich das durch Abstraktion gewonnene Zeichen im intersubjektiven Gebrauch jederzeit als Konkretum im Sinne einer realistischen Gegenstands- oder Sachverhaltsbenennung verwenden läßt. Dieser Bedingung unterliegen auch echte Abstrakta, Klassennamen. Das Problem des nominalistischen Denkens im Unterschied zu dem hier beschriebenen realistischen Denken der natürlichen Sprache interessiert in diesem Zusammenhang nicht. Das Prinzip der abstraktiven Relevanz und der Anwendungsmöglichkeit der Zeichen für die Aufweisung von Sinnendingen und konkreten Beziehungen gilt für alle Arten von Nennworten der natürlichen Sprache. Aus meiner eigenen Sprachkenntnis ist mir keine Einzelsprache bekannt, in der der ursprüngliche Bedeutungsinhalt eines Nennwortes nicht als Abstraktion aus einem vielseitigen Erscheinungsbilde nachweisbar wäre. Ebenso ist mir keine Sprache bekannt, in der das sprachliche Feldgerät nicht Möglichkeiten dafür darböte, eine situationsbedingte Umwandlung von Abstrakta in Konkreta und von Konkreta in Abstrakta jederzeit vornehmen zu können, entweder auf der grammatischen morphologischen Ebene oder aber auf der syntaktischen Ebene. Diese Tatsache, von ähnlich entscheidender Bedeutung wie diejenige, daß höchstwahrscheinlich alle ursprünglichen Nomina ihren Bedeutungsinhalt aus der abstrahierenden Feststellung von Beziehungen an/ in Gegenständen oder Sachverhalten gewonnen haben, scheint in der konsequenten Bewältigung der Aufgabe begründet zu sein, die die natürliche Sprache zu leisten hat. Im Modus der angebotenen Möglichkeiten für eine Umformung der einmal gefundenen Symbole stellen diese sich selbst dar als offene Symbole, das Symbolfeld als offenes, jederzeit veränderungsfähiges Symbol- und Bedeutungsfeld, wenn der Prozeß der Wirklichkeitsaneignung eine derartige Veränderung erforderlich machen sollte. Dies ist, ob reflektiert oder nicht, von jeder historisch-philologischen Wissenschaft immer schon berücksichtigt worden. Die der Beschreibung vorausgehende Exegese artikuliert sich immer wieder als Bemühen, den jeweiligen Bedeutungsinhalt eines Symbols innerhalb eines grundsätzlich offenen, nur jeweils aktuell abgeschlossen vorliegenden Bedeutungsfeldes (Kontext) festzustellen. Stellte die sprachliche Wirklichkeitsaneignung nicht ein derartiges offenes Feld dar, bestände in keiner historischen (und systematischen) Wissenschaft die Aufgabe, die Bedeutungsinhalte, Bedeutungsbeziehungen und Bedeutungsentwicklungen zu erforschen, die in einem Kontext manifest geworden sind.

Wir können aber bei dieser allgemeinverbindlichen Feststellung nicht stehenbleiben, wenn wir uns darum bemühen, die Besonderheit der religiösen Wirklichkeitsaneignung durch Beobachtung an Sprachphänomenen systematisch zu erfassen. Noch wichtiger erscheinen Beobachtungen, die an syntaktischen Funktionen z.B. der indogermanischen Sprachen gewonnen werden können. Vergleichbare Phänomene finden sich aber in wahrscheinlich allen Sprachen.

Der Satz, mit dem eine Wirklichkeitsaussage innerhalb eines bestimmten Bedeutungsfeldes getätigt wird, stellt sich in der natürlichen Sprache in der Regel dar als S→P-Satz. In ihm wird unter dem Prinzip realistischer Wirklichkeitsaneignung über ein bekanntes Subjekt (Thema) etwas ausgesagt (Rhema). Die prädikativen Fügungen (im Bereich der indogermanischen Sprachen) können dabei für sich in Anspruch nehmen, älter als die attributiven zu sein. Ein derartiger, mit einem bestimmten Nomen als Subjekt versehener S→P-Satz ist aber mit Hilfe sprachlicher Geräte jederzeit derart aufzulösen, daß sich aus ihm ein neuer S→P-Satz gewinnen läßt, in dem der Satzinhalt des ursprünglichen Prädikats den Stellenwert eines neuen nominalen Subjektes in einer neuen prädikativen Fügung erhält und sich so an den „subjektivierten" Inhalt eines ursprünglichen Prädikats eine neue Wirklichkeitsaussage anschließen kann. Auch diese Möglichkeit einer ständigen Verwandlung von S→P-Sätzen in neue derartige Sätze stellt einen Teil des Gerätes dar, das die Sprache bereithält, um den Prozeß der Wirklichkeitsaneignung als einen Prozeß ständiger Erweiterung und Präzisierung der Bedeutungsinhalte der Symbole als Wirklichkeitsaussagen auffangen zu können.

Für unsere eigene Fragestellung ist dabei von Bedeutung, daß die indogermanischen Sprachen z. B. — aber auch das gilt analog für alle Sprachen, nur mit z. T. anderem Gerät — alle Nennworte, die als Substantiva in diesen S→P-Sätzen auftauchen, in dieser Funktion gleich behandelt, auch wenn sie in anderen Sätzen mit dem Stellenwert des Prädikates Verwendung finden. Schon von diesen Beobachtungen aus läßt sich die Folgerung wagen, daß alle S→P-Sätze nichts anderes beabsichtigen, als eine gleichartige, wenn auch im Bedeutungsfeld der Aussagen verschiedenwertige Wirklichkeitsaussage. Wir können noch weiter gehen und sagen, daß in der syntaktisch-gleichen Wirklichkeitsaussage grundsätzlich alle Nomina auch als Symbole für individuelle Subjekte, als Nomina propria dienen können mit dem diesen innewohnenden Anspruch, daß die mit ihnen bezeichneten Phänomene als reale Individuen jederzeit auffindbar und wiedererkennbar sind. Die natürliche Sprache denkt extrem realistisch und auch das sprachliche Abstraktum ist daher jederzeit in den Rang eines Nomen proprium, in den Rang eines Individualnamens zu erheben, wenn es eine bestimmte Situation im Prozeß der fortschreitenden Wirklichkeitsaneignung erfordert.

Aus der Beobachtung dieser Fähigkeit der natürlichen Sprache, jede Prädikatsaussage in den Rang eines Nomen substantivum umzuformen, ergibt sich so die Formel $\frac{\text{Nomina abstrakta}}{\text{Nomina konkreta}} \rightarrow$ Nomina propria als Wiedergabe des Tatbestandes, daß die Wirklichkeitsaussagen der Sprachen auf eine realistische Wiedergabe der Wirklichkeit bis hin zur Konsequenz ausgerichtet sind, die Wirklichkeit selber als eine Ansammlung oder als einen Organismus unverwechselbarer Individualitäten — ich scheue den Ausdruck „Hypostasen" — abzubilden. Dabei werden die Nomina substantiva aber noch außerdem grundsätzlich in das zweigliedrige Schema menschlicher Wirklichkeitsaneignung eingebaut, das sich formelhaft als das Kategorienschema „belebt — unbelebt", genauer vielleicht „gegenständlich-unaktuos" und „gegenständlich-personal-aktuos" beschreiben läßt. Dieser Sachverhalt, aber auch seine Bedeutung, läßt sich am deutlichsten an denjenigen Sprachen beobachten, die, wie einige indogermanische seit einer bestimmten Entwicklungsstufe, über das Mittel des substantivierenden Artikels und des allseitig verwendbaren natürlichen Geschlechts verfügen. Aber das Lateinische zeigt, daß auch artikellose Sprachen sachadäquate Mittel für den Einbau aller Nennworte in das oben erwähnte Kategorienschema bereitstellen. Durch den substantivierenden Artikel ist z.B. nicht nur die Möglichkeit gegeben, jedes Wort syntaktisch als Substantivum zu nehmen, ihm gleichzeitig eine Bestimmtheit in der raum-zeitlichen und begrifflich-gegenständlichen Ordnung zu verleihen, sondern zugleich auch diejenige, das mit dem sprachlichen Symbol Gemeinte in das Schema „belebt-unbelebt" einzubauen, jedem Symbol die Qualität zu verleihen, eine Wirklichkeitsaussage auch über die Zugehörigkeit des mit ihm Gemeinten zur Sphäre des Belebtpersonalen oder des Unbelebt-impersonalen zu machen [10]. Es kann in diesem Zusammenhang nicht mehr unsere Aufgabe sein, diesen Sachverhalt einer Bildung von Nomina propria als Individualbezeichnungen für empirische Wirklichkeiten mit einer Ansiedlung derselben in der Sphäre des „Belebten" oder „Unbelebten" von den Ergebnissen der Konstitutionstheorie einem noch weitergehenden Verständnis zu erschließen. Die Bedeutung der von uns unterstrichenen Tatsachen für die Ausfüllung der Leerstellen in unserer

---

[10] Dieser ganze Problembereich läßt sich am besten am Phänomen der sprachlichen Metaphern durchdeklinieren, bei denen es sich meistens um situationsbedingte bedeutungserweiternde Abstraktionen im Prädikatsteil der Aussagesätze handelt.

Gebrauchsdefinition von „Religion" könnte schon auf der Hand liegen. Wir möchten uns daher zum Abschluß nur noch die Frage erlauben, ob nicht eben darin die besondere Art religiöser Wirklichkeitsaneignung sich zusammenschließt, daß sie sich darstellen läßt als eine Systembildung realistischer Wirklichkeitsbeschreibung im Modus der Personalität? Damit wäre die Tatsache verständlich, daß sich religiöse Wirklichkeitsdeutung immer auch als ein existentiales Bezugssystem von personalen Wirklichkeiten mit mehreren Brennpunkten in der unmittelbar menschlichen und in der Sphäre der reale Wirklichkeiten treffenden personalen Nomina aufweist. Jedes System einer Wirklichkeitsaneignung aber auch, das die Gegenstände seiner Begriffe im Modus der personalen Aktuosität mit existentialer Relevanz abhandelt, wäre dann ein System religiöser Wirklichkeitsaneignung.

Sinn und Erfahrung

Probleme und Wege der Krankenseelsorge

Von Friedrich Wintzer

I.

In der bekannten Rede über „Freud und die Zukunft" hat Thomas Mann eine Aussage von Victor Hugo zitiert: l'humanité s'affirme par l'infirmité[1]. Diesem Ausspruch zufolge stellt die Krankheit ein Erkenntnismittel für die Ergründung der Humanität dar. Wer das Menschsein des Menschen begreifen will, kann nicht von dem Kranksein absehen. Denn die Krankheit läßt sich nicht allein aus dem Gegensatz zur Gesundheit begreifen. Sie hat ihren eigenen Erkenntniswert. Sie ist ein Anlaß für die Reflexion über das Menschsein und für die Selbstvergewisserung des Menschen.

Sollte diese Behauptung zutreffen, so dürfte die Krankheit nicht nur Abwehrreaktionen hervorrufen. Zur Begegnung mit der Wirklichkeit müßte grundsätzlich auch die Begegnung mit der Krankheit gehören. Damit wäre die Sorge um den einzelnen kranken Menschen in ein allgemeines Verständnis für die Kranken eingebettet.

Die Wirklichkeit sieht jedoch oftmals anders aus. Denn in unserer Gesellschaft, die in ihrem Lebensstil auf einer aktivistischen Weltorientierung gründet, wird Krankheit primär als störend empfunden. Zumindest die ernsthafte Krankheit wird, wie das Nachlassen der körperlichen Kräfte im Alter, weithin unter dem Aspekt der Defizienz gesehen. Sie bedeutet, diesem Denken zufolge, Leistungsausfall. Sie stellt eine Funktionsminderung dar[2]. Die Krankheit wird deshalb

---

[1] Thomas Mann, Freud und die Zukunft. Festrede auf der Feier von Freuds 80. Geburtstag in Wien am 8. Mai 1936. In: Der Adel des Geistes. Stockholmer Gesamtausgabe. Stockholm 1945, (S. 496—519) S. 500.

[2] Einzelanalysen zu den hier anstehenden medizinsoziologischen Problemkreisen finden sich in dem von A. Mitscherlich, T. Brocher, O. v. Mering und K. Horn herausgegebenen Band „Der Kranke in der modernen Gesellschaft". Neue Wissenschaftliche Bibliothek, Soziologie, 4. Aufl., Köln 1972. — Die Herausgeber weisen nach-

oft nur als eine Beeinträchtigung der Gesundheit verstanden. Aus diesem Grunde gibt es nicht wenige Menschen, die an der Krankheit leiden, nicht kranksein zu können. Sie meinen, es sich nicht erlauben zu können, schwach zu sein. Krankheit wäre für sie in erster Linie das Eingeständnis einer Funktionsminderung. Nicht wenige krankheitsbedingte Lebenskrisen weiten sich zu Lebenskatastrophen aus, weil aufgrund dieser grundsätzlich negativen Einstellung zur Krankheit Hilfe nicht rechtzeitig gesucht wurde oder nicht erfolgte.

W. Trillhaas hat in seiner Religionspsychologie „Die innere Welt" innerhalb der Darstellung der religiösen Erfahrung der Krankheit darauf hingewiesen, daß auch in der Dichtung partiell das Phänomen der Krankheit ausgeblendet worden sei, z. B. in der Klassik und in der Romantik[3]. Anders verhält es sich im dichterischen Werk von Nietzsche, Dostojewskij, Rilke oder auch Thomas Mann. Aus vielfachen Gründen hat sich diese von W. Trillhaas konstatierte negative Einstellung zur Krankheit in unserer Zeit noch verstärkt. Die Medizin hat erstaunliche Fortschritte in der Bekämpfung der Krankheiten gemacht. Das Kranksein hat jedoch wenig oder nichts an seelischer Leidensnot verloren. Der innere Protest gegen die Krankheit ist aufgrund der medizinischen Möglichkeiten und der vorbeugenden Maßnahmen gewachsen. Die Krankheit wird in unserer Gesellschaft, zumindest in breiten Teilen der Bevölkerung, nicht mehr als ein unvermeidbares Übel angesehen. Da jedoch dieser Bewußtseinswandel nicht in genügendem Maße von einer besseren Krankenversorgung und von dem notwendigen Verständnis für den kranken Menschen begleitet ist, belastet der allgemeine Protest gegen Krankheit und Krankheitsschicksal Kranke oft mehr, als daß er ein Auslöser für die notwendige verstehende Hilfe würde. Es erscheint dann verständlich, daß innerhalb der Telefonseelsorge neuerdings die Krankheit an der Spitze der genannten Motive liegt[4].

---

drücklich darauf hin, daß „Kranke in der industriellen Hochleistungsgesellschaft weniger Duldung erfahren als in agrarisch-handwerklichen Funktionszusammenhängen" (aaO. S. 12).

[3] W. Trillhaas, Die innere Welt. Religionspsychologie, München 1953, S. 196. Vgl. auch die Ausführungen über „Krankheit und Seelsorge", in: Der Dienst der Kirche am Menschen, 2. Aufl., München 1950, S. 189—207.

[4] Wie das Diakonische Werk der EKD am 4. 12. 1973 mitteilte, hängen gegenwärtig 28,4 % der Anrufe mit Krankheit und Krankheitsnot zusammen. — Auf die Tatsache, daß Krankheit in unserer Gesellschaft weithin nicht als ein ohnmächtig zu ertragendes Übel angesehen wird, hat auch H. Faber hingewiesen. „In bezug auf Leiden und Tod herrscht also in unserer Kultur ein anderes Klima.

Reinhold Schneider hat die Krankheitsnot auf dem Hintergrund
vielfacher Erfahrungen zuspitzend mit der Feststellung kommentiert,
daß der Mensch wohl für den Tod geboren sei, „aber doch nicht für
die Krankheit" [5]. Hinter diesem Wort stehen die belastenden Grund-
erfahrungen, die mit der Krankheit verbunden sein können. Dazu
zählt vor allem die Erfahrung der Isolierung und der Vereinsamung.
Der Kranke hat seine Schmerzen für sich. Das „normale" Leben hört
auf, wenn die Krankheit besondere therapeutische Maßnahmen erfordert. Der Kontakt mit den vertrauten oder bekannten Menschen
wird bei einem Krankenhausaufenthalt oft schon rein äußerlich gestört. Manche werden zwar Verständnis für den Kranken haben und
mit ihm fühlen, vielleicht auch mit ihm leiden — und ihn nicht durch
ein sentimentales Mitleid noch mehr fühlen lassen, daß er sich in
einer bedauernswerten Situation befinde. Aber es kann keiner stell-
vertretend für den Kranken leiden. Es wird ihn auch nur bedingt
trösten, wenn er sich in einer Gemeinschaft von Kranken befindet und
die Solidarität des Leidens erfährt.

Sodann zählt die Angst zu den Erfahrungshorizonten der Krankheit. Sie ergibt sich bereits aus der Ungewißheit über den Krankheits-
verlauf. Handelt es sich um eine plötzliche, schwere Krankheit, so
fühlt sich der Kranke wahrscheinlich von ihr überfallen. Nicht selten
löst sie einen Schock oder eine Panik aus, und diese Reaktion ist nicht
nur auf die vermutlich unheilbaren Krankheiten beschränkt. Die
Fragen summieren sich: Wie wird es weitergehen? Wird der alte
Zustand wieder erreicht werden? Ist mit einer Besserung oder Ver-
schlechterung zu rechnen? Wird die Krankheit Folgen für die Berufs-
ausübung und für den Lebensstil haben? Ist es überhaupt möglich,
anders und mit anderen Lebenserfahrungen als bisher zu leben? Aus
diesen Bedrängnissen und den sie begleitenden Fragen resultieren die
selbstzerstörerischen Gedanken, die eine Lebenskrise zu einer Lebens-
katastrophe werden lassen können. Das Daseinsvertrauen läßt nach

---

Die Veränderung besteht vor allem darin, daß das Annehmen der Situation nicht
mehr so stark betont wird. Die Menschen wissen — und rechnen damit —, daß
gegen das Leiden und damit auch gegen den Tod viel mehr getan werden kann als
früher." H. Faber, Seelsorge am kranken Menschen, Handbücherei für Gemeinde-
arbeit, H. 45, Gütersloh 1969, S. 42 f.

[5] R. Schneider, Die Kranken besuchen, in: Pfeiler im Strom, Wiesbaden 1958,
(S. 228—233) S. 229. — Die Krankheitsnot eines psychisch kranken jungen Mädchens
hat Hannah Green eindrucksvoll in ihrem Bericht einer Heilung unter dem Titel
„I never promised you a rosegarden" (1964) geschildert. Deutsch: Ich hab Dir nie
einen Rosengarten versprochen, Stuttgart 1973.

oder es schwindet. Die Krankheit wird zum Dauerthema erhoben.
Der Arzt oder die Mitmenschen werden permanent als Gesprächspartner gesucht. Oder aber der Kranke isoliert sich selber, indem er
sich von den Gesunden abkapselt. Die Selbstisolierung erscheint als
ein Schutz, als ein erster Versuch, um sich zu stabilisieren und mit
dem Kranksein fertig zu werden. In Wirklichkeit bedürfte der Kranke
gerade des Kontaktes mit den Gesunden. „Viele Kranke leiden darunter, daß sie über die Fragen, die sie wirklich beschäftigen, kein
Gespräch führen können." [6]

II.

Die Krankheit stellt schließlich die übernommenen Sinnsysteme
in Frage. J. Habermas hat sogar unlängst geurteilt, daß in „Anbetracht
der individuellen Lebensrisiken ... eine Theorie nicht einmal denkbar (sei), die die Faktizitäten von Einsamkeit und Schuld, Krankheit
und Tod hinweginterpretieren könnte; die Kontingenzen, die an der
körperlichen und der moralischen Verfassung des Einzelnen unauf-
hebbar hängen, lassen sich nur als Kontingenz ins Bewußtsein heben:
mit ihnen müssen wir, prinzipiell trostlos, leben" [7].
Eine Störung der Sinngesetzlichkeit des Lebens ist vor allem bei
den Krankheiten nicht auszuschließen, die eine längere oder an-
dauernde Beeinträchtigung des Wohlbefindens mit sich bringen und
deren Ausgang ungewiß ist. Auch entscheidet die seelische Disposition
wesentlich über das Maß erfahrener Krankheitsnot mit. Die Sinnfrage
ist infolgedessen ein Ausdruck für den Versuch, die Krankheit zu
bewältigen. Sie verschärft sich in der Regel dann, wenn die Krankheit
über den Menschen mitverfügt und der Kranke nicht mehr in gewohn-
ter Weise über sich selbst verfügen kann. Allerdings vollzieht sich die
Auseinandersetzung mit der eigenen Krankheit nur partiell auf der
kognitiven Ebene. Die rationalen Bewältigungsformen und -mecha-
nismen haben nur eine bedingte Leistungsfähigkeit. Das Erleben eines
Menschen, seine Hoffnungen und Enttäuschungen, seine Wünsche und
Ängste, und somit das affektive Verhalten und die vor- bzw. un-

---

[6] J. H. van den Berg, Der Kranke, 2. Aufl., Göttingen 1974, S. 18.
[7] J. Habermas, Legitimationsprobleme im Spätkapitalismus. Frankfurt 1973,
S. 165. — Auf die Störung der Sinngesetzlichkeit durch die Krankheit weist auch
W. Trillhaas aaO. S. 199 hin. Vgl. ebenfalls M. Josuttis, Der Sinn der Krankheit.
Ergebung oder Protest? In: Praxis des Evangeliums zwischen Politik und Religion.
München 1974, S. 117—141.

bewußten Vorgänge im Seelenleben sind für die Einstellung zur Krankheit und den Verlauf der Krankheit von besonderer Bedeutung. Es ist deshalb auch von Gewicht, ob die Summe der Lebenserfahrungen, die ein Mensch mit sich trägt, auf eine mehr negative oder positive Bilanz hinausläuft.

Von den beiden Begriffen Sinn und Erfahrung bezieht sich der Begriff der Erfahrung insofern primär auf die individuell unterschiedliche Teilhabe an den Lebensvollzügen. Die Wirklichkeit, wie sie von Menschen erlebt und gedeutet, gestaltet und erlitten, in ihrer Rätselhaftigkeit als auch in ihrer Ganzheit und Gefülltheit erfahren wird, ist in dem Begriff der Erfahrung thematisiert[8]. Hingegen meldet sich in der Sinnfrage ein unterscheidendes und kritisches Prinzip an. Das Sinnproblem ist darin begründet, daß nur ein Teil der Erfahrungen des Lebens sich unmittelbar als Sinn-Erfahrungen erweisen. Denn die Sinnlosigkeit wirft ihre Schatten in den Erfahrungen mißlungener Liebe und zusammenbrechender Hoffnung, in den Erfahrungen der Schuld und der inneren Leere, des Todes und der Unfreiheit, der Angst und der Unterdrückung, der Orientierungslosigkeit und der Vergeblichkeit. In irgendeinem Sinne kennt jeder Mensch solche Erfahrungen. Sie sind durchaus beschreibbar und mitteilbar. Aus diesem Grunde ist auch von den Sinnantworten und den ihnen korrespondierenden Sinnerfahrungen zu fordern, daß sie nicht nur in den Bereich des Subjektivismus gehören, sondern den Bedingungen der intersubjektiven Kommunikation entsprechen. Allerdings befindet der Mensch letztlich nicht aus sich heraus über das, was sinnvoll ist und sein kann. Der Sinn muß gefunden werden. Als orientierendes und integrierendes Lebensprinzip stellt Sinn deshalb auch eine transsubjektive Kategorie dar.

Aber noch ein anderes Moment kommt in den beiden Begriffen Sinn und Erfahrung im Blick auf die Interpretation von Krankheitserleben zur Sprache. Die Zweiheit von Sinn und Erfahrung verweist auf die Unmöglichkeit einer Trennung von Seele und Leib. Die Ganzheit des Menschen, die sich in Leib und Seele entfaltet, macht die Krankheit zu einem leib-seelischen Geschehen. Der Körper kann

---

[8] In der älteren Seelsorgeliteratur wird für den hier verwandten formalen und nicht eindeutig festgelegten Begriff „Sinn" partiell der inhaltlich weite Begriff „Trost" gebraucht. So urteilte C. I. Nitzsch in generalisierender Weise, daß „irgend in einem Grade sich jeder Mensch im Leiden (befindet), d. h. in einem irgendwie gehemmten Zustand, so daß er des Trostes nicht unbedürftig ist". C. I. Nitzsch, Praktische Theologie, Dritter Band, Erste Abteilung, Bonn 1857, S. 171.

darum im Einzelfall mehr von der Seele aussagen als sie von sich
selbst, so wie diese Feststellung auch umkehrbar ist. — Erfahrung hat
deshalb nicht nur die körperlichen Auswirkungen der Krankheit zum
Gegenstand, und die Sinnfrage betrifft nicht nur das seelische Leiden.
Weil der Kranke sich in seiner Ganzheit als Seele und Leib begegnet,
ist auch die Beantwortung der Frage nach dem Sinn nicht ohne den
Rückbezug auf die Erfahrungshorizonte möglich. Aus diesem Grunde
lassen sich Sinn und Erfahrung auch nicht getrennt den Bereichen
der Objektivität und der Subjektivität zuordnen. Individuelle und
überindividuelle, persönliche und überpersönliche Faktoren ver-
mischen sich hier.

III.

Der individuelle bzw. persönliche Aspekt ist aus pastoralpsycho-
logischen Erwägungen heraus innerhalb der neueren Seelsorgetheorie
besonders akzentuiert worden[9]. Hinter diesem Befund steht eine
Seelsorgepraxis, in der die Zuwendung zum einzelnen Menschen in
der Form der Empathie als Voraussetzung des helfenden Gesprächs
begriffen wurde. Deutlich läßt sich diese Einstellung z. B. an der
Theorie der beratenden Seelsorge bzw. der klinischen Seelsorge-
ausbildung (Clinical Pastoral Training) aufweisen. Sie hat in metho-
discher Form, beeinflußt durch die Gesprächstherapie bzw. Tiefen-
psychologie, den alten seelsorgerlichen Grundsatz wieder zur Geltung
gebracht, daß Seelsorge mit der *Zuwendung* zum Menschen beginnt
und eine grundsätzliche Offenheit des Gesprächs verlangt. Eine Vor-
programmierung des Gesprächsganges scheidet darum aus. Die be-
ratende Seelsorge stellt deshalb nicht nur eine in verschiedenem Kontext anwendbare Methodik dar, sondern sie impliziert zumindest
eine prinzipielle Vorentscheidung für das Gespräch, insofern die

---

[9] Vgl. u. a. D. Stollberg, Therapeutische Seelsorge, 3. Aufl., München 1972; ders.,
Mein Auftrag — Deine Freiheit, München 1972; H. J. Clinebell, Modelle beraten-
der Seelsorge, München und Mainz 1971, bes. S. 14—17; W. Zijlstra, Seelsorge-
Training, München und Mainz 1971; W. Becher (Hrsg.), Klinische Seelsorge-
ausbildung — Clinical Pastoral Education. Schriften der Evangelischen Akademie
in Hessen und Nassau, H. 98, Frankfurt 1972; R. Riess, Seelsorge. Orientierung —
Analysen — Alternativen, Göttingen 1973. — Eine vorzügliche Analyse und
Problembeschreibung der „beratenden Seelsorge" gibt D. Rössler in seinem Aufsatz
„Rekonstruktion des Menschen. Ziele und Aufgaben der Seelsorge in der Gegen-
wart". In: WzM, 25. Jg. 1973, S. 181—196.

Interaktion der Gesprächspartner zu einem Ziel erklärt wird und die
„apostolische Funktion"[10] diesen clientenzentrierten Ansatz nicht
destruieren darf. Für die beteiligten Gesprächspartner kann aus
diesem Grunde das Gespräch unerwartet verlaufen oder Neues bringen. Die Hilfen, die in der Theorie der beratenden Seelsorge gegeben
werden, angefangen von dem Aufweis nonverbaler Vorgänge bis hin
zu bestimmten Kontrollmöglichkeiten für das eigene Verhalten und
Rollenverständnis des Seelsorgers, zielen auf die Ermöglichung von
solchen Kommunikationsprozessen. Um der Zuwendung zu dem
Gesprächspartner willen, der sich von seiner eigenen Lebensgeschichte
nicht lösen kann und in einer bestimmten Lebenssituation steht, sind
deshalb die Wege des Generalisierens und Moralisierens, des Bagatelli-
sierens und Dogmatisierens in der Mehrzahl der Fälle abgeschnitten.

H. Chr. Piper hat in seinen „Gesprächsanalysen" jüngst die Methode
des Clinical Pastoral Training vom Vollzug her dargestellt und zugleich verdeutlicht, daß sie nicht auf die Krankenseelsorge beschränkt
ist, sondern sich für die Vielzahl und die Vielfalt von Gesprächs-
situationen der pfarramtlichen Praxis eignet. Indem der Seelsorger
auf die Signale hört, auf die Zwischentöne, in denen — stärker als in
dem ‚Klartext' — die Situation des Menschen zur Sprache drängt,
nimmt er ihn als einen Menschen in seiner speziellen Not ernst. Diese
Form des Gespräches ermöglicht es zudem, daß der Gesprächspartner
seine eigene religiöse Thematik benennt, zumal diese gerade in
Konflikt- und Leidenssituationen zur Sprache kommen kann. Deutlich
wird dies z. B. in der Analyse des „Gesprächs vor der Operation"
sichtbar, das der Seelsorger mit einem etwa dreißigjährigen Bau-
ingenieur vor dessen Nierenoperation führt. Die Zwischentöne des
Gesprächs verdeutlichen, daß sich hinter der äußeren Sicherheit des
Mannes die seelische Bedrängnis verbirgt. Die Aussagen über die
eigene Zuversicht und Stärke erweisen sich in der Analyse als Selbst-
applikationen: „das wirft mich nicht um — wenn man auf die
Zwischentöne horcht, dann hört sich dieser Satz auch so an: Wirft
mich das um?"[11]. Die Details des von Piper analysierten Gesprächs
können hier nicht wiedergegeben werden. Wichtig ist jedoch, daß das

---

[10] Ich verwende hier eine Formel von M. Balint. Vgl. Der Arzt, sein Patient
und die Krankheit, Frankfurt 1970, S. 206.
[11] Hans-Chr. Piper, Gesprächsanalysen, Göttingen 1973, S. 72. Vgl. auch
Hans-Chr. Piper, Klinische Seelsorge-Ausbildung, Berliner Hefte für evangelische
Krankenseelsorge, Nr. 30, Berlin 1972.

zu Beginn des Gesprächs thematisierte Problem der kirchlichen Trau-
ung — trotz Kirchenaustritts — nur als Gesprächseinstieg diente. Die
darauf folgenden ambivalenten bzw. widersprüchlichen Aussagen des
Mannes über seine Situation und über die beruflichen Pläne bringen
schon mehr über die in ihnen verschlüsselten Lebensprobleme zur
Sprache. Schließlich nennt der Mann sein Lebensproblem: „Im Grunde
ist alles Mist, da ist doch kein Sinn, oder ist da Sinn?"[12] Die Ganzheit
des Lebens ist für diesen Patienten nicht mehr sichtbar, und in dem
Versuch der Selbstvergewisserung der Subjektivität anläßlich der
Krankheit wird für ihn das uralte Thema lebenswerten Lebens aktuell.

Dieses Beispiel verdeutlicht, daß sich die Glaubensproblematik
nicht grundsätzlich von der individuellen Lebensthematik eines Menschen lösen läßt und die Interaktion zu den Kennzeichen eines Gespräches gehört. Die Zudringlichkeit würde zudem den Respekt vor
dem Gesprächspartner vermissen lassen. Die Selbsterschließung eines
Menschen kann und mag als ein Akt freier Entscheidung aufgrund
der erfahrenen Zuwendung geschehen; sie kann aber auch verweigert
werden. Denn nur durch seine Selbsterschließung ist der Mensch dem
Mitmenschen präsent. Die Methoden der wissenschaftlich-psycholo-
gischen Analyse können für die Erkenntnis von Dispositionen, Zu-
ständen und Situationen eines Menschen einen wichtigen Beitrag
leisten. Aber sie können nicht die Selbsterschließung eines Menschen
ersetzen.

Zur Seelsorge gehört darum auch die *Bescheidenheit* des Seelsorgers.
Er ist weder der „Stadt- und Dorfweise", noch der allwissende, allmächtige Berater, der einem Menschen generell helfen, ihn immer
trösten oder ihm grundsätzlich weiterhelfen kann. Die Allmachts-
phantasien hindern ihn bei seiner Aufgabe, denn sie entsprechen mehr
den Wünschen als der Realität.

IV.

Diese klientenbezogene Krankenseelsorge berührt sich in ihren Voraussetzungen mit den Erwägungen der psychosomatischen bzw. personalen Medizin über den Krankheitsbegriff und der daraus resul-

---

[12] AaO. S.71 — Die Frage, ob das Leben „(noch) Sinn" habe, kann i. ü. in
bestimmten Situationen auch auf ein präsuizidales Syndrom verweisen. Darauf hat
zuletzt auch Harsch hingewiesen in: Theorie und Praxis des beratenden Gespräches,
München 1973, S.193.

tierenden Unterscheidung zwischen *Krankheit* und *Kranksein*. Victor v. Weizsäcker hat als Kriterium für das Kranksein die Krankheitsnot genannt und darauf hingewiesen, daß das Wesen der Krankheit eine Not sei und sich als eine Bitte um Hilfe äußere; derjenige sei krank zu nennen, indem der Arzt die Not erkenne. R. Siebeck hat diese Einsicht in polemischer Auseinandersetzung mit der naturwissenschaftlichen bzw. somatischen Medizin verschärft und mit der Kraft und der Unschärfe der Einseitigkeit geurteilt, Krankheit als solche gäbe es nicht, es gäbe nur kranke Menschen. „Wenn wir die Krankheiten des Menschen erforschen, so beschreiben wir den Ablauf eines Lebensvorganges am einzelnen Menschen, d. h. wir beschreiben die Beschaffenheit eines Menschen, an dem, die Bedingungen, unter denen, und die Art und Weise, wie jener Vorgang abläuft. Damit ist schon gesagt, daß für uns nicht der Mensch als solcher (auch den gibt es nicht), sondern der einzelne kranke Mensch, die einzelne Persönlichkeit in Betracht kommt." [13] Denn ein Krankheitsverständnis, das nur das persönlichkeitsindifferente organische Geschehen und die funktionellen oder morphologischen Veränderungen des Organprozesses zu erfassen vermag, ist letzthin inhuman.

Die Gemeinsamkeiten zwischen diesem Programm und den Zielsetzungen der beratenden, klientenzentrierten Seelsorge sind evident. Sie verdeutlichen zugleich, daß viele Möglichkeiten der Kooperation zwischen ärztlichem und pastoralem Handeln in der Alltagswirklichkeit nach wie vor ausgelassen werden. Diese Feststellung wird auch nicht durch die Tatsache eingeschränkt, daß das verabsolutierte Verständnis des kranken Menschen allein von seinem Kranksein her ebenfalls ungenügend ist. Denn auch der existentielle Begriff des Krankseins erfaßt nicht das Ganze der Krankheit, zumal die subjektiv

---

[13] Zit. bei D. Rössler, Der „ganze" Mensch. Das Menschenbild der neueren Seelsorgelehre und des modernen medizinischen Denkens im Zusammenhang der allgemeinen Anthropologie, Göttingen 1962. Dieses Zitat verdeutlicht die innerhalb der Medizin zu beobachtende unterschiedliche Verwendung des Krankheitsbegriffes. Auf die Mehrschichtigkeit des Krankheitsbegriffes hat u. a. A. Mitscherlich hingewiesen. Vgl. Krankheit als Konflikt. Studien zur psychosomatischen Medizin I und II, Frankfurt 1966 und 1967. — Die Korrespondenz zwischen Krankheitsverständnis und medizinischer Anthropologie wird in der Untersuchung von F. Hartmann, Ärztliche Anthropologie. Das Problem des Menschen in der Medizin der Neuzeit (Bremen 1973) erörtert.
Herrn Prof. Dr. med. H. Müller-Suur, Göttingen, möchte ich in diesem Zusammenhang für alle Anregungen danken, die ich in Gesprächen und gemeinsam durchgeführten Seminaren von ihm erhalten habe. Dieser Dank bezieht sich auch auf die Überlassung eines Vortragsmanuskripts über „Gesundheit und Krankheit".

empfundene Krankheitsnot weit geringer sein kann als die objektiv faßbare körperliche Krankheit. Beide Aspekte müssen darum einander zugeordnet bleiben; und das permanente, sich in vielen Variationen darstellende Problem besteht in der angemessenen Verknüpfung des Aspektes der Krankheitsnot des Patienten mit dem Aspekt des medizinisch erhebbaren Krankheitsbefundes. Das therapeutische Interesse an dem Kranksein eröffnet freilich u. a. einen besonderen Zugang zu den funktionellen Leiden, die durch bestimmte Erlebnisreaktionen gekennzeichnet sind (Herz-Kreislaufstörung, Asthma, Magengeschwür usw.). Es impliziert die Frage nach den Bewältigungs- und Deutungsmustern des Kranken. Damit wird erneut das individuelle Moment in den Blick gerückt. Denn die Auseinandersetzung eines Menschen mit der Krankheit wird durch den „Bezugsrahmen" des kranken Menschen wesentlich mitgestaltet. Die tiefergreifenden Krankheiten unterziehen die Sinn- und Wertvorstellungen des Kranken einer schonungslosen Bewährungsprobe; und es wird sich im Verlauf der Krankheit jeweils zeigen, ob sie ausreichen.

An dieser Stelle bedarf es nun noch eines expliziten Hinweises auf den soziologischen Aspekt der Krankheit, auch wenn dieser hier nicht im einzelnen verdeutlicht werden kann. Eine Vielzahl von Leiden und Krankheiten sind einerseits durch die Beziehungen von Menschen untereinander und andererseits durch gesamtgesellschaftliche Entwicklungen mitverursacht. Aus dieser Erkenntnis heraus ergibt sich die Notwendigkeit einer langfristigen Strategie gegen die sozial verursachten Krankheiten als auch ein Aufruf zur Verbesserung der Heilungschancen und der unzureichenden äußeren Bedingungen, unter denen kranke Menschen z. T. leben müssen, und zwar nicht nur in psychiatrischen Landeskrankenhäusern. Leopold v. Wiese hat bereits 1920 in einem Aufsatz „Zur Soziologie der Leiden"[14] im Anschluß an Müller-Lyer und A. Grotjahn die soziologischen Aspekte des Krankseins und der Krankheit programmatisch herausgestellt und in dieser Hinsicht ein neues Problembewußtsein gefordert. Er hat zugleich — wie jetzt A. Mitscherlich, Tobias Brocher u. a. — auf die im Zusammenhang unserer Überlegungen zur Krankenseelsorge besonders wichtige Tatsache hingewiesen, daß immer der *einzelne* Mensch leidet, auch wenn die Ursachen der Krankheit primär in den Bereich der Medizinsoziologie gehören. Leopold v. Wiese meinte

---

[14] Erschienen 1920 in der Neuen Rundschau. Wieder abgedruckt in: Der goldene Schnitt, Frankfurt 1960, S. 168—178.

deshalb, daß den, „der sich berufsmäßig und täglich mit den Wissenschaften von der Gesellschaft beschäftigt, die Erkenntnis, daß auch die
persönlichen Leiden, die körperlichen wie die seelischen, in hohem
Grade aus dem Gemeinschaftsleben der Menschen stammen und deshalb häufig gleiche Ursachen und Wirkungen haben, nicht überraschen.
Im Gegenteil, manche Soziologen möchte man warnen, über der
Gemeinsamkeit die persönlichen Nuancen und Unterschiede nicht zu
übersehen" [15].

V.

Soweit das soziologische Verständnis von Krankheit um der sozial-
therapeutischen Konsequenzen willen grundsätzlich ein besonderes
Interesse an den wahren *Ursachen* von Krankheit impliziert, berührt
es sich eng mit der psychologisch-anthropologischen bzw. psychosoma-
tologischen Analyse von Krankheit. Auf diesem Gebiet hat der Sinn-
begriff eine eigentümliche Fassung als Bezeichnung des Bedeutungs-
gehaltes von Krankheit gefunden. Weil Krankheit kein personindiffe-
rentes Geschehen ist, sondern im Kranksein die Lebenssituation eines
Menschen einen bestimmten Ausdruck finden kann, kann Krankheit
zum Gegenstand einer Analyse werden, bei der in ihr die Chiffre für
einen leibseelischen Prozeß gesehen wird. In diesem Sinne von Krankheit zu reden heißt die Krankheit als einen expressiven Akt zu verstehen und sie von dem Kranken her zu analysieren. Naturgemäß
eignen sich als Beispiele für ein solches Verfahren neben den funktionellen Leiden u. a. vor allem Erkrankungen, in denen nichtverbali-

---

[15] AaO. S. 168 f. Vgl. dazu die ähnliche Stellungnahme in dem Band „Der
Kranke in der modernen Gesellschaft": „Der Soziologe wird den Arbeiten entnehmen können, daß er sich vor Schlüssen hüten muß, die jeden spezifischen Krank-
heitsfall vorschnell unter ihm geläufige Kategorien summieren. Seine Kritik am
ideologischen Bewußtsein der Medizin — die ja *den Menschen*, von dem sie immer
redet, schon gar nicht mehr behandelt, sondern nur seine Organe! — schießt über
das Ziel hinaus, wenn er der Medizin die eigene wissenschaftliche Basis aberkennt
und sie eingemeinden will; die wesentliche Seite der Heilkunde, so soziologisch
diese auch fundiert sein müßte, bleibt der Umgang mit dem kranken Individuum.
Der Mediziner hingegen wird sehen, daß jener zu diagnostizierende und zu heilende Kranke gerade auch in seiner Individualität von etwas Allgemeinem geprägt
ist, eben von seiner Gesellschaft, und daß dieses Allgemeine jenseits der bloßen
Summierung von Einzelfällen eine eigene Qualität hat — der Leistungszwang zum
Beispiel —, ein Bereich, der Gegenstand der Soziologie ist. Adäquat angelegte
gemeinsame Problemlösungsversuche von Medizinern und Soziologen werden diese
Spannung zwischen Individuum und Gesellschaft in ihrem jeweiligen Gegenstand
neu entdecken müssen, wenn sie ihm gerecht werden wollen". AaO. S. 13.

sierte Konflikte von Menschen ihren Niederschlag finden, wie dies
z. B. bei den Formen neurotischer Abwehr der Fall ist.

V. v. Weizsäcker hat sogar die These aufgestellt, daß eine Biographie „diesen (Krankheits-)Sinn nicht weniger gültig als ein natur-
wissenschaftliches Feststellungsverfahren" erweise[16]. Zur Stützung
dieser Behauptung läßt sich eine Fülle von Einzelbeobachtungen an-
führen. Es bleibt jedoch die kritische Frage, in welchem Maße solche
Analysen eindeutig sein können und wieweit solche Beobachtungen
von „expressiven Erkrankungen" von allgemeiner Relevanz sind.
So bedarf wohl auch R. Siebecks These, daß der Verlauf einer Krankheit wesentlich von der Haltung und der Lebenssituation des Menschen abhängig ist, der Differenzierung. Ähnliches gilt für die Behauptung, daß jeder Kranke nicht nur eine Krankheit habe, sondern er
selbst und sein Geschick sie ‚mache': „Die Krankengeschichte (sei)
zugleich immer eine Lebensgeschichte." Für die Krankenseelsorge wird
dieses Verständnis der Krankheit und die daraus resultierende Nach-
frage nach dem in ihr zum Ausdruck kommenden Sinn ein Anstoß
zur Sensibilisierung und zur Erfassung der leibseelischen Zusammenhänge sein, nicht aber eine kriminalistische Anweisung für eine dok-
trinale Sinnforschung.

Die Verwendung des Sinnbegriffes für die in der Krankheit verborgenen und organisierten Konflikte und Motive signalisiert einerseits die Vielschichtigkeit des Sinnbegriffes[17]; andererseits unterstreicht
sie die Komplexität der zur Debatte stehenden Probleme. Krankheit
und Kranksein erweisen sich ja nicht nur als möglicher Ausdruck einer
bestimmten Lebenssituation. Die Krankheit selber bestimmt oft die
Lebenssituationen und Lebensgeschicke von Menschen. In Verbindung
mit der sie begleitenden Krankheitsnot kann sie als ein Bruch der
Lebensgeschichte, als ein Verhängnis oder als ein irrationales Schicksal
erfahren werden. Je weniger sie als ein expressiver Akt zu verstehen
ist, wie dies z. B. bei bestimmten Infektionskrankheiten oder bei den
Folgen eines unvermutet erlittenen schweren Verkehrsunfalles der Fall

---

[16] V. v. Weizsäcker, Das Problem des Menschen in der Medizin. „Versuch einer
neuen Medizin". In: Kraft und Innigkeit. Festschrift für H. Ehrenberg. Heidelberg
1953, S. 123—128.
[17] Die Beobachtung der Vielschichtigkeit des Sinnbegriffs ist in verschiedenem
Kontext möglich. Vgl. W. Pannenberg, Wissenschaftstheorie und Theologie, Frankfurt 1973, passim. Pannenberg plädiert für eine Unterscheidung von drei Typen,
die er als referentielles, intentionales und kontextuales Verständnis von Sinn
beschreibt. AaO. S. 206 ff. Vgl. auch S. 435.

ist, um so mehr wird die Sinnfrage als Frage nach der Ganzheit des Lebens artikuliert werden. Diese Sinnfrage setzt Verzicht und Sinnverlust voraus. Der Sinn, der Leiden erträglich machen könnte, scheint verborgen zu sein. Vielleicht wird auch gar nicht erwartet, daß ein solches Leiden sinnvoll sein könne, weil nur diejenigen Erfahrungen mit der Krankheit als sinnträchtig angesehen werden, die sich in die eigene Lebensgeschichte fraglos integrieren lassen[18].

Die Sinnfrage als Ausdruck existentieller Not ist freilich nicht nur mit dem Kranksein verbunden. Sie ist aus dem Leben des Menschen grundsätzlich nicht auszulöschen, obwohl sie in den Krisensituationen besonders akzentuiert wird. Wer sie weginterpretieren wollte, würde die Frage nach der Menschlichkeit und Wertorientierung menschlichen Lebens destruieren[19]. Krankheit und Kranksein des Menschen bilden nur *einen* Anlaß für die Sinnfrage. Die existentielle Not wird u. a. aufgrund der Ungleichheit und Ungerechtigkeit, im Anschluß an die innere Leere und die Hoffnungslosigkeit, im Gefolge des Vertrauensverlustes und der Lebensenttäuschungen erfahren. Die Klage in den Psalmen verleiht solchen und anderen Lebenserfahrungen beredten Ausdruck[20]. Die Spannung zwischen Anfechtung und Zuversicht kommt in ihr zur Sprache.

Der Sinn angesichts solcher Not ist nicht im Besitz des Menschen. Er muß gefunden werden. Insofern handelt es sich um einen „externen" Sinn. Er kann dem Patienten auch nicht als ein Über-Sinn vermittelt werden, den er nur anzunehmen hätte. Vielmehr muß der Kranke, wenn auch mit Hilfen, ihn selbständig finden; und sei es in der Weise, daß er die Hoffnung auf Sinn bewahrt. Diese Selbsttätigkeit ist schon deshalb nötig, weil der geglaubte oder aufweisbare Sinn vielleicht einen unabwendbaren Verzicht erleichtern soll. Von der

---

[18] Eine besondere Funktion können in diesem Zusammenhang die sogenannten sekundären Krankheitsgewinne haben.

[19] Vgl. P. Tillich, Der Mut zum Sein, 3. Aufl., Stuttgart 1958. Tillich unterscheidet eine dreifache Bedrohung des Menschseins durch die Angst des Schicksals und des Todes, der Leere und des Sinnverlustes sowie der Schuld und der Verdammnis. Alle drei Formen der Angst gehören nach Tillich zur Existenz des Menschen als solcher und sind nicht mit der „pathologischen Angst" zu verwechseln.

[20] V. E. Frankl hat die These aufgestellt, daß zwanzig Prozent der Neurosen durch ein existentielles Vakuum und durch ein Sinnlosigkeitsgefühl bedingt seien. Er nennt sie „noogene Neurosen". Auch wenn der Häufigkeitsgrad umstritten bleiben wird und Frankl nicht von dem klassischen Neurosebegriff ausgeht, so verdienen seine Beobachtungen und Argumente die Beachtung von Medizinern und Theologen. Vgl. Der Mensch auf der Suche nach Sinn, Herder-Taschenbuch, Freiburg-Basel-Wien 1972.

Sinnaussage wird ja erwartet, daß sie dem Kranken hilft, seine Angst und Furcht, seine Leiden und seine Schmerzen, seine Enttäuschung und Resignation in die eigenen Lebensvollzüge zu integrieren. Diese Integration begründet keine Harmonie, die auf Illusionen aufgebaut ist. Vielmehr ist sie ein Ausdruck des Realitätsbewußtseins. Sie stellt den Versuch dar, den Erfahrungen des Leidens etwas abzugewinnen oder sie auszuhalten, gerade auch angesichts einer unheilbaren Krankheit oder einer Erkrankung, die die vitalen seelischen und körperlichen Kräfte beeinträchtigt. Das Kranksein eines Menschen kann deshalb einerseits Anlaß zur Bündelung der Fragen nach dem Leben sein; andererseits wird Lebensbewältigung in solchen Situationen nur mit Hilfe des größeren, manifesten oder geglaubten Sinnzusammenhanges gelingen, der auch in einer begründeten Hoffnung bestehen kann. Der christliche Glaube hat mit Recht immer das Wissen bewahrt, daß das Menschsein eines Menschen letzthin nicht von dem Aufweis des Sinnes in den Lebensvollzügen abhängig ist. Wer dies dennoch behauptet, verwechselt den christlichen Glauben mit einer religiösen Leistung.

Innerhalb der Krankenseelsorge verbindet sich die Sinnproblematik also mit der Frage, was es Menschen ermöglicht, *die Krankheit anzunehmen, ohne sich ihr zu ergeben.* Annahme stellt ein aktives Handeln dar, Ergebung ist jedoch ein passiver Akt. In der Entsagung wird der Widerstand gegen das Leiden aufgegeben. Die Annahme der Krankheit ist jedoch durchaus mit dem Kampf gegen sie verbunden, jedoch ohne die selbstzerstörerische Auflehnung.

VI.

Innerhalb der Christentumsgeschichte finden sich neben der alten Anschauung, daß die Krankheit von dämonischen Mächten verursacht sei[21], vor allem zwei Sinn- und Deutungsschemata für die Krankheit. Das erste, das heute noch in der Volksfrömmigkeit weit

---

[21] H. Gödan hat in seinem Buch „Die sogenannte Wahrheit am Krankenbett" (Darmstadt 1972) unter Berufung auf die Bibel die These aufgestellt, daß die Krankheit „diabologen" sei (aaO. S. 220). Die Stärke dieses Buches liegt darin, daß er die unchristliche Rede von den „Segen der Krankheit" ausführlich widerlegt und an den Zusammenhang von Heil und Heilung erinnert. Vgl. auch die — allerdings sehr undifferenzierte — Erörterung dieses Problems bei H. Girgensohn, in: Heilende Kräfte der Seelsorge, Göttingen 1966, bes. S. 77 ff.; weiterhin: H. Doebert, Das Charisma der Krankenheilung, Hamburg 1960.

verbreitet ist, sieht in der Krankheit eine Folge von Schuld. Es läßt sich darum als ein Versuch verstehen, das irrationale Schicksal zu rationalisieren.

Die Anschauung von der Krankheit als Folge von Schuld ist aus dem Alten Testament bekannt. Nicht nur die ererbte oder allgemeinmenschliche Schuld, sondern besonders auch die individuelle oder persönliche Schuld kann für alttestamentliches Denken die Ursache von Krankheit sein. In den Klageliedern des Einzelnen ist persönliche Verschuldung ein wiederkehrendes Thema. In tiefster Betroffenheit wird der Zusammenhang von Schuld und Leiden z. B. in den sogenannten Krankheitspsalmen 38 und 39 ausgesprochen. Ein erschütterndes Beispiel für die Doktrin vom Leiden als individueller Sündenstrafe stellen auch die Reden Elihus im Hiob-Buch (Kap. 32—37) dar. Dem Judentum zur Zeit Jesu war diese Anschauung ebenfalls geläufig. Jesus hat dieser Anschauung widersprochen. Joh 9, 1—3 wird die Frage nach dem Warum umgekehrt in die Frage nach dem Wozu. An die Stelle der Kausalität tritt die Finalität. Eine Kritik des Vergeltungsdogmas liegt auch in den Erzählstücken von dem Untergang der Galiläer und von den Achtzehn, auf welche der Turm in Siloa fiel (Lk 13, 1—5), vor. Die hier aufgezeigte Aporie des doktrinalen Vergeltungsdogmas gilt auch für die Krankheitssituation.

Die zweite Anschauung läßt sich als die teleologische (heilspädagogische) Deutung der Krankheit bezeichnen. Die unabwendbare, durch Krankheitsnot gekennzeichnete Krankheit wird von ihr als ein Mittel zur menschlichen Reifung interpretiert, als ein Anstoß zur Läuterung, letzthin auch als ein Teilhaben an dem Leiden Christi. In den Trost- und Erbauungsliedern hat diese Anschauung einen breiten Niederschlag gefunden. Die teleologische Deutung der Krankheit bezieht sich allerdings auf einen höchst ambivalenten Sachverhalt. Krankheit ist beides; Anfechtung und Erprobung, und zwar ohne Auflösung dieser Spannung und Doppelgesichtigkeit. Der Krankheit wohnt nicht nur eine Läuterungskraft inne. Der leidende Mensch ist nicht nur in seinem physisch-vitalem Befinden, sondern oft gerade auch in seinem Personsein und seinem Glauben bedroht.

Prinzipiell kann die teleologische Deutung der Krankheit nur im persönlichen Vollzug von einem Menschen gewagt werden. Zwar sind die Zuschauer immer am ehesten zu solcher Deutung bereit. Die Wahrheits- und Wahrhaftigkeitsprobe dieser Deutung vollzieht sich aber erst in den eigenen Erfahrungen des Leidens, wenn der Überbau der

Ideologie vom „Segen der Krankheit" zerstört wird, weil er sich als ein billiger Trost erweist. Und dann nur kann oder wird es geschehen, daß die Erfahrungen des Krankseins einen Menschen reifen lassen und ihm bei der Ergründung seines Menschseins helfen. Blaise Pascal hat diese Deutung, durch die eigene Anfechtung hindurch, in seinem „Gebet um den rechten Gebrauch der Krankheiten" praktiziert: „... laß (meine Leiden) Veranlassung sein zu meinem Heil und zu meiner Bekehrung. Möchte ich künftighin Gesundheit und Leben nur wünschen, um es zu benutzen und es zu beenden für Dich, mit Dir und in Dir. Ich bitte Dich weder um Gesundheit noch Krankheit, Leben noch Tod; aber ich bitte, verfüge über meine Gesundheit und Krankheit, über mein Leben und meinen Tod zu Deiner Ehre, zu meinem Heile..." [22]

VII.

Pascals „Gebet um den rechten Gebrauch der Krankheiten" nimmt das Unverrechenbare, das Überraschende und Unvorausgesehene, das Zufällige oder Plötzliche grundsätzlich mit in das Leben hinein. Das Leben ist diesem Denken und Glauben zufolge nicht durch die *Verwirklichung* von bestimmten Zielen und Möglichkeiten qualifiziert, mit der einerseits Sinn im Leben begründet würde, die aber andererseits durch das Unvorhergesehene und Nichtabwendbare gefährdet und bedroht ist. Pascals „Gebet um den rechten Gebrauch der Krankheiten" stellt vielmehr ein Beispiel für die Zuwendung zur *Wirklichkeit* und Realität des Lebens dar. Das Lob Gottes ist nicht an die Gesundheit gebunden. Der Sinn des Lebens wird nicht durch die Krankheit und durch unumgänglichen Verzicht vernichtet. Gott ist nicht die Chiffre für das Wohlergehen des Menschen, und das Sinnganze ist nicht identisch mit der gelungenen Realisierung eines festen Lebensplanes.

Für Pascal gewinnt Glaube Gestalt gerade in und unter den vielfältigen Erfahrungen des Lebens; und das extra nos Gottes läßt sich für ihn nicht von dem trennen, was im Leben auf den Menschen zukommt. Damit bestimmt sich der Sinn des Lebens von einem Kontext her, der in den Einzelerfahrungen des Lebens immer schon mitgesetzt

---

[22] Aus: Blaise Pascals Prière pour demander à Dieu le bon usage des maladies. Œuvres complètes. Texte établi et annoté par Jacques Chevalier, S. 605 ff. Hier in deutscher Übersetzung von E. Wasmuth.

ist. Sinn ist begründet in dem Glauben an Gott und seine Verheißung für diese Welt. Dieser Glaube legt sich in Vertrauen und Zuversicht aus, so wie aus der Differenz zwischem dem geglaubten Heil und Glück einerseits und den (nur) partiellen Heilserfahrungen andererseits das Leiden an dieser Welt und die persönliche Anfechtung erwächst.

Krankheit und Kranksein verlieren in dieser Sicht nichts von der sie begleitenden Krankheitsnot, aber der Gottesglaube kann, wie die Psalmen zeigen, eine Hilfe zum Aussprechen von belastenden Wirklichkeitserfahrungen sein. Darüber hinaus wird und muß Vertrauen und Hoffnung nicht durch die Leidenserfahrungen zerstört werden. Denn das „Sinnganze" muß nicht von einem Menschen in seinen Lebensvollzügen als eine religiöse Leistung aufgewiesen werden.

Grundsätzlich aber stellt die Krankheit ein Erkenntnismittel für das Begreifen der Menschlichkeit des Menschen dar: l'humanité s'affirme par l'infirmité. Sie macht Menschen zu *Wissenden und Erfahrenen.* Zu den hier anstehenden Erfahrungen zählt dann auch das Erleben, daß die Krankheit nicht in die selbstzerstörerische Dauerreflexion hineinführen muß. Sie kann Anlaß zu größerer Selbstverwirklichung werden und ein Anstoß dazu sein, daß Menschen — vielleicht mit Hilfe anderer — lernen, sich selber anzunehmen. Der in den Einzelerfahrungen der Krankheit anwesende Sinn mag sodann darin bestehen, daß das Wissen um das Angewiesensein auf den anderen verstärkt und durch die empfangene Hilfe oder Liebe gefestigt wird. Schließlich aber zählt die schwere Krankheit zu den Situationen, in denen der Glaube, daß das Menschsein nicht im Vorhandenen aufgeht und das Leben eine offene Zukunft hat, der Lebensprobe unterzogen wird.

Sinn und Erfahrung stehen deshalb in einem eigentümlichen Korrespondenzverhältnis. Der religiöse Sinn erschließt neue Erfahrungen, zugleich aber beginnt „Religion (ebenfalls immer) mit der Überschreitung unserer Alltagserfahrung". Denn „Sinn ist immer ein Mehr als das, was vor der Hand und vor Augen liegt" [23].

---

[23] W. Trillhaas, Religionsphilosophie, Berlin-New York 1972, S. 213.

Die Quellen der alttestamentlichen Gotteserkenntnis*

Von Walther Zimmerli

Wir leben in einem Zeitalter der Explosion des menschlichen Wissens. Nach außen stößt dieses in die gigantischen Dimensionen des Weltraums vor. Nach innen dringt es in die unvorstellbaren Kleindimensionen des Atoms hinein.

Diesem siegestrunkenen Voranstürmen des Wissens um die Welt steht auf der anderen Seite eine auffallende Verzagtheit unserer Zeit in ihrer Erkenntnis Gottes gegenüber. Können wir noch mit unseren Worten, welche die Welt zu umgreifen wissen, von Gott reden? Die Worte des kritischen alttestamentlichen Weisen „Gott ist im Himmel und du bist auf der Erde, darum seien deine Worte wenige" (Pred 5, 1) scheinen unserer Zeit ganz besonders auf den Leib geschrieben, wenn sie versucht von Gott zu reden.

Aber nun ist gerade das Alte Testament, in dem auch das Buch des Predigers zu finden ist, ein Buch, das sehr voll von Gott redet. Das Alte Testament aber ist ein Teil des Kanons der christlichen Kirche, der dieser den Weg zur Erkenntnis weisen will. So lohnt es sich wohl nach den Quellen zu fragen, aus denen die Gotteserkenntnis des Alten Testamentes fließt.

Eine Vorbemerkung muß dabei gemacht werden. Das Alte Testament begegnet uns zwar, mit dem Neuen Testament zusammengebunden, als ein Buch zwischen zwei Buchdeckeln. In Wirklichkeit aber ist es nicht ein Buch, sondern eine ganze Bibliothek, hat die Dimension eines Ozeans von Aussagen. Volle 1000 Jahre trennen seine ältesten Teile von seinen jüngsten. Verschiedenartigste Menschen kommen in ihm zu Wort, Nomaden und ansässige Bauern, Städter und Männer vom Land, Aristokraten bis hinauf zu Königen und der von der Herde her zum Propheten berufene Viehhirte.

---

* Die folgenden Ausführungen, die im Frühling 1973 im Rahmen einer „Public Lecture" an einigen englischen und schottischen Universitäten vorgetragen wurden, möchten Wolfgang Trillhaas, den langjährigen Weggefährten in der Göttinger Theologischen Fakultät, zu seinem 70. Geburtstag herzlich grüßen.

Aber es ist nun das Auffallende in diesem bunten Redechor, daß sie alle, die Frühen und die Späten, die Hohen und die Niedrigen, von dem einen Gott Gültiges zu sagen beanspruchen, der keinen Zweiten neben sich duldet. So bunt die Palette der Zeiten und der Menschen ist, so wenig entspricht ihr eine Buntheit der Gottheiten, wie sie in den großen Umweltreligionen des alten Israel zu finden ist. Um so dringlicher aber stellt sich die Frage: Aus welchen Quellen schöpfen diese verschiedenen Menschen ihr Wissen von dem Gott, über den sie reden?

I

Wenn wir von den Quellen der Erkenntnis reden, so liegt es nahe, zunächst die eigentlichen Hüter der Erkenntnis nach ihrem Wissen und der Herkunft ihres Wissens zu befragen.

Da gibt es im Alten Testament den Bereich der sogenannten Weisheit. Er ist die Domäne des „Weisen". In diesem Weisen haben wir nicht einen den metaphysischen Dingen zugewandten Philosophen zu sehen, sondern einen Mann mit dem offenen, fragenden Blick für die Dinge der Welt, die ihm täglich begegnet. Der Prediger sagt einmal von ihm: „Der Weise hat seine Augen im Kopf, der Tor aber geht im Finsteren" (2, 14)[1]. Wir wissen im Unterschied zu den großen Nachbarn des alten Israel, zu Ägypten und Babylonien, recht wenig von dem besonderen Ort, an dem der Weise seine Bildung empfangen hat. Man hat vermutet, daß es auch in Israel Schulen gegeben hat[2]. Wir treffen Weise u. a. in hohen staatlichen Ämtern, wie denn in der Folge Salomo der große, vorbildliche Urtyp des Weisen geworden ist. Wir können auch das besondere Schrifttum erkennen, das von diesen Weisen gepflegt worden ist. Die knappen, belehrenden Sätze, die sich im Buch der Sprüche finden, stammen aus diesen Kreisen[3].

Da können wir erkennen, wie der Weise den Blick auf die Dinge des menschlichen Lebens gerichtet hält und hier Erkenntnisse zu gewinnen sucht. Er fängt bei der ganz alltäglichen Wahrnehmung an, daß der Faule es im Leben zu nichts bringt, im Unterschied zum Fleißigen: „Lässige Hand bringt Armut, aber die Hand der Fleißigen

---

[1] Übersetzung der Zürcherbibel, an die sich auch im weiteren die Wiedergabe der Texte gelegentlich hält. Die Verszählung folgt durchgehend der Zählung in Biblia Hebraica ed. R. Kittel.

[2] Vgl. etwa H. J. Hermisson, Studien zur israelitischen Spruchweisheit, WMANT 28, 1968; G. von Rad, Weisheit in Israel, 1970.

[3] Vgl. etwa die Überschrift Spr 25, 1.

schafft Reichtum" (10,4). Er sieht, daß ruhiges Handeln besser ist als ungezügelte Leidenschaft. „Ein gelassenes Herz ist Leben für den Leib, Leidenschaft aber ist Wurmfraß in den Gebeinen" (14,30). Er sieht, daß der Hochmut des Menschen sich nicht auszahlt, sondern zum Fall führt: „Kommt Übermut, so kommt auch Schande, aber bei den Demütigen liegt Weisheit" (11,2).

Der Blick des Weisen ist aber nicht nur auf das Menschenleben gerichtet. Er sieht auch die Dinge in der Natur draußen. In einem der sogenannten Zahlensprüche ist deutlich das Staunen zu verspüren, mit dem der Weise auch Dinge der Natur feststellt und sie sich zusammenordnet: „Drei Dinge sind mir zu wunderbar, und viere sind's, die ich nicht verstehe: Der Weg des Adlers am Himmel, der Weg der Schlange auf dem Felsen, der Weg des Schiffes mitten im Meer und der Weg des Mannes bei der Frau" (30,18 f.). Wo er an anderer Stelle staunend vor dem Fleiß der Ameise steht: „Die Ameisen sind ein schwaches Volk und doch rüsten sie im Sommer ihre Speise" (30,25), da kann er unmittelbar die Brücke zum Menschenleben schlagen und dem Faulen vorhalten: „Geh zur Ameise, du Fauler, sieh an ihre Weise, daß du klug werdest" (6,6).

Aus solchen alltäglichen Erkenntnissen aber formt sich dem weisen Beobachter das Bild einer geordneten Welt, hinter der er die Hand des großen Ordners sieht. War es in dem zuvor zitierten Wort der Hochmut, der den Menschen zu Fall brachte, so wird an anderer Stelle die Hand Gottes hinter diesem Geschehen gesehen: „Jahwe reißt weg das Haus des Stolzen, aber die Grenze der Witwe macht er fest" (15,25). So ziehen sich denn durch die Sprüche des Sprüchebuches hindurch die Aussagen, die auf Gott als den Hüter und Gebieter einer gerechten zwischenmenschlichen Ordnung weisen. Ihm soll sich der Mensch vertrauensvoll hingeben. Dann wird er das Leben gewinnen. „Die Furcht Jahwes ist eine Quelle des Lebens, zu entgehen den Schlingen des Todes" (14,27).

Die gleiche in Weisheit ordnende Hand sieht der Weise aber auch in der Welt der Natur draußen. In dem jüngsten Teil der Sprüchesammlung ist die Weisheit geradezu personifiziert als erstes der Geschöpfe Gottes dargestellt. Als der Schöpfer das Weltall schuf, da ist sie ihm als spielendes Lieblingskind zur Seite gewesen, wie Meer und Berge und Täler geschaffen wurden (8,22—31).

„Jahwe hat durch Weisheit die Erde gegründet, die Himmel durch Einsicht festgestellt", formuliert ein anderer Satz dieser ersten Sammlung (3,19). Die neuere Forschung ist darauf aufmerksam geworden, daß hier Züge ägyptischer Weisheit in die alttestamentliche Schilderung eingegangen sind. So redete das alte Ägypten von der Maat, der Weltordnung, oder dem Weltgesetz, indem es dieses zu einer Göttin personifizierte und sie in ihrer Wirksamkeit an die Seite des Schöpfergottes Re, dessen Entzücken sie war, setzte[4].

Fragen wir nach den Quellen der Gotteserkenntnis dieser Aussagen der alttestamentlichen Weisheit, so ist nicht zu verkennen, daß hier Gott von den Ordnungen, die eine weltoffene Beobachtung von Menschen- und Naturwelt entdeckt, her verstanden wird.

Gewiß wird dabei auch immer wieder betont, daß Gott der in seinen Entscheidungen freie und allem menschlichen Planen überlegene ist. „Des Menschen Herz denkt sich einen Weg aus, aber Jahwe lenkt seinen Schritt" (16,9). Dagegen kann auch hohe menschliche Weisheit nicht an. „Keine Weisheit, keine Einsicht, kein Rat kann bestehen gegenüber Jahwe" (21,30).

Aber ist die Welt wirklich diese Welt der Ordnung, die wie ein Glas durchsichtig ist auf den alles ordnenden Herrn hin? Da stehen neben der Sammlung der Sprüche im Proverbienbuch zwei weitere alttestamentliche Weisheitsschriften, die sich mit dieser Antwort nicht zufriedengeben können. Sie sind beide in unserer Gegenwart, welche seit dem 1. Weltkrieg ihren Optimismus des Fortschrittes zu einer immer besseren Ordnung der Welt verloren hat, merkwürdig aktuell.

Da ist auf der einen Seite der schon zweimal erwähnte Prediger, dessen Worte zunächst in der Fiktion einer Rede des weisen Salomo einhergehen. Seine Sprache weist ihn allerdings als eine späte Gestalt des Alten Testamentes aus. Er ist ein Weiser, der mit kühlem, kritischem Kopf das Menschenleben mustert. Er sieht, daß keineswegs immer der Fleißige die Frucht seiner Arbeit erntet, sondern sie oft dem überlassen muß, der sich nicht darum gemüht hat. Er sieht, wie die Ordnung der Gerechtigkeit keineswegs überall regiert. „Beides sah ich in meinen nichtigen Lebenstagen: Da ist ein Gerechter, der in seiner Gerechtigkeit zugrunde geht, und da ist ein Gottloser, der lange lebt in seiner Bosheit" (7,15).

Die Welt der Ordnung, die auf Gottes Ordnungswillen hin transparent würde, ist diesem Weisen zerbrochen. Es ist vor allem das Rätsel des καιρός, der fallenden Zeit[5], die so wie der fallende Blitz dem Men-

---

[4] C. Kayatz, Studien zu Proverbien 1—9, WMANT 22, 1966, bes. S. 86 ff.
[5] K. Galling, Das Rätsel der Zeit im Urteil Kohelets, ZThK 58, 1961, S. 1—15.

schen ganz unverfügbar ist, das ihm vor Augen steht. In den zweimal
sieben Antithesen, welche feststellen, daß jedes Ding seinen (der
menschlichen Planung gänzlich entzogenen) Zeitpunkt hat, steht das
Antithesenpaar an der Spitze: „Geborenwerden hat seine Zeit und
Sterben hat seine Zeit" (3,2), der Hinweis auf den unserer menschlichen Verfügung gänzlich entzogenen Eingang und Ausgang unseres
Lebens. Gewiß, der Prediger will die gute göttliche Schöpfung nicht
bestreiten: „Alles hat er (Gott) schön gemacht zu seiner Zeit. Auch die
Ewigkeit hat er ihnen ins Herz gelegt." Damit ist wohl an die Notwendigkeit des Menschen, über die einzelne Stunde hinaus ausschauen
zu müssen, gedacht[6]. Aber dann fährt er mit der Feststellung fort:
„Nur daß der Mensch das Werk, das Gott gemacht hat, von Anfang
bis zu Ende nicht herausfindet" (3,11). Die Welt mit ihren Ordnungen kann diesem kühlen, kritischen Prüfer ihrer Ordnungen nicht
mehr Quelle der menschlichen Gotteserkenntnis sein.

Neben diesem kritischen Denker aber steht der andere, bei dem
das Fragen nach Gott aus der Hitze des persönlichen Leidens heraus-
bricht, Hiob. Der nach den zwei ersten Kapiteln seines Buches scheinbar gefaßt ergebene Mann, der seinen Besitz, seine Angehörigen und
schließlich auch seine persönliche Gesundheit verloren hat, schreit vom
3. Kapitel seines Buches ab sein Leiden in lauten Fragen und Anklagen
an Gott aus. Er steht dabei im Gespräch mit drei Freunden. Diese
sind gekommen, ihn zu trösten. In den Antworten aber, die sie dem
Leidenden auf den Ausbruch des Leides geben, enthüllt sich immer
deutlicher, daß für sie die Welt, und was in ihr geschieht, transparent
ist auf die Ordnung und die Wunder Gottes hin. Selbst Hiobs Leiden,
das sie doch zunächst mit ihm beklagen wollten, muß sich schließlich
in dieses Koordinatensystem erkennbarer göttlicher Ordnung ein-
ordnen lassen. Im dritten Redegang spricht es Eliphas von Theman, der
einem zunächst als der ruhig Besonnene unter den Dreien vorkommen
will, offen aus. „Weist er (d.h. Gott) dich etwa wegen deiner Gottesfurcht zurecht und geht er darum mit dir ins Gericht? Ist nicht deine
Bosheit groß und kein Ende deine Verschuldung? Du hast wohl deine
Brüder grundlos gepfändet und die Kleider der Entblößten aus-

---

[6] Anders Galling, Der Prediger, HAT 18, ²1969, S.93, der unter leichter Text-
änderung übersetzt: „Alles hat er schön gemacht zu seiner Zeit und ‚darein' die
Dauer diktiert, ohne daß der Mensch das Tun Gottes erfaßt, weder Einsatz noch
Ende."

gezogen, dem Erschöpften kein Wasser zu trinken gegeben und dem Hungrigen Brot versagt . . ., darum bist du von den Schlingen umgeben und ängstigt dich jäher Schrecken" (22, 4—6. 10). Die Freunde klammern sich fest an den Glauben, daß Gottes Tun im Ergehen des Menschen erkennbar sein müsse.

Hiob wehrt sich mit aller Leidenschaft gegen diesen Gott der Freunde. Gottes Gesicht bleibt ihm im Rätsel verhangen. In stellenweise fast blasphemischer Weise kann er gegen diesen Gott aufbegehren, ihm die Anklage ins Gesicht schleudern, daß er gefühllos das Leiden des Menschen ansehe: „Schuldlosen wie Schuldigen vernichtet er! Wenn seine Geißel plötzlich tötet, so lacht er über das Verzagen der Unschuldigen" (9, 22 f.). Leidenschaftlich fordert er Gott heraus, zu erscheinen und ihm seine Unschuld in seinem Richtspruch zu bestätigen. In all sein Hadern mit Gott aber sind dann wieder eigentümliche Töne einer Gewißheit, mit Gott verbunden zu sein, eingewoben. Da, wo er gegen den Gott der Freunde an den Gott, den er kennt, appelliert, hält er daran fest: „Schon jetzt, siehe, habe ich im Himmel einen Zeugen, einen Mitwisser in der Höhe. Es spotten meiner meine Freunde; zu Gott blickt tränend auf mein Auge, daß er Recht schaffe dem Manne gegen Gott; dem Menschen gegen seinen Nächsten" (16, 19—21). Vielen von uns ist auch jenes andere Wort in Händels Vertonung wohlbekannt, in dem Hiob bekennt: „Ich weiß, daß mein Erlöser (= Anwalt) lebt, und ein Vertreter mir über dem Staube ersteht" (19, 25)[7].

Dann aber erscheint Gott im Sturmwetter, mit Fragen begegnet er Hiob. Ist dieser bei der Erschaffung der Welt dabeigewesen? Weiß er die Geheimnisse des Weltalls? „Hast du die Weiten der Erde erkannt, künde es, wenn du das alles weißt" (38, 18). Die ganze Majestät des Schöpfungsgeheimnisses steht in den Fragen Gottes gegen Hiob auf. Ist sein Reden angesichts dieser Majestät gemäß gewesen? Kann Hiob vor all diesen Fragen anders antworten als mit der Anerkennung dieser Majestät: „Siehe, ich bin zu gering, was soll ich dir antworten? Meine Hand lege ich auf meinen Mund. Einmal habe ich geredet und wiederhole es nicht, zweimal und tue es nicht wieder" (40, 4 f.). Aber dann erfolgt im Schlußkapitel des Hiobbuches das Erstaunlichste. Gott redet davon, daß sein Zorn gegen die Freunde Hiobs entbrannt sei. „Ihr habt nicht recht von mir geredet wie mein Knecht Hiob"

---

[7] In der Fortsetzung ist der Text leider stark gestört.

(42,7)[8]. Darin ist anerkannt, daß in dem unbotmäßigen Reden Hiobs, das von Gott zurückgewiesen werden mußte, doch richtiger von Gott geredet war als in dem scheinbar so korrekten, frommen Reden der Freunde.

Wie ist dieses möglich? Es liegt in der doppelten Antwort Gottes zunächst unverkennbar der Hinweis auf die Überlegenheit Gottes über alles noch so tiefe menschliche Erkennen. Es liegt aber zum anderen darin auch die Anerkenntnis, daß die Rationalität der Freunde, die mit ihrem Ordnungsdenken Gottes Urteil über Hiob meinten erfassen zu können, der wahren Gotteserkenntnis ferner war als Hiob, der das Unverstandene an Gott in aller Leidenschaft festhielt, und doch im Unverstandenen von seinem Gott nicht ließ. Als seinen Zeugen im Himmel bezeichnete er ihn, und als seinen Anwalt über den Tod hinaus.

Die Frage wird sich hier stellen: Wo liegt die Quelle solcher Erkenntnis Gottes, von der Hiob auch im Unverstandenen nicht zu lassen bereit ist?

II

Diese Frage führt uns in ganz andere Bereiche des Alten Testamentes hinüber. Hiob ist zwar nach der Erzählung des Hiobbuches nicht als Israelite, sondern so wie auch seine Freunde als Bewohner ostjordanischer Nachbargebiete vorgestellt. Es ist aber nicht zu verkennen, daß in seinem Wissen um Gott alttestamentlicher Glaube lebt.

Es sei mir erlaubt, das an dem Begriff des „Anwalts", der in Hi 19,25 gebraucht ist, deutlich zu machen. Der Begriff gehört ganz so wie der ebenfalls verwendete Begriff des „Zeugen" in die alttestamentliche Rechtssprache. Er gehört des Näheren ins Familienrecht und bezeichnet hier den Nächstverwandten, der bei Verkäufen von Grundbesitz aus der Familie heraus das erste Rückkaufsrecht hat. Oder dann auch den Bluträcher, der gehalten ist, wenn in einer Familie jemand erschlagen worden ist, für die Begleichung der Blutrechnung mit der Familie des Mörders zu sorgen und die Blutrache auszuführen. In diesem Sinne meint es Hiob, daß er in Gott den habe, der nach seinem Tode, den er vor Augen hat, als Verwandter für ihn

---

[8] Entgegen der Meinung mancher, welche diese Schlußäußerung Gottes in eine Rahmenerzählung, die für die Deutung der Reden nichts zu besagen habe, abdrängen wollen, meine ich, daß die Belassung dieses Schlusses durch den Verfasser der Reden für das Verständnis des Ganzen von nicht zu übersehender Bedeutung ist.

eintreten und die Lösung besorgen oder die Blutrechnung begleichen
werde. Die genauere Untersuchung des hebräischen Wortes *gōʾēl,*
„Anwalt, Löser" [9] hat ergeben, daß es sich dabei immer um die Rück-
holung eines der Sippe Zustehenden, oder den Rückkauf eines der
Sippe früher schon Angehörigen handelt.

So bekennt Hiob, wenn er von seinem *gōʾēl* redet, daß er von einer
alten Verbundenheit Gottes mit sich weiß und bei allem Unverstandenen in seinem Geschick sich daran klammert, daß Gott diese alte
Verbundenheit erneut wahrmachen und sich zu ihr bekennen werde.

Hier aber stellt sich die Frage unseres Themas: Woher weiß Hiob
dieses? Was ist die *Quelle* dieses Wissens? Es scheint mir evident, daß
dahinter die besondere Erfahrung steht, die Israel in seiner Geschichte
mit seinem Gott gemacht hat. Diese Erfahrung ist hier auf die ganze
Kreatur Gottes ausgeweitet.

Am Anfang seiner Geschichte steht für Israel die Erfahrung, daß
es von Gott aus der Knechtschaft in Ägypten herausgeholt (losgekauft)
worden ist. So ist es in der Präambel des Dekalogs in der Formel der
Selbstvorstellung des Gottes Israels zu hören: „Ich bin Jahwe, dein
Gott, der dich aus Ägyptenland, dem Hause der Knechtschaft, herausgeführt hat" (Ex 20, 2). Nicht die Majestät der Schöpfung und auch
nicht die hinter dem Lauf des Menschenlebens und der Naturdinge
zu ahnende Ordnungserfahrung ist hier die Quelle der Gotteserkenntnis, sondern die geschichtliche Erfahrung einer Befreiung, die am
Anfang der Volkserinnerung Israels steht.

Es bleibt für unsere geschichtliche Forschung hier manches im Dun-
keln. Es ist wahrscheinlich, daß nur eine kleine Schar, am ehesten
Angehörige der Gruppe, die sich später das Haus Joseph nannte, bei
diesem Geschehen dabei gewesen ist — Gruppen, welche in Ägypten zur
Fronleistung beim Bau der Städte Pithom und Ramses unter dem
Pharao Ramses II., den wir aus ägyptischen Nachrichten als Erbauer
der Vorratsstadt Ramses kennen, gezwungen wurden. Sie dürften
durch einen Mann mit dem ägyptischen Namen Mose (Kurzform eines
Namens etwa wie Thutmose, des in Ägypten wohlbekannten Königs-
namens) in einem kühnen Fluchtversuch herausgeholt worden sein.
Dabei scheint eine ägyptische Verfolgerschar an den Grenzen des
Landes in überraschender Weise ums Leben gekommen zu sein. Der
älteste Hymnus, den das Alte Testament erhalten hat, das sogenannte
Mirjamlied, preist den Namen Jahwes über diesem Geschehen: „Singet

[9] J. J. Stamm, Erlösen und Vergeben im Alten Testament, 1940.

Jahwe, denn hoch erhaben ist er, Roß und Reiter stürzt er ins Meer" (Ex 15, 21). Es hat alle geschichtliche Wahrscheinlichkeit für sich, daß eben dieser Mann mit dem ägyptischen Namen seine Stammesangehörigen unter Hinweis auf diesen ihren Gott Jahwe aus Ägypten herausgeholt, und dann den Namen Jahwes über der geschehenen Rettung gepriesen hat[10]. Von diesem Ereignis her kennt Israel seinen Gott recht eigentlich als den Gott, der zu den Seinen Ja gesagt und ihnen Leben und Freiheit geschenkt hat.

Es muß noch etwas anderes hinzugefügt werden, was für die Gotteserkenntnis Israels bedeutsam geworden ist und verstehen lehrt, daß hier die Rede vom „Loskauf" Bedeutung bekommen konnte. Israel hat in der Folge auch noch eine Erinnerung an seine Ahnen in der Zeit vor der Volkwerdung und der vollen Ansässigkeit im Lande. Es weiß auch, daß schon diese Ahnen es mit Gott zu tun hatten, ja daß Gott ihnen Verheißungen gegeben. Diese Verheißungen besagten, daß die Nachkommen Abrahams zu einem großen Volke werden, und daß ihnen das Land Kanaan gegeben werden sollte.

Im Lichte dieser Erinnerung aber mußte die Befreiung aus Ägypten mehr sein als bloß die überraschende Rettung einer Menschengruppe aus einer Notlage. Sie wurde zu einer Erfahrung der Treue Gottes, der die, mit welchen er schon lange in den Vätern verbunden war, aus der Sklaverei zurückkaufte, so wie der Sippenangehörige einen in Sklaverei Geratenen loskaufte, oder in der Blutrache das Blutrecht für diesen einforderte, was als *gāʾal* bezeichnet wird.

Wir sehen dann, wie dieses Bekenntnis das Bekenntnis aller zwölf Stämme wird, die in Kanaan ansässig werden, sich dort zunächst zu einem losen Bund zusammenschließen, bevor die Stunde der festen staatlichen Formung unter einem Königtum gekommen ist.

Die Entstehung dieses Königtums unter Saul, und dann vor allem unter David liegt schon in ungleich hellerem Licht der Geschichte. Es ist unverkennbar unter dem schweren Druck der politischen Bedrängnis durch die Philister zustande gekommen. Und nun ist es bezeichnend, daß die alten, z. T. noch sagenhaft gestalteten Berichte von der Entstehung des Königtums auch dieses nach dem Muster jener anfänglichen Gotteserfahrung verstehen. Erneut zeigt sich Jahwe als der, welcher sein Volk aus Bedrängnis befreit.

---

[10] Vgl. zum geschichtlichen Vorgang etwa S. Herrmann, Geschichte Israels in alttestamentlicher Zeit, 1973, S. 82—96.

Dieses Bekenntnis zu Jahwe als dem „Loskaufer", das auf jener frühen geschichtlichen Erfahrung beruhte, hat dann in der Folge seine große Kraft erwiesen. Es wird auch zu einem Prinzip, das die Ethik Israels gestaltet. In der Barmherzigkeit gegenüber dem Geringen und Schwachen wird an jene Gotteserkenntnis vom Anfang erinnert. „Einen Fremdling (Schutzbürger) sollst du nicht bedrücken. Ihr wißt, wie es den Fremdlingen zu Mute ist; seid ihr doch auch Fremdlinge gewesen im Lande Ägypten" (Ex 23,9).

Dieses Wissen, daß Gott, den Israel von jenen Geschehnissen am Anfang her recht eigentlich kennt, der Anwalt der Geringen ist, dringt auch in die Belehrung der Weisen ein. Dieses Eindringen spezifisch alttestamentlicher Empfindung läßt sich an einer Stelle besonders schön nachweisen. Im Jahre 1923 gab Wallis Budge eine zweite Gruppe von „Egyptian Hieratic Papyri in the British Museum" heraus, welche auch das Weisheitsbuch eines Mannes Amenemope enthielt[11]. Im folgenden Jahr hat Ad. Erman unter der Überschrift „Eine ägyptische Quelle der Sprüche Salomos"[12] darauf hingewiesen, daß im biblischen Sprüchebuch in 22,17—23,10 (11) so enge Berührungen mit Amenemope vorliegen, daß man an Abhängigkeit des biblischen von dem älteren ägyptischen Weisheitsbuch denken muß. Weitere Untersuchungen haben es dann zu großer Wahrscheinlichkeit erhoben, daß wir es hier in der Tat mit der Bearbeitung einer ägyptischen Vorlage zu tun haben. Nun ist in Kap. 6 des Amenemope-Buches zu lesen: „Verrücke nicht den Grenzstein im Ackerland, noch bringe in Unordnung die Ordnung (?) des Meßstricks, sei nicht gierig nach einer Elle Land und greife die Grenzen einer Witwe nicht an." Etwas später ist auf die strafende Macht des Mondgottes hingewiesen. Es ist nun bezeichnend, wie diese Stelle in Spr 23, 10 wiedergegeben wird: „Verrücke nicht die alte Grenze (es ist wahrscheinlich, daß hier ursprünglich zu lesen war ‚die Grenze der Witwe') und geh nicht auf das Feld der Waise, denn ihr Anwalt (gōʾēl) ist stark, er wird ihren Rechtsstreit mit dir führen." Hier wird mit dem Bild vom Blutsverwandten, der insbesondere für die Schwachen und Geringen eintritt, geredet. Man könnte die Frage stellen, ob darin nicht auch wieder

---

[11] H. O. Lange, Das Weisheitsbuch des Amenemope, 1925; Text auch AOT² S. 38—46; ANET S. 421—425.
[12] A. Erman, Eine ägyptische Quelle der Sprüche Salomos, SAB, Phil.-Hist. Klasse 1924, XV—XVI, S. 86 ff. — Auch H. Gressmann, Die neugefundene Lehre des Amenemope und die vorexilische Spruchdichtung Israels, ZAW 42, 1924, S. 272—296.

einfach die alte Ordnungsaussage gemacht wird: Es ist einer da, der
die Ordnung der Welt aufrechterhält. Die Tatsache, daß Hiob mit
eben diesem Bekenntnis zum *gōʾēl* gegen den kalten Ordnungsglauben
seiner Freunde protestiert, läßt erkennen, daß im Wissen um den
gōʾēl mehr steckt als bloß das Wissen um Gott als den Erhalter der
Weltordnung.

Die Frage muß hinüberführen zu einem weiteren Bereich alttestamentlicher Aussagen, in dem unzweideutig offenbar wird, wo die
tiefsten Quellen der Gotteserkenntnis Israels liegen.

III

Israel hat nicht nur seine Anfangsgeschichte der Herausführung aus
Ägypten und die hohe Zeit seines Königtums unter David erlebt. Es
ist in der Folge auch hineingerissen worden in den Kampf der Groß-
mächte, für welche die Landbrücke Palästina zwischen Asien und
Afrika zu allen Zeiten ein strategisch begehrtes Ziel gewesen ist. Seit
dem 9., vor allem dann aber im 8. und 7. Jahrhundert v. Chr. sind es
die Assyrer, die vom Zweistromland her gegen das Mittelmeer vor-
stoßen und schließlich ihre schwere Hand auf all die Staaten in diesem
Zwischengebiet, ja für kurze Zeit auch auf Ägypten legen. In den
Skulpturen im Britischen Museum ist es zu sehen, wie diese militärische
Großmacht dann ihre Siege in kolossalen Wandreliefs dargestellt
hat. Diese lassen auch die ganze Härte ihrer Behandlung der Unterworfenen erkennen.

Israel, das nach der Regierung Salomos in die zwei Teilstaaten
„Israel" (= Nordisrael) und Juda zerfallen war, ist in diesem Sturm
politisch untergegangen. Im Jahre 722 ist das Nordreich der zehn
Stämme von den Assyrern vernichtet worden, ohne mehr eine Wieder-
aufrichtung zu erfahren. Das Problem der „verlorenen Stämme"
beschäftigt seither das Nachdenken. Das kleinere und politisch un-
bedeutendere Juda, das aber die Dynastie Davids und den salomo-
nischen Tempel in sich barg, ist 701 haarscharf dem gleichen Schicksal
entgangen. Dieses hat sich dann aber an ihm im Jahre 587, als im
Osten die Assyrer von der neubabylonischen Nachfolgemacht abgelöst worden waren, vollzogen. Der Staat wurde zerstört, der baby-
lonischen Provinz Samerina eingegliedert, der Tempel verbrannt, das
Königshaus der Davididen endgültig beseitigt. Was sich nach der Zeit
des völligen Zusammenbruches Jahrzehnte später wieder in Jerusalem

sammelte und den Tempel aufbaute, war kein neuer Staat, sondern ein kirchenstaatähnliches Gebilde ohne selbständige Staatlichkeit.

Man möchte nun fragen, was all dieses mit dem Thema: „Die Quellen der alttestamentlichen Gotteserkenntnis" zu tun habe. Andere Völker in der Umwelt des alten Israel haben ähnliches erlebt. Die Weltgeschichte hat bis in unsere Tage für die Völkerwelt immer wieder solche Umbrüche gebracht. Was soll all dieses für die Erkenntnis des Gottes, der über all diesem Geschehen als der Ewige bleibt und von der Vergänglichkeit des Menschen und alles von ihm Gebauten nicht berührt ist?

Das Alte Testament redet hier ganz anders. Es redet von Gotteserkenntnis, die sich gerade in diesen Geschehnissen ereignet. Gewiß nun nicht so, daß die Geschehnisse aus sich selber heraus redeten. Auch nicht so, daß zu einer geschichtsphilosophischen Reflexion über diese Geschehnisse und ihren heimlichen Logos aufgerufen würde. Sondern so, daß neben diesen Geschehnissen Menschen aufstanden, die, wie einst schon Mose, in dieses Geschehen hinein den Namen Jahwes ausriefen und ihrem Volk ankündigten, was Gottes Tun in diesen Geschehnissen sei.

Es muß hier von den Propheten, diesem wohl eigentümlichsten Phänomen des Alten Testamentes geredet werden. Wer in ihnen bloße Wahrsager sieht, welche kommende Ereignisse vorhergesagt haben, der versteht sie nicht. Sie wollen nicht Ereignisse ankünden, sondern den, der in den Ereignissen zu seinem Volke kommt. Diesen Kommenden ihrem Volke erkennbar zu machen, ist ihr eigentliches Anliegen.

Das sei an einer Redeform verdeutlicht, die vor allem im Buche des Propheten Ezechiel mit großer Häufigkeit vorkommt, aber auch schon in der älteren Prophetie bekannt gewesen sein dürfte. Ich habe dafür die Bezeichnung „Erweiswort" vorgeschlagen[13].

Da schildert 1.Kön 20 einen Krieg zwischen Israel und den Aramäern in Damaskus. Eine erste Niederlage schreiben die Aramäer der Tatsache zu, daß sie sich ins Bergland hinein gewagt haben, wo doch Jahwe, der Gott Israels, ein Gott der Berge sei. Nun rüsten sie sich zum zweiten Kampf in der Ebene unten. Da tritt ein Prophet im Heere Israels auf und sagt zum König Israels: „Weil die Aramäer gesagt haben: Ein Gott der Berge ist Jahwe und nicht ein Gott der Talgründe, so will ich diese ganze gewaltige Menge in deine Hand

---

[13] W. Zimmerli, Das Wort des göttlichen Selbstweises (Erweiswort), eine prophetische Gattung, in: Gottes Offenbarung ThB 19, ²1969, S. 120—132.

geben, damit ihr erkennt, daß ich Jahwe bin" (20,28). Der Prophet
ist danach der Meinung, daß Israel aus dem Sieg, den es dann am
folgenden Tage erringt, Gott, der hier mit seinem Eigennamen Jahwe
benannt ist, erkennen soll. In dem geschichtlichen Ereignis des Sieges
gibt dieser sich zu erkennen.

Wenn man allerdings daraus schließen möchte, daß sich hier eine
allgemeine Ordnung enthülle, nach welcher der Gott Israels im Sieg
seines Volkes zu erkennen sei, dann kann gerade die Prophetie des
Ezechiel eines anderen belehren. Dieser Prophet ist noch in Jerusalem
aufgewachsen, dann aber mit einer ersten Gruppe von Deportierten
schon im Jahre 597 nach Babylonien deportiert worden. Dort verkündigt er an dem den Exulanten zugewiesenen Orte Tel Abib unter
den Verbannten mit einer schneidenden Härte, daß Israel, auch der
noch in Jerusalem verbliebene Rest, ganz untergehen werde, und daß
sein Gott sich Israel gerade in diesem Gericht zu erkennen geben
werde. „Ich richte mein Angesicht gegen sie ... das Feuer wird sie
verzehren, damit ihr erkennet, daß ich Jahwe bin, wenn ich mein
Angesicht gegen sie richte und das Land zur Wüstenei mache, weil sie
die Treue gebrochen haben" (15,7 f.).

Als den Gott, der in seiner Heiligkeit und Freiheit auch vor dem
Volk, das er doch einst aus Ägypten losgekauft hatte, nicht halt-
machen werde, verkündet der Prophet seinen Gott. Wieder aber ist
es ein Geschehen mitten in der Geschichte, von dem her Israel seinen
Gott erkennen und verstehen soll. In der Katastrophe Israels, von
welcher der Prophet auch an anderen Stellen in scharfer Anklage feststellt, daß sie nicht zufällig, sondern als das göttliche Gericht über
sein ungehorsam gewordenes Volk kommt, soll Israel seinen Gott
erkennen.

Aber dann ist allerdings gerade bei diesem Propheten Ezechiel zu
sehen, daß darin noch nicht das Letzte gesagt ist. Wie dann nach dem
Fall Jerusalems 587 sein Volk völlig ausgelöscht, tot, keine historische
Existenz mehr zu haben scheint, da bekommt er den Auftrag, von
dem neuen Leben zu reden, das Gott diesem Toten schenken werde.
Am gewaltigsten ist das in einer Vision verkündet, in welcher dem
Propheten ein Feld voller dürrer, vertrockneter Totengebeine gezeigt
wird (Ez 37,1—14). Er bekommt den Befehl, über diesen toten
Gebeinen die prophetische Verkündigung vom neuen Leben auszu-
rufen. Und dann geschieht es vor seinen Augen, daß unter dieser
Verkündigung die toten Gebeine sich wieder zusammenfügen, Fleisch

und Blut bekommen und sich schließlich als lebendige Menschen wieder
aufrichten. Das Ganze aber wird ihm durch Gottes Wort erklärt: „So
hat der Herr Jahwe gesprochen: Siehe, ich öffne eure Gräber und
führe euch aus euren Gräbern heraus als mein Volk und bringe euch
ins Land Israels. Und ihr werdet erkennen, daß ich Jahwe bin, wenn
ich eure Gräber öffne und wenn ich euch aus euren Gräbern herauf-
führe als mein Volk" (12 f.). Da wo der Tote zum Leben erweckt[14],
das tote Volk Israel neu in sein Land zurückgeholt wird, da ist Gott
zu erkennen.

Diese Verkündigung Ezechiels ist einige Jahrzehnte später von
einem uns mit Namen unbekannten Propheten, der wohl auch zu den
Exulanten in Babylon gehörte, aufgenommen worden. Weil seine
Worte in der zweiten Hälfte des Jesajabuches zu finden sind, hat sich
die Forschung angewöhnt, von Deuterojesaja zu reden. Auch er kann
die bei Ezechiel häufige Form des Erweiswortes gebrauchen und etwa
verkündigen: „So spricht der Herr Jahwe: Siehe, ich erhebe meine
Hand zu den Heiden hin und stecke mein Panier auf für die Völker,
und sie werden deine Söhne am Busen heranbringen und deine Töchter
auf der Achsel herzutragen ... da wirst du erkennen, daß ich Jahwe
bin, daß nicht zuschanden werden, die mein harren" (49, 22 f.). Auch
hier ist auf die kommende Geschichte Gottes mit seinem Volke gezeigt
und gesagt, daß sie die Quelle der Erkenntnis Gottes werden solle.
Und dieses nicht nur für Israel, sondern für alle Welt. Das gleich
folgende Wort, das davon redet, wie Gott Gewalt hat, auch einem
Starken seinen Raub abzujagen (dabei ist an die babylonische Großmacht gedacht, aus deren Hand Gott sein Volk befreien wird), mündet aus in die Formulierung: „Ich lasse deine Unterdrücker ihr eigenes
Fleisch verzehren ... damit alles Fleisch (= alle Welt) erkenne, daß
ich, Jahwe, dein Helfer, bin, und dein Erlöser der Starke Jakobs"
(49, 26).

Wieder taucht hier das Stichwort „Erlöser" *(gōʾēl)* auf. Es ist bei
diesem Propheten der späten Exilszeit, auf die dann die Freigabe der
Gefangenen durch den Perserkönig Kyrus, die Rückkehr starker
Gruppen nach Palästina und der Neubau des Jerusalemer Tempels gefolgt ist, einerseits immer wieder auf die Gewalt des Schöpfers der Welt,
der alles in Händen hält, gewiesen. Aber die eigentliche frohe Verkündigung des Neuen, aus dem das zerschlagene Volk seinen Gott

---

[14] An eine individuelle Totenauferstehung ist hier noch nicht gedacht.

erkennen soll, ist doch die Verkündigung der geschichtlichen Erlösung des Volkes aus seiner Gefangenschaft. Daß der mächtige Herr der Welt, dessen Majestät in den Dingen der Schöpfung zu erkennen ist, der „Löser" *(gō'ēl)* seines Volkes aus der Knechtschaft ist und von neuem wird, das ist die eigentliche Quelle der Gotteserkenntnis Israels, die nach der Meinung Deuterojesajas zur Quelle der Gotteserkenntnis für alle Welt werden wird.

Mit dieser Behauptung aber wird der Evangelist des Alten Testamentes (so hat man Deuterojesaja schon genannt) der Wegbahner auch der neutestamentlichen Aussage über die Quellen der Gotteserkenntnis. Nirgends anders als in dem geschichtlichen Ereignis der Sendung des Erlösers erkennt auch die von den Aposteln verkündigte christliche Botschaft die eigentliche, vollkommene Quelle der Erkenntnis des Gottes, der zugleich der Schöpfer Himmels und der Erde ist.